DISCURSO LITERÁRIO

DOMINIQUE MAINGUENEAU

DISCURSO LITERÁRIO

ADAIL SOBRAL
Tradução

Publicado originalmente na França como *Le discours littéraire*.
Paratopie et scène d'énonciation, por Dominque Maingueneau
© 2004 Armand Colin, Paris

Armand Colin é marca registrada de Dunod Editeur –
11, rua Paul Bert – 92240 Malakoff

"Cet ouvrage, publié dans le cadre du programme d'aide à la publication, bénéficie du soutien du Ministère Français des Affaires Etrangères."

"Este livro, publicado no âmbito do programa de participação à publicação, contou com o apoio do Ministério francês das Relações Exteriores."

Direitos para publicação no Brasil adquiridos pela Editora Contexto (Editora Pinsky Ltda.)

Montagem de capa e diagramação
Gustavo S. Vilas Boas

Revisão
Celso de Campos Jr.
Lilian Aquino

Dados Internacionais de Catalogação na Publicação (CIP)
(Câmara Brasileira do Livro, SP, Brasil)

Maingueneau, Dominique
Discurso literário / Dominique Maingueneau; tradutor Adail Sobral. – 2. ed., 2ª reimpressão. – São Paulo: Contexto, 2018.

Título original: Le discours littéraire.
Bibliografia.
ISBN 978-85-7244-326-5

1. Análise do discurso literário I. Título.

06-3690   CDD-808.0014

Índice para catálogo sistemático:
1. Análise do discurso literário   808.0014

2018

EDITORA CONTEXTO
Diretor editorial: *Jaime Pinsky*

Rua Dr. José Elias, 520 – Alto da Lapa
05083-030 – São Paulo – SP
PABX: (11) 3832 5838
contato@editoracontexto.com.br
www.editoracontexto.com.br

Proibida a reprodução total ou parcial.
Os infratores serão processados na forma da lei.

Sumário

PREFÁCIO 7

AS CONDIÇÕES DE UMA ANÁLISE DO DISCURSO LITERÁRIO 11

    Para além da filologia 13

    Estruturalismo e nova crítica 25

    A emergência do "discurso" 35

    A instituição discursiva 46

DISCURSOS CONSTITUINTES 57

    O discurso literário como discurso constituinte 59

    Quadro hermenêutico e máximas conversacionais 72

PARATOPIA 87

    Um impossível lugar 89

    Uma paratopia criadora 108

    A embreagem paratópica 120

    Subjetivação, espaço canônico e espaço associado 134

O posicionamento 149

    Posicionamento e "vida literária" 151

    Posicionamento, arquivo e gêneros 163

    Um posicionamento na interlíngua 180

    A questão da "língua literária" 196

Mídium e gêneros do discurso 209

    Problemas de mídium 211

    O quadro genérico 229

A cena de enunciação 247

    A cenografia 249

    O *ethos* 266

    A duplicidade enunciativa 291

    Dois sonetos 305

Conclusão 323

Bibliografia geral 325

O tradutor 331

Prefácio

Tal como *O contexto da obra literária*,[1] que amplia e renova, este livro não é um manual voltado para resumir as realizações de uma disciplina estabelecida; o terreno que ele percorre se acha em constituição.

No refluxo do estruturalismo dos anos 1960-1970, desenvolveram-se múltiplas problemáticas que, em alguns casos, apesar de si mesmas, questionaram a própria concepção de literatura vigente desde o final do século XVIII. De início marginais, essas problemáticas estão hoje em primeiro plano. As teorias da enunciação linguística, as múltiplas correntes da pragmática e da análise do discurso, o desenvolvimento no campo literário de trabalhos que recorrem a Bakhtin, à retórica, à teoria da recepção, à intertextualidade, à sociocrítica etc., impuseram progressivamente uma nova apreensão do fato literário na qual o dito e o dizer, o texto e o contexto, são indissociáveis.

Muitos pesquisadores levaram na devida conta essa transformação, mas a maioria continua a raciocinar nos termos dos esquemas tradicionais, sem se dar de conta de que a conjuntura que lhes conferia sentido desapareceu. Preservou-se, com efeito, até este momento a *doxa* que tornou possível a distinção entre história literária e estilística e, de modo mais amplo, entre as

---

[1] Dominique Maingueneau, *O contexto da obra literária*, São Paulo, Martins Fontes, 1995.

abordagens "externa" e "interna" dos textos. Mais do que isso, muitas vezes ela foi reforçada nos anos 1960, tendo-se levado ao paroxismo a concepção "autotélica" da literatura que se impusera com o romantismo, alcançando seu ponto culminante no final do século XIX.

O que se acha prestes a ruir não é apenas nosso "olhar" sobre a literatura, mas o próprio espaço a partir do qual a apreendemos. A metáfora ótica (nosso "olhar", nossa "visão" da literatura) não é isenta de riscos, pois permite pensar que haveria um objeto estável – a literatura – cujas propriedades poderíamos melhor apreender se melhorássemos nossos instrumentos de percepção. Isso deixa de lado o fato de que esse "objeto" se transforma de acordo com os instrumentos. "Objeto" e "sujeito" se acham em permanente interação no âmbito de práticas e instituições que, a diversos títulos, se ocupam dos textos. A constituição de "objetos" e de procedimentos de análise varia de acordo com o estatuto dos agentes, bem como dos lugares que estes ocupam na produção e na circulação dos discursos.

Esse *aggiornamento* [secularização], ao dar acesso a modalidades do discurso literário que não advêm da concepção romântica do "estilo", permite em particular tornar *legível* uma multiplicidade de textos dos mais diversos gêneros. Não podemos continuar a agir como se categorias como as de "autor", de "originalidade", de "imitação" etc. fossem intemporais. Quando se diz que essa ou aquela obra literária não tem grande mérito porque contém "clichês demais", porque é poesia "oficial" ou "literatura de salão", porque lhes "falta originalidade" ou "sinceridade", mostra-se apenas que a apreensão que delas se faz não usa os critérios adequados.

Tanto neste livro como em *O contexto da obra literária,* interessam-me sobretudo as condições de emergência das obras e, portanto, o polo da criação. Mas a análise do discurso está longe de reduzir-se a isso; conhece-se em particular tudo o que é feito em torno das práticas de leitura e dos quadros sociais e históricos da recepção, das condições materiais de inscrição e de circulação dos enunciados, de discursos produzidos pelas diversas instituições que contribuem para avaliar e dotar de sentido a produção e o consumo de obras literárias (de modo particular, os meios de comunicação e a escola).

Mesmo que a isso limitássemos nossas ambições, a tarefa se mostra bastante delicada. Não só porque na maior parte do tempo não vamos além de abrir canteiros, mas também por haver certa contradição entre a linearidade da maneira de exposição que uma obra como esta impõe e a complexidade do sistema que se espera que ela apresente, sistema cujas diversas instâncias interagem, e dinamicamente: gênero de texto, intertextualidade, mídium, modo de vida dos escritores, posicionamento estético, cena de enunciação, temática etc. Vamos por isso ter de retomar certas questões de uma seção para outra sob ângulos distintos.

A própria noção de "discurso literário" é problemática. Ela parece pressupor que, por proximidade de gênero e diferença específica, haveria uma categoria correspondente a um subconjunto bem definido da produção literária de uma dada sociedade, *o* discurso literário. Ora, somente no século XIX ocorreu uma real autonomização da literatura, que se tornou um "campo", assunto de grupos de artistas independentes e especializados que pretendem só reconhecer as regras por eles mesmos estabelecidas. Na realidade, como o mostrou bem Bourdieu, esse campo é atravessado por um conflito permanente entre "a produção restrita" da vanguarda, que pretende não fazer nenhuma concessão, e uma produção submetida à lei econômica, dedicada a atender às expectativas de um público amplo. O uso de "discurso literário" mostra-se, pois, arriscado para abordar regimes da literatura que não o prevalecente há dois séculos, e cuja perenidade, por outro lado, não está garantida.

Portanto, "discurso literário" soa ambíguo. De um lado, designa em nossa sociedade um verdadeiro tipo de discurso, vinculado a um estatuto pragmático relativamente bem caracterizado; de outro, é um rótulo que não designa uma unidade estável, mas permite agrupar um conjunto de fenômenos que são parte de épocas e sociedades muito diversas entre si. Seria talvez necessário introduzir aqui uma distinção entre o *discurso* literário, reservado ao regime da literatura moderna, e a *discursividade* literária, que acolhe as mais diversas configurações, admitindo assim uma irredutível dispersão *de* discursos literários. Não obstante, esses esforços de terapia terminológica podem não passar de letra morta, restringindo-se a deslocar o problema para o adjetivo "literário". O mais simples é, sem dúvida, ter consciência desse duplo estatuto, que é, por outro lado, moeda corrente nas ciências humanas e sociais.

Estaria em contradição com nosso projeto fazer uma proposta que se pretendesse aplicável sem alterações a obras de todas as épocas e de todos os países. Claro que existem restrições vinculadas ao fato literário enquanto tal, e que assumem diferentes ênfases a depender da configuração histórica.

Por uma questão de eficácia, contudo, pareceu-nos desejável concentrar nossos esforços num período que tem a dupla vantagem de definir um conveniente recorte histórico. Tomaremos a maioria de nossos exemplos da literatura ocidental, sobretudo francesa, entre os séculos XVI e XX, sem por isso deixar de fazer incursões fora desse *corpus* de referência.

As condições de uma análise do discurso literário

Para além da filologia

Algumas questões que hoje se formulam mediante problemáticas de análise do discurso foram um dia investidas – a partir de pressupostos bem diferentes – pela filologia. Embora esta se ache hoje moribunda, não se pode ocupar inocentemente um espaço que ainda é amplamente moldado por ela.

FILOLOGIA: DEFINIÇÃO "AMPLA", DEFINIÇÃO "ESTRITA"

Na cultura ocidental, é essencialmente com os gramáticos alexandrinos que se começa a refletir sobre a relação entre um texto literário e o contexto histórico no qual ele surgiu. Como a erosão das formas linguísticas e as transformações da sociedade grega haviam aos poucos tornado opacos alguns textos antigos e prestigiosos, em particular as obras de Homero, a filologia tinha por objetivo restituí-los à consciência dos contemporâneos por meio da análise de manuscritos e da investigação histórica.

Foi na Europa, na segunda metade do século XIX, numa conjuntura social e intelectual totalmente distinta, que o trabalho filológico se viu no firmamento do saber, desenvolvendo uma rica metodologia de "crítica textual" (para decifrar e comparar manuscritos, datá-los, determinar sua origem, acompanhar sua transmissão, detectar eventuais falsificações etc.). O filólogo, auxiliar do historiador, tratava o texto antes de tudo como um documento sobre o espírito e os costumes da sociedade da qual se julgava ser a "expressão". Retomando os termos de Foucault, tratava-se de:

> [...] reconstituir, a partir do que dizem esses documentos – e às vezes com meias palavras –, o passado do qual emanam e que agora já há muito tempo se desfez; o documento era sempre tratado como a linguagem de uma voz agora reduzida ao silêncio – seu vestígio frágil, mas felizmente decifrável.[2]

O texto que constitui o ponto de partida era um conjunto de vestígios materiais aos quais falta com frequência uma data, um local de surgimento, a condição de membro de um gênero: Trata-se de um fragmento de romance? De uma narrativa histórica? Por que há contradições entre as diversas versões da obra? Qual era sua forma primitiva? Qual é seu autor? Quando e por que foi escrita?... São perguntas que implicam um perpétuo vaivém entre o texto e seu "contexto histórico". Uma tal abordagem era fundamentalmente atomista; estudavam-se múltiplos detalhes do texto (um termo, uma fórmula de polidez, um erro de grafia, um traço psicológico de uma personagem etc.) que se relacionava ponto por ponto a seu suposto contexto. Se o conhecimento da sociedade (obtido através de outros documentos ou de escavações arqueológicas) permitia esclarecer inúmeros pontos opacos do texto, este, por sua vez, permitia também restituir realidades perdidas: basta pensar nos ensinamentos sobre a civilização micênica que se julgava poder obter dos textos de Homero ou na história do povo hebreu, que se pensava reconstituir graças ao estudo atento da Bíblia.

Na verdade, a filologia do século XIX não parou de perseguir sua própria definição, oscilando entre uma definição *estrita* e uma definição *ampla*, conforme se privilegiasse o sentido metodológico (um conjunto de técnicas auxiliares da história que permite estudar os documentos verbais) ou um sentido bem mais ambicioso, que nela via uma espécie de ciência da cultura.

A filologia "estrita" revela-se extremamente técnica: decifração de escrituras antigas, estudo de manuscritos (datação, crítica da autenticidade, classificação de variantes etc.). Essas práticas, que estão no cerne do empreendimento romântico de resgate de civilizações perdidas, foram aos poucos se estabilizando num conjunto de saberes e de métodos relativamente sólidos.

---

[2] M. Foucault, *Archéologie du savoir*, Paris, 1969, p. 14. (edição brasileira: *Arqueologia do saber*, 7. ed. Rio de Janeiro, Forense Universitária, 2004.).

A filologia "ampla", em contrapartida, é uma disciplina que se poderia considerar imaginária. Promovida, em sua versão idealista, à ciência da cultura (*Bildung*) do espírito humano, também foi, mais modestamente, uma ciência das culturas nacionais, tendo íntimos vínculos com a etnografia. Aparelhada por uma hermenêutica, ela deveria ser capaz de restituir a um documento verbal legado pelo passado a "civilização" de que ele participara, e de restituir a essa "civilização" os documentos que eram "sua expressão".

Esse duplo estatuto da filologia, "estrita" e "ampla", tinha suas vantagens: como a versão estrita elaborava técnicas eficientes, a filologia podia mostrar que não era apenas *flatus vocis* [palavras vazias], mas uma verdadeira disciplina; por outro lado, ao inscrever essas técnicas numa perspectiva de apreensão global da cultura, ela lhes conferia a transcendência, o componente onírico, sem a qual as instituições do saber não podem mobilizar as energias nem perdurar.

A concentração

A bem dizer, a filologia não tinha nenhuma razão para limitar-se ao estudo de vestígios verbais que exigiam um trabalho de "tradução"; na realidade, ela se contentou em ser uma disciplina das "antiguidades", que abandonava amplamente os textos posteriores à Idade Média. No domínio das produções verbais recentes ou contemporâneas, ela ficou sujeita, com efeito, a uma concorrência: "A tendência à autonomização das ciências modernas da cultura (a História, a Etnologia, o Direito, a Geografia, as ciências sociais etc.) contrapunha-se à ambição globalizante dos filólogos."[3] Houve por fim uma distribuição das tarefas: a filologia dedicou-se às civilizações perdidas e à literatura; as ciências humanas e sociais, aos textos recentes e sem valor estético.

Do mesmo modo, também em outro flanco – o da linguagem –, a filologia foi enfraquecida pela autonomização crescente da linguística. A *Société de linguistique de Paris* ([Sociedade de Linguística de Paris] fundada em 1867) não excluía as preocupações filológicas, como o mostram seus estatutos, que valorizavam a dimensão etnográfica da linguagem, mas se

---

[3] M. Werner, "À propos de la notion de philologie moderne, Problèmes de définition dans l'espace franco-allemand", in *Philologies* 1, M. Werner e M. Espagne (orgs.), Paris, Maison des Sciences de l'Homme, 1990.

recusava a privilegiar os textos literários, que se transformaram no *corpus* de referência dos filólogos. Depois da Primeira Guerra Mundial, o divórcio entre a linguística e a filologia se consumou; solapando com isso os fundamentos do empreendimento filológico, cada vez mais linguistas legitimaram sua posição ao dissociar o estudo da cultura e o das línguas, pensados como sistemas arbitrários.

A concentração da filologia nos textos literários foi favorecida pela vontade das ciências sociais e da linguística de delimitar preocupações estéticas, em geral associadas a um déficit de cientificidade. Ela foi também estimulada pela *doxa* romântica, que, opondo as palavras "intransitivas" da literatura às palavras "transitivas" dos intercâmbios verbais cotidianos ("as palavras da tribo" mallarmeana), tendia a isolar as obras literárias do resto da produção verbal. Esse privilégio concedido por muitos filólogos à literatura justificava-se, além disso, pelo pressuposto romântico de que "é somente nas obras literárias de tendência ideal que o pensamento e os sentimentos de uma nação se exprimem [...]. As obras científicas desprovidas das qualidades antes mencionadas [= estéticas] podem ter um grande valor para a ciência em questão, mas não podem exercer nenhuma influência direta sobre o desenvolvimento universal do espírito de um povo ou da humanidade."[4] Compreender "o pensamento e os sentimentos de uma nação", "o espírito de um povo", é justamente harmonizar-se com os esforços feitos em todo o decorrer do século XIX pelos políticos para construir a continuidade de uma história nacional, constituir patrimônios literários, "antiguidades nacionais", testemunhas por excelência do espírito de um povo que se desenvolve na História.

A predileção pelas obras literárias apoiou-se igualmente nas práticas das faculdades de Letras, que lhe davam a preeminência para estudar as línguas antigas e a língua medieval, domínios nos quais se concentrava o essencial desse ensino universitário. Esses *corpi* eram abordados mobilizando-se ao mesmo tempo conhecimentos sobre o "contexto" e sobre a história da língua. Diante de um texto antigo, o essencial do trabalho do pesquisador filólogo consistia, com efeito, em reconduzi-lo à sua identidade primeira, em recuperar a versão mais original possível e em seguir suas transformações. Por sua vez, o

---

[4] G. Körting, *Encyclopädie und Methodologie der romanischen Philologie*, Heilbroon, Henninger, 1884, vol. 1, p. 90; citado por M. Werner, in *Philologies 1*, p. 164.

professor procurava atenuar, até mesmo suprimir, mediante diversos procedimentos, a opacidade multiforme (linguística e histórica) que barrava seu acesso ao leitor moderno. Diante de um texto recente cuja compreensão parecia não ser uma perturbação e cujas circunstâncias de aparecimento eram facilmente acessíveis, uma filologia desse tipo tendia a permanecer muda.

Essa distinção bastante grosseira entre texto "antigo" e texto "moderno" confirmava de fato, de modo amplo, a distinção entre "texto de autor" e "texto sem autor", entendendo por "texto sem autor" tanto os textos para os quais a noção de autor é problemática como aqueles para os quais não se dispunha de informações sobre as circunstâncias de sua criação. No que diz respeito a isso, a querela sobre Homero que permeou todo o século XIX tem valor exemplar. Houve debates para saber se existia um indivíduo chamado Homero, que teria sido o autor da *Ilíada* e da *Odisseia*, ou se as obras que lhe foram atribuídas eram apenas um conjunto de poemas anônimos, o produto, de alguma maneira, espontâneo da cultura helênica. Desde quando a *Ilíada* e a *Odisseia* começaram a ser tidas como "expressão" do "espírito" da sociedade grega arcaica, compreende-se que alguns tenham buscado poupar uma instância autoral individualizada para ligar diretamente os textos ao "povo".

Uma tal elisão do autor só era possível para textos que não implicam um modo de criação literária comparável ao da Europa moderna. Se o autor é bem identificado, o filólogo deve mostrar que ele é "representativo" de seu tempo ou de seu grupo, que nele se reconciliam o individual e o coletivo. Os escritores, e mais geralmente os artistas, são tidos por esses indivíduos notáveis que teriam o poder de exprimir os pensamentos e os sentimentos de seus contemporâneos. Clichê bem ilustrado pela seguinte conclusão de uma edição crítica de La Bruyère:

> Ao término de uma leitura atenta, o livro dos *Caractères* parece estreitamente ligado à sua época, que *resume e exprime maravilhosamente*. Neste final do reinado de Luís XIV, dá *testemunho* das irritações e inquietudes que atormentam os espíritos que refletem; ele *reflete* melhor do que qualquer outro livro "os sentimentos que animaram a França nestes desastrosos anos" e abre-nos muitas perspectivas sobre "O outro lado do Grande Século" [...]. Permite-nos sobretudo travar conhecimento, página após página, com a personalidade móvel e atraente de La Bruyère.[5]

---

[5] *Les Caractères*, edição organizada por R. Garapon, Classiques Garnier, 1962, p. XXXI. Os grifos são nossos.

Mas esse tipo de clichê desdenha o essencial: de que maneira um *texto* pode "resumir", "refletir" uma época? Como um texto pode ao mesmo tempo "exprimir" seu autor e sua época? O que é ser "o autor" de um texto desse gênero? etc. A análise filológica considera evidente que a literatura "exprime" uma dada sociedade, mas a urgência das pesquisas históricas parece dispensá-la de interrogar-se sobre o modo dessa "expressão". A necessidade de "estabelecer" o texto, de reconstituir o mundo em que surgiu, relega a segundo plano a pergunta referente às próprias condições de possibilidade de um certo tipo de enunciação, ao enigmático aparecimento de uma obra num lugar e num momento dados.

A constituição, no final do século XIX,[6] da "história literária", que prosperou sobretudo na universidade francesa, consagrou a concentração da filologia no espaço literário. A história literária é na verdade uma disciplina reservada às faculdades de Letras, testemunhando a vontade de autonomia relativa dos estudos literários com relação às ciências sociais. Apartada da análise textual, que foi deixada a cargo da estilística, ela também se aparta das interpretações sutis, de que foram encarregados os ensaístas. Aos criadores, estetas, críticos, ou seja, ao mundo fora da universidade, se entregou o que se vincula com o belo; aos universitários, as obras apreendidas como produto de seu tempo. A história literária é assunto de professores eruditos, de pacientes especialistas; ela faz uma cuidadosa escavação nas fontes documentais, classifica, estabelece fatos que inscreve em cadeias causais; ao assumir cunho biográfico, ela o faz a fim de levar à compreensão da época por meio do escritor e do escritor por meio de sua época.

A ESTILÍSTICA ORGÂNICA

Na França, a história da filologia é a história de uma redução de amplitude: o vasto projeto de uma ciência da cultura sustentado pelo idealismo filosófico alemão no começo do século XIX reduziu-se a uma disciplina voltada para textos antigos e medievais ou – quando seu objeto são obras "modernas" – restrita a uma história literária apartada dos estudos linguísticos. No mundo germânico, em contrapartida, no qual o prestígio da universidade era bem maior, a filologia conservara uma ambição mais ampla, entretendo relações com a hermenêutica. Podemos evocar aqui o empreendimento estilístico de Leo Spitzer. As poucas

---

[6] Essa evolução foi consagrada pela fundação, em 1894, da Societé d'Histoire littéraire de France e da *Revue d'Histoire littéraire de France*.

linhas a seguir dão uma ideia deveras boa de suas reticências com respeito aos eruditos "puros" da história literária. Ele evoca nelas seus estudos na Viena do começo do século XX:

> Tudo se passava como se a análise do conteúdo não fosse nada além de um acessório do verdadeiro trabalho científico, que consistia em fixar as datas e os fatos históricos e em estabelecer a soma dos elementos autobiográficos e literários que os poetas supostamente haviam incorporado a suas obras. *A Peregrinação de Carlos Magno* está ligada à 10ª Cruzada? Qual era seu dialeto original? Haverá uma poesia épica anterior à época francesa? Molière incorporou suas próprias desventuras conjugais a *Escola de mulheres*? Nessa atitude positivista, quanto mais se levavam a sério os acontecimentos exteriores, tanto mais se ignorava a verdadeira questão: por que foram escritas *A Peregrinação* ou *Escola de mulheres*?[7]

Spitzer opõe a essa história literária uma proposta na qual a obra é apreendida como uma totalidade orgânica em que todos os aspectos exprimem "o espírito do autor", princípio espiritual que lhes confere unidade e necessidade. Trata-se de descobrir o "étimo espiritual", o foco oculto que permite explicar as múltiplas facetas do texto (suas particularidades linguísticas, as personagens, a intriga, a composição etc.). Esse princípio unificador deve igualmente permitir integrar a obra numa totalidade mais abrangente: o espírito do autor exprime o espírito de sua época. Spitzer resume seu método da seguinte maneira: "Partir dos detalhes linguísticos do mais ínfimo organismo artístico para buscar o espírito e a natureza de um grande escritor (e, se possível, de sua época)."[8] Obra e sociedade são relacionadas sem que se abandone a consciência do autor. Dessa perspectiva, o estilo não é tanto um conjunto de procedimentos, nos termos da linha da retórica, quanto a expressão de uma "visão de mundo" singular que dá acesso a uma mentalidade coletiva. Cada obra constitui um universo fechado, incomensurável em relação ao outro, no qual se processa uma dupla reconciliação: entre a consciência do autor e o mundo, mas também entre a extrema subjetividade do autor e sua época, seu povo, sua civilização.

---

[7] *Linguistics and literary history*, 1948, citado por P. Guiraud em *La Stylistique*, Paris, PUF, 1954, p. 72.

[8] *Eine Methode Literatur zu interpretieren*, Munique, Carl Hanser Verlag, 1966, p. 52.

A abordagem de tipo spitzeriano tem a vantagem de não atomizar a obra, de buscar compreender sua coesão, mas seus pressupostos levam a desprezar as modalidades sociais e históricas da comunicação literária. A relação crítica aparece aí antes de tudo como o encontro de duas consciências, o encaminhamento rumo ao centro misterioso que confere à obra unidade e vida. Essa estilística inscreve-se na continuidade da estética romântica, que, opondo-se às doutrinas da imitação da natureza defendidas pelos clássicos, concebe a obra de arte como uma totalidade fechada, autotélica, que concorre com a natureza. Mas esse empreendimento deixa de lado o fato de a literatura não ser somente um meio que a consciência tomaria emprestado para se exprimir, porém igualmente uma instituição que define regimes enunciativos e papéis específicos no âmbito de uma sociedade.

É digno de nota que essa estilística tenha sido defendida na Alemanha por um universitário, Leo Spitzer, e, na França, por um esteta que é também criador, isto é, Proust. Seu artigo "A propósito do estilo de Flaubert" não é um texto universitário, tendo sido publicado na revista da NRF em resposta a um artigo de Albert Thibaudet ("Sobre o estilo de Flaubert") publicado em 1919 na mesma revista. Na França, a universidade é dominada pelos historiadores da literatura, que nutrem uma suspeita instintiva diante de entidades fechadas em si mesmas e nunca cessam de remeter os textos a um lugar e a um tempo. Em contrapartida, a concentração de Proust exclusivamente na consciência do criador, independentemente de toda dimensão filológica, implica uma concepção de obra literária que é sobretudo a que sustentam os escritores e estetas. A ideologia espontânea dos criadores e amadores os leva, com efeito, a ver no processo criador um confronto solitário entre a consciência e a língua, a consciência e o mundo, bem como a minimizar a inscrição histórica das obras. No tocante a isso, é conhecida a posição defendida por Proust em *Contra Sainte-Beuve*, verdadeira máquina de guerra contra a história literária.

Apesar das evidentes diferenças de qualidade, vemos o que mesmo assim liga a abordagem de um Spitzer à ilustrada acima pelo editor dos *Caractères*, de La Bruyère. Trata-se nos dois casos de mostrar que a obra "exprime" a um só tempo sua época e a personalidade do autor. Mas a história literária pretende chegar a isso sem passar pelo estudo do texto; ela dirige seus esforços para o estudo erudito dos contextos de criação, ao passo que a hermenêutica filológica spitzeriana parte do texto para alcançar a "visão de mundo" do autor e, se possível, ao espírito da época de que essa visão participa. Essas diferentes acentuações da filologia recobrem em muitos aspectos a distinção já evocada entre textos "antigos", para os quais se privilegia a investigação filológica, e textos "modernos", cujo contexto histórico e cujo autor são diretamente acessíveis, e para os quais se privilegia o comentário empático. Nesse último caso, a crítica "orgânica" se impõe tanto mais naturalmente porque corresponde à representação que os próprios escritores, a partir do romantismo, têm da literatura. Contudo, em ambos os casos é inevitável destacar a ausência de uma teoria do texto.

A ABORDAGEM MARXISTA

De certo modo, a abordagem marxista, marcada pelo hegelianismo, prolongou os pressupostos filológicos, mas mediante um vocabulário distinto. As obras devem ser lidas como um "reflexo" ideológico e, portanto, deformado de uma instância exterior a eles que os determina em última análise: a luta de classes.

Na França, o mais consequente esforço de pensar a relação entre as obras e aquilo que elas "refletem" dessa maneira é o de Lucien Goldmann. Seu livro *Le Dieu caché* [O Deus oculto], com subtítulo "Estudo sobre a visão trágica nos *Pensamentos* de Pascal e no teatro de Racine", foi publicado (1959) pouco antes da vaga do estruturalismo literário:

> Toda grande obra literária ou artística é a expressão de uma visão de mundo. Esta última é um fenômeno de consciência coletiva que atinge máximo de clareza conceitual ou sensível na consciência do pensador ou do poeta. Estes, por sua vez, a exprimem na obra estudada pelo historiador, que se serve do instrumento conceitual que é a visão de mundo.[9]

Essa tese se aproxima dos pressupostos filológicos. Goldmann reconhece, por outro lado, que não se trata de uma inovação, mas que o marxismo oferece, "mediante a integração do pensamento dos indivíduos ao conjunto da vida social e principalmente mediante a análise da função histórica das classes sociais, o fundamento positivo e científico ao conceito de visão de mundo".[10] É a "consciência coletiva" que permite articular a singularidade

---

[9] *Le Dieu caché*, Paris, Gallimard, 1956, p. 28.

[10] Idem, p. 29.

do criador com a totalidade social de que ele participa. Para Goldmann, é somente através das obras importantes da literatura (ou da Filosofia) que essa visão de mundo alcançaria sua coerência máxima. Em *O Deus oculto*, a classe social é tratada como um sujeito coletivo que é o suporte de uma visão de mundo; cada classe tem sua visão de mundo, assim como cada escritor tem a sua, incomensurável em relação às outras, expressão de suas próprias aspirações. No âmbito de tal problemática, não nos detemos nas condições institucionais da comunicação literária, voltando-se a atenção para os problemas políticos e econômicos encontrados pelas classes sociais, problemas considerados a fonte das grandes obras.

Anos depois, quando o estruturalismo vai dominar a cena intelectual, no livro *Sociologia do romance*, Goldmann reformula sua proposta em termos de "estruturalismo genético":

> O caráter coletivo da criação literária provém do fato de que as estruturas do universo da obra são homólogas às estruturas mentais de certos grupos sociais ou se acham em relação inteligível com elas, enquanto no plano dos conteúdos, isto é, da criação de universos imaginários regidos por essas estruturas, o escritor tem total liberdade [...]. O grande escritor é precisamente o indivíduo excepcional que consegue criar num certo domínio, o da obra literária (ou pictorial, conceitual, musical etc.), um universo imaginário, coerente ou quase rigorosamente coerente, cuja estrutura corresponde àquela para a qual tende o grupo como um todo.[11]

Buscando um compromisso entre a teoria tradicional da obra como expressão de uma consciência coletiva e as novas abordagens "formalistas", que se restringiam às "estruturas textuais", Goldmann é levado a procurar "uma só e mesma estrutura" para as duas ordens de realidade, a literária e a econômica. Mas, para fazê-lo, é obrigado a estabelecer uma distinção entre as "estruturas" da obra, que resultariam da necessidade de conferir uma coerência máxima à consciência do grupo, e os "conteúdos", que estariam entregues à liberdade do escritor. Essa retomada da antiga oposição escolar entre "fundo" e "forma" o impede de fato de apreender em sua complexidade a inscrição histórica das obras. Sua dificuldade é compreensível: uma estrutura comum ao texto e à

---

[11] *Pour une sociologie du roman*, Paris, Gallimard, 1964, pp. 218-219 (edição brasileira: *Sociologia do romance*, Rio de Janeiro, Paz e Terra, 1967).

sociedade terá necessariamente um conteúdo bem pobre, pois os dois elementos assim vinculados têm naturezas sobremodo distintas; por exemplo, "uma economia de cartéis e de monopólios" e "o desaparecimento da personagem individual" no romance.[12] Podem-se filtrar bem poucas coisas de um texto literário com uma rede de malhas tão frouxas.

A pesquisa marxista teve, portanto, de explorar outras vias. Tal como a análise do discurso que surgiu na França na mesma época, ela se divide entre uma corrente marcada pela Psicanálise que privilegia a inconsistência das obras e outra que destaca a dimensão institucional da produção literária.

Pode-se ilustrar essa primeira corrente por meio do livro de Pierre Macherey *Para uma teoria da produção literária* (1966),[13] que questiona a relação entre obra e visão de mundo: em vez de exprimir uma totalidade, a obra é o lugar em que se manifestam contradições ideológicas. Desse modo, em *Os camponeses*, de Balzac, haveria contradição entre a ideologia que se julga que o texto defende e a força crítica desse texto com relação a essa mesma ideologia. Em 1974, num artigo escrito em parceria com Étienne Balibar, Macherey precisava: "O que se tem de procurar nos textos não são os signos de sua coesão, mas os índices das contradições materiais (determinadas historicamente) que os produzem."[14]

A outra corrente acentua a dimensão institucional. Nos anos 1970, Renée Balibar, em *Os franceses fictícios*, orienta a perspectiva althusseriana no sentido de uma articulação entre aparelho escolar e língua literária. Para ela, o surgimento e o desenvolvimento do francês literário são inseparáveis desse "aparelho ideológico de Estado" que é a instituição escolar:

> O estatuto nacional escolar da literatura francesa explica em última análise os efeitos de valor específicos das ficções consagradas sob a rubrica do "literário" pelas classes sociais dominantes no regime [...]. Não se pode abstrair a história das produções literárias da história da instauração do francês de escola primária. Todos os efeitos de "temas", intrigas, personagens, símbolos, abstrações idealizadas e, principalmente, os efeitos do francês produzidos pela prática literária foram realizados, e o são hoje, com relação ao estado

---

[12] Op. cit., p. 33.

[13] Paris, Maspéro.

[14] "Sur la littérature comme forme idéologique", *Littérature* n. 13, Larousse, 1974, p. 37.

> histórico do francês institucional primário e com relação ao estado histórico do francês nacional e, portanto, com relação aos conflitos sociais inerentes ao ensino do francês de escola primária numa dada conjuntura histórica [...]. As progressivas transformações do francês de escola primária suscitaram franceses fictícios que, na forma de estilos literários, sustentaram certas posições de classe na luta ideológica no terreno do francês.[15]

A proposta de R. Balibar assinala uma inflexão interessante com respeito à sociologia marxista "tradicional". Entre obras e luta de classes, ela se esforça por definir articulações mediante a introdução do aparelho escolar, o que permite combinar língua e literatura. Isso abre o caminho para um conjunto de trabalhos sobre a instituição literária, trabalhos que vão progressivamente amalgamar-se com outra problemática, a da sociologia do campo literário de Bourdieu.

É necessário abordar antes disso a "nova crítica", que se legitima precisamente pela rejeição da história literária, mas contra a qual uma proposta de análise do discurso tem igualmente de definir-se.

---

[15] *Les français fictifs*, Paris, Hachette, 1974, pp. 141-142. Há uma reflexão crítica sobre essa tese no texto de Gilles Philippe: "Le discours scolaire sur la littérature et le style au début du xxe siècle" [O discurso escolar sobre a literatura e o estilo no começo do século xx]. In: Amossy, R. e Maingueneau, D. (orgs.), *L'analyse du discours dans les études littéraires*, Toulouse: Presses universitaires du Mirail, 2004, pp. 379-388.

Estruturalismo e nova crítica

O que recebe o nome de "nova crítica" é uma aliança entre abordagens que divergem sob muitos aspectos entre si, mas que tinham todas um inimigo comum, a história literária, que se manteve distante das ciências humanas, apesar de algumas vagas tentativas de aproximação, particularmente a de G. Lanson, interessado pela Sociologia então nascente. A história literária constituía uma ferramenta tão potente que a união dos defensores da nova crítica realizou-se sem dificuldades: bastava promover uma abordagem "interna" das obras e recusar as propostas fragmentárias para ser tido por "estruturalista".

Mas no âmbito da nova crítica era grande a diversidade. A dialética da consciência de Serge Doubrovski, os estudos fenomenológicos de Georges Poulet, as análises temáticas de Jean-Pierre Richard ou de Jean Starobinski, a busca das "formas" de Jean Rousset eram aliadas da psicocrítica de Charles Mauron, do "estruturalismo genético" marxista de Lucien Goldmann, da análise estrutural da narrativa ou das elaborações filosóficas da "escritura", que se desenvolviam em torno da revista *Tel Quel*. Mas essas contradições não se mostravam à luz do dia, pois as relações entre as diversas correntes eram complexas. O recurso a uma causalidade em termos de inconsciente era comum a abordagens marxistas e psicanalíticas; a reivindicação de uma análise "imanente" opunha o estuturalismo[16] às outras correntes; o

---

[16] Na verdade, como o recorda com acerto V. Descombes (*Les institutions du sens*, Minuit, 1996, p. 155), o estruturalismo francês associava três doutrinas: a do "holismo estrutural" (o todo dado antes das partes), a do "formalismo" (a busca de uma invariante formal) e a da "causalidade estrutural" (causalidade eficaz da forma). Essas distinções, contudo, não são necessárias à nossa proposta.

estruturalismo e o marxismo se opunham às críticas temáticas, existencialistas e psicanalíticas centradas na consciência do criador; a própria corrente marxista era sobremodo dividida, como o mostram a sociocrítica goldmanniana ou trabalhos dos althusserianos.

É testemunha dessa ambiguidade o sujeito que então obteve o *Contra Sainte-Beuve* de Proust. Se essa obra, que no entanto se inscreve na continuidade do idealismo do começo do século XIX, é percebida como inovadora, o motivo é precisamente que ela ataca o coração do aparelho da história literária ("o homem", "a obra" e "o meio") e anuncia a "crítica temática", que chegou ao auge nos anos 1960 e que se distinguia da estilística gramatical, então dominante no aparelho escolar francês. O que se aplica a *Contra Sainte-Beuve* também se aplica à estilística de Leo Spitzer, cuja elaboração teórica data da década de 1920, mas que, introduzida pela nova crítica, torna-se acessível em francês em 1970, quando se publica a coletânea de *Estudos de estilo*, com uma introdução de Jean Starobinski, um dos mestres da crítica temática.

Como foi dito, na França, a partir do século XIX, o ponto de vista dos estetas e criadores, defensores da autonomia das obras, divergia do dos filólogos universitários preocupados com documentos. A nova crítica permitiu reconciliar esses dois mundos. Barthes é um exemplo perfeito disso, ele que conseguiu unir a autoridade acadêmica com a autoridade conferida pelo sucesso junto ao público cultivado.

ESTILO E CRÍTICA TEMÁTICA

A crítica temática constituiu incontestavelmente a mais forte corrente da nova crítica.[17] Sintoma dessa preponderância, a obra de Serge Doubrovski, *Por que a nova crítica?*, datada de 1966, situa a noção de "tema" no centro da "estruturação erudita de estruturas literárias":

> O tema, noção-chave da crítica moderna, não é senão a coloração efetiva de toda experiência humana, no nível em que ela põe em jogo as relações fundamentais da existência, ou seja, o modo particular de cada homem viver sua relação com o mundo, com os

---

[17] A crítica temática foi ilustrada em particular por Jean Starobinski (Jean-Jacques Rousseau, *La transparence et l'obstacle*, Paris, 1958). J. P. Richard (*L'Univers imaginaire de Mallarmé*, Paris, 1961), R. Barthes (*Michelet par lui-même*, Paris, 1954).

outros e com Deus. O tema é a escolha de ser que ocupa o centro de toda "visão de mundo": sua afirmação e seu desenvolvimento constituem ao mesmo tempo o suporte e a base de toda obra literária, ou, se se preferir, sua arquitetônica.[18]

É ainda mais revelador o livro *Os caminhos atuais da crítica*, que retoma as comunicações do colóquio de Cerisy (2-12 de setembro de 1966), evento norteador na história da nova crítica. Os trabalhos do colóquio são dirigidos por Georges Poulet, cuja comunicação introdutória afirma a necessidade de uma "crítica de identificação". Nas 28 comunicações publicadas nos Anais, apenas duas, as de Gerard Genette e a de Jean Ricardou, falam em nome da crítica dita então "formalista", por referência aos formalistas russos. Na verdade, só Ricardou faz soar deliberadamente uma nota dissonante nesse concerto de adesão à crítica temática. Ele denuncia nela a "força centrífuga" que, em nome de uma estética para a qual "a literatura teria por obrigação exprimir um antecedente",[19] desvia a leitura para o "fora do texto". Genette mostra-se mais consensual; ainda que suas preocupações o afastem manifestamente das abordagens em termos de "estilo", ele defende uma crítica que declara "chamar indiferentemente de formalista ou temática":

> O fato do estilo serve aqui, bem evidentemente, para recorrer ao vocabulário proustiano, tanto da ordem da *técnica* como da ordem da *visão*: não é nem puro "sentimento" (que se exprimiria da melhor maneira possível), nem um simples "modo de dizer" (que nada exprimiria); é precisamente uma *forma*, uma maneira que a linguagem tem de dividir e ordenar tanto as palavras como as coisas.[20]

Essa supremacia da crítica temática nada tem de surpreendente, porque esse tipo de abordagem é coextensivo à concepção romântica do estilo, uma vez que está implicada em toda análise de uma obra como "visão de mundo". Mas esse empreendimento que deporta o texto para as profundezas da consciência criadora tem um custo bem elevado: além de se apoiar numa concepção de subjetividade que ignora tanto a instituição literária como a enunciação, sua pertinência se restringe de fato a um conjunto limitado de escritores, essencialmente os dos

---

[18] P. 103.

[19] P. 220.

[20] Pp. 138-139.

séculos XIX e XX, que partilham os mesmos pressupostos do analista. Mal se consegue imaginar qual seria sua produtividade para estudar a *Ilíada*, um fabulário medieval ou o teatro de Lope de Vega. A preeminência atribuída à abordagem temática nada tem, com efeito, de incompatível com a consideração da diversidade das inscrições genéricas, históricas e geográficas da literatura.

Em entrevista concedida em 1963 à *Tel Quel*, Barthes mostrou-se consciente da dificuldade; porém, mal a evocou, e a ela se furtou mediante uma fuga para a frente:

> Trabalhando com a obra de Racine, eu tive de início a ideia de uma psicanálise substancial (já indicada por Starobinski), mas essa crítica, ao menos como eu a via, deparava com demasiadas resistências [...] Contudo, essa resistência não vencida não é insignificante: porque, se é difícil psicanalizar Racine em termos de substâncias, é que a maioria das imagens racinianas pertence a uma espécie de *folclore* de época, ou, se se preferir, a um código geral que foi a língua retórica de toda uma sociedade, não sendo o imaginário raciniano mais do que uma *palavra* vinda dessa língua; o caráter coletivo desse imaginário de modo algum o subtrai a uma psicanálise substancial, impondo apenas a ampliação considerável da pesquisa e a tentativa de uma psicanálise de época, em vez de uma psicanálise de autor.[21]

Barthes entende por "psicanálise substancial" o tipo de crítica temática que aplicou com talento a Michelet.[22] Descobrindo que o texto de Racine é refratário a essa abordagem, ele não se pergunta se esta é adequada, mas sugere simplesmente estendê-la à produção de toda a época. Trata-se de tarefa que, suspeita-se, não pôde acontecer: como, na verdade, analisar os dispositivos retóricos do século XVII em termos de "substância"?

Para atenuar a contradição entre a exiguidade do *corpus* acessível pelas abordagens temáticas e a ambição de dar conta de toda literatura, recorre-se a um historicismo difuso: admitia-se mais ou menos claramente que Flaubert era antes escritor do que autor de um fabulário ou de uma comédia do século de ouro espanhol. Trata-se de um pressuposto que, no final do século XIX, as problemáticas de *Tel Quel* sobre o advento de uma literatura do "Texto", da pura "Escritura", viriam oportunamente sustentar.

---

[21] "Littérature et signification", in *Essais Critiques*, Seuil, 1964, p. 272.

[22] *Michelet par lui-même*, Seuil, 1954.

A POSIÇÃO ESTRUTURALISTA

Com o estruturalismo, estava-se nas antípodas dos empreendimentos precedentes, dado que se tratava de, em nome de um postulado da "imanência", recusar a sujeição do texto à consciência. Mas como o conflito com a história literária ocupava a boca de cena, no campo da nova crítica não havia nenhum ímpeto de destacar os pontos de dissensão. Longe de consumar a ruptura com a estética romântica, o estruturalismo literário, apesar da reivindicação teatral de um "processo sem sujeito", teria a tendência de se apoiar noutro aspecto da estética romântica: a afirmação do autotelismo da obra de arte, relegando por isso ao segundo plano a inscrição das obras literárias nos processos enunciativos e nas práticas discursivas de uma sociedade. Nesse aspecto, o estruturalismo prolongou seu inspirador maior, o formalismo russo, como o destacará seu introdutor na França, T. Todorov:

> O quadro da doutrina formalista da linguagem poética é a estética kantiana e, deve-se acrescentar, sua elaboração ulterior na época do romantismo alemão. A ideia do autotelismo como definição do belo e da arte vem diretamente dos escritos estéticos de Karl Philipp Moritz e de Kant; a própria solidariedade entre autotelismo e sistematicidade ampliada vê-se aí abertamente articulada.[23]

Os formalistas esforçaram-se em vão por dizer que estavam "em total ruptura com sua época, na realidade, contudo (*sic*), suas ideias não são mais do que uma visão radical da doutrina estética que então dominava o pensamento europeu há mais de cem anos, doutrina elaborada no âmbito da filosofia idealista alemã e, de modo mais específico, pelos românticos de Iena".[24] O que não significa que se possa reduzir o formalismo a essa filiação. Para Todorov, esse movimento é na verdade "um encontro da tradição aristotélica com a ideologia romântica".[25] Entretanto, como são sobretudo as formulações românticas que foram apresentadas, entende-se que a compatibilidade entre formalismo e abordagens temáticas tenha sido relativamente fácil nos anos 1960-1970.

---

[23] *Critique de la critique*, Paris, Seuil, 1984, p. 24.

[24] Prefácio a M. Bakhtin, *Esthétique de la création verbale*, Paris, Gallimard, 1984, p. 9. (edição brasileira: *Estética da criação verbal*, 4. ed., nova ed. com tradução a partir do russo de Paulo Bezerra, São Paulo, Martins Fontes, 2003).

[25] Op. cit., p. 33.

É-se assim levado a tomar alguma distância com relação à *doxa* que vê na nova crítica a Virada maiúscula nos estudos literários. É preciso dizer que nesses anos 1960 havia a convicção quase generalizada de que se estava prestes a viver uma grande reviravolta: não se podia conceber um saber verdadeiro que não realizasse sua "ruptura epistemológica" apartando-se da "ideologia" em que estava preso. A ruptura fundadora e sua encenação eram na época indissociáveis.

Não há dúvida de que a ruptura dos anos 1960 foi espetacular, se se consideram as práticas antes prevalecentes nas faculdades de Letras, em que, ao lado da história literária, do latim e do grego, o francês antigo e a gramática histórica ficam com a parte do leão. Em alguns anos, a reviravolta foi imensa, tanto mais por ter se acompanhado dos eventos de maio de 1968 e da transformação das instituições universitárias. Pode-se, contudo, duvidar de que uma mudança dessa natureza, mesmo acompanhada de amplas transformações institucionais, tenha podido em tão pouco tempo modificar profundamente o aparato intelectual da massa de pesquisadores, professores, estudantes. A impressão de novidade veio em larga medida do fato de que se passou a tratar de problemáticas até então marginais, mas que – do ponto de vista da história das ideias – nada tinham de inovadoras.

O estruturalismo literário, cujo projeto implicava inegavelmente uma forte ruptura com as propostas anteriores, era na verdade bem minoritário diante das abordagens críticas de tipo temático no sentido amplo ou das abordagens de inspiração psicocrítica ou sociológica que retiraram o essencial de sua inspiração da estética romântica do século XIX. Esse amplo domínio de empreendimentos herdados do século anterior explica sem dúvida, em larga medida, a facilidade com que se impuseram; é verdade que abalaram as rotinas das faculdades de Letras francesas, mas há muito tempo vinham sendo acolhidas pela cultura dominante.

Num texto de 1963, "As duas críticas", Barthes observava justamente que, no fundo, a universidade estava pronta para aceitar as abordagens da nova crítica que postulam que a obra se explica por determinações exteriores; com efeito:

> A crítica psicanalítica *ainda* é uma psicologia; ela postula um *outrora*
> da obra (que é a infância do escritor), um segredo do autor, uma
> matéria a decifrar, que continua a ser em larga medida a alma
> humana, ainda que ao preço de um novo vocabulário: vale mais
> uma psicopatologia do escritor do que nenhuma psicologia [...], o
> que é recusado é a *análise imanente*; tudo é aceitável desde que a

> obra possa ser relacionada com *alguma outra coisa*, ou seja, uma
> coisa que não a literatura: a história (mesmo que se torne marxista),
> a psicologia, mesmo que se torne psicanalítica.[26]

Curiosamente, Barthes situa os estudos temáticos no campo das análises estruturais, entre as abordagens imanentes: "o que é rejeitado [pela universidade] é, portanto, *grosso modo*, a crítica fenomenológica (que *explicita* a obra em vez de *explicá-la*), a crítica temática (que reconstitui as metáforas interiores da obra) e a crítica estrutural (que toma a obra por um sistema de funções).[27] O brevê* de imanência atribuído às críticas temáticas cimenta o equívoco que permite às correntes dominantes da nova crítica prolongar a estética romântica, ao mesmo tempo em que denuncia uma história literária que pode na verdade aceitar bem uma abordagem de tipo temático. Não se contesta o espaço mesmo que tornou possível a história literária, a oposição imemorial entre texto e contexto, um interior e um exterior. É precisamente esse grande obstáculo epistemológico que vai ser depois objeto do ataque de abordagens inspiradas pelas teorias da enunciação linguística, pelos conceitos da pragmática e da análise do discurso.

Nova crítica e linguística

As relações que a nova crítica mantinha na época com a linguística também foram postas sob o signo do equívoco. Até os anos 1960, elas nada tinham de problemáticas. Para os trabalhos filológicos de estabelecimento do texto, recorriam-se aos conhecimentos acumulados pela gramática histórica, à qual os textos literários também serviam de *corpus*. Em contrapartida, quando queria analisar os "efeitos" produzidos por alguma "figura" (um anacoluto, uma inversão, uma antonomásia, uma anáfora...), o estudioso do estilo se contentava em recorrer à terminologia das gramáticas descritivas elementares, que serviam de alguma maneira como caixa de ferramentas.[28]

---

* N. T.: Brevê é usado metaforicamente, significando "autorização". Na aviação, designa a autorização de pilotar aviões que o piloto recebe depois do treinamento bem-sucedido.

[26] "Les deux critiques" (1963) em *Essais critiques*, Seuil, 1964, pp. 250-251. (edição portuguesa: R. Barthes, *Ensaios críticos*, Lisboa, Edições 70, 1977).

[27] P. 251.

[28] Le Précis de stylistique française, de J. Marouzeau (Paris, Masson, 1941) ou o Le style et ses techniques, de M. Cresst, são representativos. O manual de Marouzeau, por exemplo, passa em revista "os sons", "a grafia", "a palavra", "as categorias gramaticais", "a construção da frase", "a estrutura do enunciado", como rubricas que permitem enumerar uma relação de procedimentos que todo autor teria à sua disposição: "com relação a cada categoria de fatos, vai intervir o juízo de valor na forma de uma dupla questão: Qual foi a intenção do autor do enunciado? Qual vai ser a impressão do destinatário?" (Paris, PUF, 1947, nova ed. 1959, pp. 13-14).

A estilística "orgânica" de Spitzer, a da obra como expressão de uma visão do mundo, não era nem um pouco mais exigente: a metalinguagem gramatical servia nela, essencialmente, para rotular os fenômenos. Quando Spitzer estuda uma página de Bossuet,[29] os recursos da linguística que ele mobiliza relevam de uma bagagem mínima: "o desaparecimento dos pronomes demonstrativos em favor dos indefinidos", "a disposição de longos incidentes", "as metáforas", "a sucessão de verbos", "a repetição de imperativos imperiosos", as "interjeições", as "frases curtas"[30] etc. Sua atenção de modo algum incide sobre os conceitos linguísticos e seu valor heurístico; trata-se de categorias descritivas cujo uso parece evidente por si mesmo e a que se recorre para analisar fenômenos que de modo algum vão além do âmbito da frase. Para as unidades mais amplas, ele mobiliza a nomenclatura retórica: "período", "exórdio", "prosopopeia" etc.

O estruturalismo literário iria reverter esse estado de coisas, pois pretendia apoiar-se na linguística a fim de elaborar uma verdadeira ciência do texto literário. Ainda que seus adversários tenham denunciado os malefícios desse "imperialismo linguístico", nos estudos de textos literários que se diziam filiados à linguística estrutural, nem se falava de grupos nominais, determinação, aspecto, tematização..., e sequer de dialeto, variação, entonação etc. Manipulavam-se, sobretudo, noções como "paradigma", "sintagma", "conotação", "significante", "actante" etc. O imperialismo "linguístico" era na verdade imperialismo semiológico. Como o projeto semiológico, tal como então formulado, incitava a usar noções comuns à diversidade dos universos semióticos, não se tinha estímulo para acentuar a especificidade das línguas naturais.

Por outro lado, um interesse excessivo por fatos especificamente linguísticos corria o risco de dificultar a correspondência entre obra e sociedade, ainda mais que, na França, o estruturalismo literário desenvolveu-se num contexto intelectual dominado pelo marxismo. Havia também o esforço de desenvolver análises de texto compatíveis com o destaque de "homologias", de "isomorfismos" sobremodo vagos com fenômenos sociais. Pensamos aqui na problemática de Goldmann.

O que melhor se desenvolveu então no âmbito do programa estruturalista foram a *narratologia*, a *poética* (no sentido estrito de uma teoria da poesia) e o estudo do *vocabulário*.

---

[29] "Stylistique et critique littéraire", in *Critique*, n. 98, julho de 1955, pp. 602-609, retomado no livro de P. Guiraud e P. Kuentz, *La stylistique*, Paris, Klincksieck, 1970, pp. 264-271.

[30] Op. cit., passim.

A narratologia, apesar de alguns empréstimos superficiais à terminologia linguística ("proposição narrativa", "modo"...), desenvolveu-se de uma maneira que não lhe deve grande coisa. A poética, por sua vez, essencialmente na versão jakobsoniana, prolongou o programa dos formalismos russos do começo do século sem dever muito ao estudo das línguas naturais. A célebre "função poética" de Jakobson[31] não implica uma modelização restritiva das propriedades linguísticas, que estão subordinadas às redes de equivalências instituídas pelos patronos da poesia. O notável desenvolvimento desse domínio de pesquisas ligava-se amplamente ao fato de as propriedades dos textos sujeitos a essa função poética serem na verdade *imediatamente estruturais*: o metro, a rimas, as estrofes... dependem de um princípio estrutural, permitindo estabelecer equivalências. Há assim uma notável convergência entre os enunciados poéticos e a epistemologia estruturalista, fundada nas oposições paradigmáticas. Basta considerar um romance ou uma peça teatral para compreender por que nesse domínio os progressos decorrentes da linguística estrutural foram tão parcos: nesse tipo de enunciados, não há organização estrutural superficial que permita ir ao cerne do funcionamento textual.

O único domínio propriamente linguístico que se desenvolveu foram os estudos do *vocabulário* das obras literárias, seja a estatística lexical[32] ou, de maneira mais ampla, as análises inspiradas na lexicologia estrutural: estudos distribucionais, campos semânticos, decomposições sêmicas... A linguística estrutural, na condição de linguística do signo, favorecia esse tipo de pesquisa, que prolongava, embora com mais rigor, antigos gestos filológicos. Essa predileção pelo vocabulário se explica igualmente pela facilidade com que se pensava poder dele extrair interpretações. Uma abordagem lexicológica manipula unidades que se podem crer estar em relação relativamente direta com fenômenos extralinguísticos, seja a visão de mundo do autor ou o contexto sócio-histórico.

Além disso, e este não é o menor paradoxo da questão, o estruturalismo que submergiu então os estudos literários apoiava-se numa linguística estrutural já pertencente ao passado. A linguística gerativa já se achava bem implantada: o livro fundador de Noam Chomsky, *Estruturas sintáticas,* data de 1957; sua teoria

---

[31] Que tem por base, recordemos, o princípio da projeção do eixo paradigmático sobre o eixo sintagmático.

[32] Pensamos nos trabalhos de P. Guiraud (*Problèmes et méthodes de la statistique linguistique*, Paris, PUF, 1960) e de C. Muller (*Essai de statistique lexicale: le vocabulaire du théâtre de Corneille*, Paris, Larousse, 1967).

dita "padrão", a que vem de *Aspectos da teoria da sintaxe*, é conhecida desde 1965. Os artigos de Benveniste sobre a enunciação foram publicados em 1958,[33] e o de Jakobson sobre os dêiticos, em 1957[34] (esse artigo já estava disponível em francês desde 1963, nos *Ensaios de linguística geral*); o livro de Austin sobre os atos de fala, *Como fazer coisas com palavras (How to do things with words)*, foi publicado em 1962. Mediante essas correntes enunciativas e pragmáticas, impôs-se progressivamente outra forma de abordar a comunicação verbal e não verbal, expressa nas seguintes ideias-forças: o discurso como atividade, a primazia da interação, a reflexividade da enunciação, a inscrição dos enunciados em gêneros do discurso, uma concepção instrucional do sentido, a inseparabilidade entre texto e contexto etc.

As ciências da linguagem seguiam assim uma orientação que as afastava das bases da abordagem estruturalista do texto literário. De um lado, ao voltar a ter por centro fenômenos propriamente gramaticais e, de outro, ao questionar uma interpretação redutora da oposição entre "linguístico" e "extralinguístico". Esse duplo movimento tornou aos poucos impossível a busca de "homologias" entre sociedades e textos literários.

Ao dissociar de modo rigoroso história literária de estilística, contexto de texto, o estruturalismo não obstante criara as condições de uma renovação. Ao contrário da maioria das abordagens anteriores dos textos literários, ele se perguntava sobre a natureza e a forma de organização dos textos. É verdade que ele levou ao paroxismo o dogma romântico do fechamento da obra orgânica, mas conseguiu romper o vínculo de dependência unilateral entre o sujeito criador e a obra. Ao considerar o texto um artefato produzido por regras semióticas tornou problemático o que antes parecia evidente. A partir de então, não mais se pôde refletir sobre a relação entre a obra e o mundo que a torna possível sem refletir sobre a textualidade.

Constatamos, no entanto, uma clara defasagem entre o momento em que, no plano teórico, se reuniram as condições para uma abordagem distinta do fato literário – a década de 1970 – e o momento em que se começou efetivamente a refletir em termos de análise do discurso literário, qual seja os anos 1990.

---

[33] Ele ficou conhecido pelo grande público a partir de 1966, com a publicação de *Problemas de linguística geral* (*Problèmes de linguistique génerale*, Gallimard).

[34] "Les embrayeurs, les catégories verbales et le verbe russe" (1957) é o capítulo 9 dos *Essais*. Sua conceptualização retoma a de duas comunicações apresentadas em 1950.

A emergência do "discurso"

Novas abordagens

Independentemente da linguística, no refluxo do estruturalismo e de boa parte da nova crítica, desenvolveram-se problemáticas bem distintas cujo ponto comum é concentrar a atenção nas condições da comunicação literária e na inscrição sócio-histórica das obras. Mas elas são com muita frequência entendidas como enriquecimentos locais, quando é o conjunto da paisagem que elas vão reconfigurando aos poucos.

Para muitos, é o nome de Bakhtin que – retrospectivamente – congrega as tentativas de renovação. Numa conjuntura em que a reflexão sobre a literatura estava cindida entre o formalismo da escola russa e o sociologismo do marxismo clássico ou da história literária, ele pretendia ultrapassar a oposição entre o que chamava de "formalismo estrito" e "o ideologismo" dos "pseudossociólogos prontos a projetar qualquer elemento estrutural da obra literária – a personagem ou a intriga, por exemplo – diretamente na vida real".[35]

No domínio mais específico das abordagens do texto literário, outras correntes exerceram certa influência.

---

[35] Mikhail Bakhtin, *Le Principe dialogique*, org. por Todorov, 1981, pp. 58-59 (o texto citado data de 1934).

Conhecem-se as contribuições da teoria da recepção, voltada para a relação entre a obra e o "horizonte de expectativa",[36] os pressupostos de todos os tipos que estruturam as práticas de leitura. Nessa abordagem, o sentido da obra não é estável nem fechado em si mesmo, sendo construído na separação entre posições de autor e de receptor. Mais tarde, as pesquisas sobre a atividade de leitura, estimuladas por trabalhos sobre os processos cognitivos, permitiram evidenciar que a leitura, longe de ser simples decifração de signos, implica a cooperação do leitor. O livro de Umberto Eco, *Lector in fabula*,[37] apreende o texto literário como um artefato semanticamente "reticente" que organiza de antemão os aportes de sentido que o leitor deve efetuar para torná-la inteligível. Essas pesquisas são reforçadas por outras, bem diferentes delas, que não tratam especificamente da literatura, mas das práticas de leitura atestadas. Pensamos aqui nos historiadores, particularmente Roger Chartier. Essas problemáticas têm o efeito de integrar as obras literárias em dispositivos de comunicação organizados a partir da posição de leitura. Elas se recusam a conceber a obra como um universo fechado, expressão de uma consciência criadora solitária: o leitor está presente já na constituição de uma obra que, por sua vez, só chega a esse estatuto através da multiplicidade de quadros cognitivos e práticas que lhe conferem sentido.[38]

Podemos ainda evocar a importância da reflexão sobre a intertextualidade, que se desenvolve a partir dos anos 1960[39] e que faz eco ao "dialogismo" bakhtiniano. Postulando a primazia do interdiscurso sobre o discurso, considerando-se as obras como o produto de um trabalho no intertexto, desestabilizam-se as representações usuais da "interioridade" das obras. Estas se mostram menos como monumentos solitários do que como pontos de cruzamento, nodos em múltiplas séries de outras obras, de outros gêneros. Mas, como se verá, a problemática da intertextualidade não desemboca necessariamente num questionamento das divisões tradicionais.

---

[36] Para Jauss, o horizonte de expectativa é "o sistema de referências objetivamente formulável que, para cada obra, no momento da história em que aparece, resulta de três fatores principais: a experiência prévia que o público tem do gênero de que a obra é parte, a forma e a temática de obras anteriores cujo conhecimento ela pressupõe e a oposição entre linguagem poética e linguagem prática, modo imaginário e realidade cotidiana" (1978, p. 49).

[37] Paris, Grasset, 1985.

[38] Evocamos também os trabalhos que reintroduzem a figura do leitor, como a "sociopoética" de Viala (1993), que, num estudo de Le Clézio, se esforça por colocar a posição de leitor no centro de uma abordagem que pretende conciliar sociologia da literatura e análise de textos.

[39] Pensamos aqui nos livros de G. Genette: *Introduction à l'architexte, Palimpsestes, Seuils.*

Na atmosfera francófona, a preocupação de sair da imanência do texto literário se exprime na sociocrítica dos anos 1970, assim definida por Duchet:

> A sociocrítica pretende apartar-se tanto de uma poética dos restos, que decanta o social, e de uma política dos conteúdos, que despreza a textualidade [...]. O campo assim aberto é o de uma sociologia da escritura, coletiva e individual, bem como de uma poética da sociabilidade.[40]

O objetivo era pensar a "sociabilidade" constitutiva do texto sem recair numa teoria do "reflexo". Como o acentua Ruth Amossy,[41]

> na perspectiva aberta por Claude Duchet, tratava-se de recuperar a *sociabilidade* do texto literário através de todos os elementos formais que o constituem — suas modalidades de organização, suas redes metafóricas, seu sistema de personagens etc. A obra diz a sociedade de seu tempo na medida em que o "trabalho textual" ora desfaz as armadilhas do já dito e das ideias recebidas, ora deixa perceber as tensões e as aporias reveladoras de um impensado.

Mas esse empreendimento permaneceu em larga medida em estado de projeto. A perspectiva sociocrítica só podia convergir com a análise do discurso, que apreende os enunciados por meio da atividade social que os sustenta, remetendo as palavras a lugares, distribuindo o discurso numa multiplicidade de gêneros cujas condições de possibilidade, rituais e efeitos têm de ser analisados. A divergência entre essas duas abordagens é contudo digna de nota, no mínimo porque a análise do discurso vem das ciências da linguagem e se desenvolveu independentemente do estudo de textos literários. Por outro lado, "a sociocrítica se funda originariamente numa abordagem sistêmica herdada do estruturalismo, assim como numa obediência marxista que se pretende desvelamento do ideológico".[42] Trata-se de um empreendimento bem distinto do implicado pela noção de discurso, que traz para o primeiro plano os dispositivos comunicacionais e enunciativos, seja em termos de gênero do discurso ou de cenas de enunciação. Por fim, e esta divergência não é menos fundamental, a *sociocrítica*, rótulo construído a partir do modelo da *psicocrítica*,

---

[40] *Sociocritique*. C. Duchet (org.), Paris, Nathan, 1979, p. 4.

[41] "La dimension sociale du discours. L'analyse du discours et le projet sociocritique", in *L'Analyse du discours dans les études littéraires*, R. Amossy e D. Maingueneau (orgs.), Presses Universitaires du Mirail, p.63.

[42] R. Amossy, op. cit., p. 64.

pretende ser uma "leitura" dos textos literários, ao lado de outras. A análise do discurso, por seu turno, não se concebe como uma leitura entre outras, esforçando-se em vez disso por definir o quadro em cujo âmbito se distribuem as múltiplas "leituras" que a obra autoriza.

O projeto sociocrítico de superação da oposição entre história literária e análise textual se desenvolve, portanto, no campo bem mais amplo da análise do discurso, pagando o preço de uma reformulação de seu próprio projeto. Uma noção como a de "discurso literário" é na verdade plena de pressupostos, implicando em particular duas coisas que contrariam a *doxa* prevalecente entre os especialistas em literatura.

A primeira é que a literatura não se beneficia de um regime de extraterritorialidade: a análise do discurso não está reservada a textos considerados "comuns", ao contrário do que é com frequência o caso nos departamentos de Letras, que no tocante a isso dão continuidade à separação consagrada pela estética romântica entre textos "intransitivos", "autotélicos", e textos "transitivos". Em vez de julgar evidente a oposição entre o "profano" das ciências humanas e o "sagrado" da literatura, a análise do discurso explora as múltiplas dimensões da discursividade, buscando precisamente explicar a um só tempo a unidade e a irredutível diversidade das manifestações do discurso. Ela não se contenta com a mobilização de noções tomadas à Psicanálise, à Sociologia, à Antropologia etc. para "aplicá-las" a textos literários: não se trata de projetar um universo (as ciências humanas) noutro (a literatura) que lhe seria estranho, mas de explorar o universo do discurso.

A segunda é que, com o desenvolvimento das disciplinas do discurso, é a distribuição de papéis entre ciências da linguagem e estilística que sofre modificações. O estilista clássico usa a linguística como uma espécie de caixa de ferramentas que lhe permite explicitar suas intuições de leitor; a linguística enquanto tal não desempenha aí um papel verdadeiramente heurístico. Isso se aplica também, por outro lado, tanto à estilística "escolar", a da explicação de textos, como à estilística spitzeriana. Em contrapartida, na perspectiva da análise do discurso, as ciências da linguagem intervêm *de duas maneiras*, e não apenas nos termos ancilares tradicionais da "gramática" (ainda que esta última tenha entrementes se tornado "linguística") com relação à literatura. O recurso à linguística não é mero uso de ferramentas elementares ou, como no caso do estruturalismo, de alguns princípios de organização sobremodo gerais; ela constitui um verdadeiro instrumento de investigação: em vez de se contentar em validar mediante noções da gramática descritiva conclusões que uma compreensão sutil do texto seria suficiente para fundar, deve-se a partir de então elaborar interpretações que a intuição não seria suficiente para produzir. Aquilo que se considerava mero auxiliar intervém na própria elaboração de protocolos de pesquisa e interpretações. Os avanços alcançados em matéria de gêneros do discurso, de polifonia enunciativa, de marcadores de interação oral, de processos argumentativos, de leis do discurso, de relações anafóricas e assim por diante, levam a postular em termos bem distintos as relações entre pesquisas sobre a língua e pesquisas sobre a literatura. Passa doravante a haver uma "ordem do discurso" específica, uma passagem obrigatória para toda compreensão do fato literário.

A NOÇÃO DE DISCURSO

A noção de discurso é, contudo, de difícil operação; ela de certo modo atua em dois planos. De um lado, possui certos valores clássicos em linguística e, do outro, é passível de um uso pouco controlado, na qualidade de palavra-chave de uma certa concepção de língua. Desse modo, quando se fala em *discurso* literário, promove-se a convergência de algumas ideias-forças que imprimem uma dada inflexão a nossa abordagem da literatura. E não é outra a situação da pragmática, cuja restrição a uma disciplina bem delimitada é tarefa vã. Para simplificar, pode-se dizer que "discurso" e "pragmática", cada qual em sua ordem, são noções solidárias: uma do lado do objeto e, a outra, do lado dos modos de apreensão desse objeto.

No campo da linguística, "discurso" entra em diversas oposições:

- Pode designar uma unidade linguística constituída por uma sucessão de *frases*. É essa a acepção de "análise do discurso" de que fala nos anos 1950 um linguista distribucional como Harris ou alguns daqueles que se referem à "gramática do discurso". De modo geral, prefere-se hoje "linguística textual".
- Pode opor-se à "língua", considera sistema de valores virtuais. Aproximamo-nos assim da oposição saussuriana entre língua e fala. Com efeito, pode-se imprimir a "discurso" uma orientação *sociológica* ou uma orientação *psicológica* (é o que ocorre com um linguista como Guillaume*).

---

* N.T.: Guillaume foi de certo modo discípulo de A. Meillet, bem como seguidor de teses de Saussure. Empenhou-se em dar à ciência da linguagem um estatuto de ciência teórica não positivista nem descritiva e classificativa.

- Com Émile Benveniste, discurso aproxima-se de "enunciação": trata- se da "língua assumida pelo homem que fala, e na condição de intersubjetividade que constitui o fundamento da comunicação linguística".[43]
- Num nível superior, o "discurso", considerado um uso restrito do sistema ("discurso comunista", "discurso científico"...), opõe-se à "língua", definida como sistema partilhado pelos membros de uma comunidade linguística. Nesse emprego, "discurso" é termo ambíguo, porque pode designar tanto o sistema que permite produzir um conjunto de textos como esse mesmo conjunto de textos: o "discurso científico" é tanto *o conjunto dos textos* produzidos pelos cientistas como *o sistema* que permite produzi-los, eles e outros textos qualificados de científicos. Produz-se então um deslizamento constante do sistema de regras para os enunciados efetivamente produzidos.

Mas falar de "discurso" é também se despojar de certa concepção da linguagem e da semântica, ativar algumas ideias-forças. Principalmente as que vêm a seguir, que interessam diretamente ao estudo do fato literário:

- *O discurso supõe uma organização transfrástica.* Isso não quer dizer que ele tenha necessariamente um tamanho superior à frase, mas que mobiliza estruturas de ordem diversa das da frase. Um provérbio pode ser um discurso mesmo que se constitua tão somente de uma frase única. Os discursos são submetidos a regras de organização em vigor numa comunidade determinada, as dos múltiplos gêneros de discursos.
- *O discurso é uma forma de ação.* A problemática dos atos de fala desenvolvida por filósofos como Austin e, mais tarde, Searle, difundiu maciçamente a ideia de que toda enunciação constitui um ato ilocutório. Num nível superior, esses atos elementares se integram, por sua vez, a atividades linguísticas de um *gênero* determinado (um panfleto, uma consulta médica, um jornal de televisão...), elas próprias inseparáveis de atividades não verbais. A ideia de que a fala é uma atividade pode parecer banal, mas modifica os modelos tácitos que regem nossa abordagem dos textos. Alguns gestos se tornaram obsoletos, em particular o que consiste em desmontá-los para

---

[43] Émile Benveniste, *Problèmes de linguistique générale*, Paris, Gallimard, 1966, p. 266 (edição brasileira: *Problemas de linguística geral I*, 2. ed., Campinas, Pontes, 1988).

perguntar-se em seguida que relação estabelecem com o mundo. Atividade singular, mas também atividade entre outras, o discurso literário participa do mundo que se considera que "reflita".

– *O discurso é interativo.* A manifestação mais evidente dessa interatividade é a conversação, na qual se julga que os dois parceiros coordenem suas intervenções. Mas nem todo discurso está vinculado à conversação; isso é particularmente evidente no que se refere à literatura. Nesses casos, é possível ainda falar de interatividade? Uma maneira cômoda de manter apesar de tudo o princípio de que o discurso é fundamentalmente interativo seria considerar que o intercâmbio oral constitui o emprego "autêntico" do discurso, e que as outras formas de enunciação são usos seus de alguma maneira enfraquecidos. Mas isso é confundir a *interatividade* fundamental do discurso com a *interação oral.* Toda enunciação, mesmo produzida sem a presença de um destinatário, é de fato tomada numa *interatividade* constitutiva; ela é um intercâmbio, explícito ou implícito, com outros locutores, virtuais ou reais. Nessa perspectiva, a conversação não deve ser considerada *o* discurso por excelência, mas apenas um dos modos de manifestação – ainda que seja, sem sombra de dúvida, o mais importante – da interatividade fundamental do discurso. Nenhum escritor pode desvincular-se do "princípio de cooperação"; há obras literárias não porque a literatura esteja fora de toda interação, mas porque é uma conversação impossível e faz uso dessa impossibilidade. Além disso, essa "conversação impossível" corresponde a exemplos muito diferentes, de acordo com os modos de exercício da literatura: a poesia cavalheiresca apoia-se na conversação mundana, a poesia romântica a recusa.

– *O discurso é orientado.* Isso ocorre não somente porque ele é concebido em função de uma meta do locutor, mas também porque se desenvolve no tempo. Com efeito, o discurso é construído em função de um fim, julga-se que tenha uma destinação. Mas ele pode desviar-se no meio do caminho (digressões...), voltar à sua direção inicial, mudar de direção etc. Sua linearidade costuma manifestar-se mediante um jogo de antecipações ou de retornos da parte do locutor, que efetua um verdadeiro "direcionamento" de sua fala. Mas esse direcionamento se efetua em condições muito diferentes caso o enunciado venha de um enunciador que o controla do início ao fim, como acontece num livro, ou caso possa ser interrompido ou desviado a qualquer instante por um interlocutor. Em textos escritos ou em enunciações orais ritualizadas, a perda pelo locutor do controle do fio do discurso só pode ser uma encenação.

– *O discurso é contextualizado.* O discurso não intervém *num* contexto: só há discurso contextualizado. Além disso, o discurso contribui para definir seu contexto e pode modificá-lo ao longo de uma enunciação. Há nesse âmbito um ponto crucial, como veremos ao considerar a cena de enunciação das obras.

– *O discurso é assumido por um sujeito.* A reflexão sobre as formas de subjetividade supostas pela enunciação é um dos grandes eixos da análise do discurso. O discurso supõe um "centro dêitico", fonte de pontos de referência de pessoa, tempo e espaço; mas supõe também a atribuição da responsabilidade dos enunciados a diversas instâncias usadas na enunciação. Essa separação possível entre centro dêitico e fonte do ponto de vista é fundamental para a análise dos textos "dialógicos". Ora, sabe-se que o discurso literário é um dos lugares privilegiados de manifestação do dialogismo.

– *O discurso é regido por normas.* Como todo comportamento social, o discurso está sujeito, ao mesmo tempo, a normas sociais muito gerais e a normas de discurso específicas. Fundamentalmente, nenhum ato de enunciação pode ser formulado sem justificar, de uma maneira ou de outra, seu direito de apresentar-se tal como se apresenta. Sua inscrição em gêneros do discurso contribui de modo essencial para esse trabalho de legitimação que forma uma unidade com o exercício da fala; um gênero implica por definição um conjunto de normas partilhadas pelos participantes da atividade de fala.

– *O discurso é considerado no âmbito do interdiscurso.* Ele só assume um sentido no interior de um universo de outros discursos através do qual deve abrir seu caminho. Para interpretar mesmo o menor enunciado, é preciso relacioná-lo com todos os tipos enunciados. As problemáticas da "intertextualidade" e da "arquitextualidade"[44] (Genette), que nutrem os estudos literários, seguem o mesmo caminho, mas tendem às vezes a ver nisso uma espécie de privilégio

---

[44] Isto é, de inscrição numa série genérica.

da literatura, quando de fato se está diante de uma dimensão de toda atividade discursiva, que na literatura assume tão somente uma coloração específica.

De maneira mais ampla, considerar o fato literário como "discurso" é contestar o caráter central desse ponto fixo, dessa origem "sem comunicação com o exterior" – para retomar uma célebre fórmula do *Contra Sainte-Beuve*, de Proust –, que seria a instância criadora. Fazê-lo é renunciar ao fantasma da obra *em si*, em sua dupla acepção de obra autárquica e de obra fundamental da consciência criadora; é restituir as obras aos espaços que as tornam possíveis, onde elas são produzidas, avaliadas, administradas. As condições do *dizer* permeiam aí o *dito,* e o *dito* remete a suas próprias condições de enunciação (o estatuto do escritor associado a seu modo de posicionamento no campo literário, os papéis vinculados com os gêneros, a relação com o destinatário construída através da obra, os suportes materiais e os modos de circulação dos enunciados...). A partir do momento em que não se podem separar a instituição literária e a enunciação que configura um mundo, o discurso não se encerra na interioridade de uma intenção, sendo em vez disso força de consolidação, vetor de um posicionamento, construção progressiva, através do intertexto, de certa identidade enunciativa e de um movimento de legitimação do espaço próprio espaço de sua enunciação. Há, portanto, um distanciamento com relação ao universo estético aberto pelo romantismo em que o centro, direta ou indiretamente, era a individualidade criadora. De maneira direta quando se estudava sua vida; indiretamente quando se estudava o "contexto" de sua criação ou quando se lia o texto como a expressão de sua "visão de mundo".

Invoquem-se ou não as "leis do discurso", os "contratos de fala", as "ameaças de influência positiva ou negativa", a enunciação literária não escapa à órbita do direito. Fala e direito à fala se entrelaçam. De onde é possível vir legitimamente a fala, a quem pretende dirigir-se, sob qual modalidade, em que momento, em que lugar – eis aquilo a que nenhuma enunciação pode escapar. E o escritor sabe disso melhor do que qualquer pessoa, ele cujo discurso nunca acaba de estabelecer seu direito à existência, de justificar o injustificável de que procede e que ele alimenta desejando reduzi-lo. A obra só pode desenvolver *seu* mundo construindo nesse mesmo mundo a necessidade desse desenvolvimento. A abundante produção "encomiástica", todas as "dedicatórias", as "epístolas ao duque de x" ou à "senhora de Z", que nos comprazemos a, considerar fundamentalmente estranhos à literatura – tristes compromissos que, para sobreviver, o escritor teve de estabelecer com os poderosos –, remetem a uma necessidade constitutiva de toda literatura. Uma vez que se passe a refletir em termos de instituição, de normas, de autoridade, a palavra jamais deixou de ser regulada.

Já não há, de um lado, um "texto" e, do outro, distribuído ao seu redor, um "contexto". Em vez de a consideração da comunicação literária impedir o acesso ao que há de essencial na obra, o dispositivo enunciativo mostra-se assim como a condição, o motor e o ambiente da enunciação. Naturalmente, a pretensão constitutiva da literatura consiste em propor obras capazes de transcender o contexto no qual foram produzidas; mas quando se estuda a obra remetendo-a a seu dispositivo enunciativo, em vez de entendê-la como um monumento transmitido pela tradição, a exterioridade do contexto mostra ser uma prova enganosa. Não se pode conceber a obra como uma organização de "conteúdos" que permitiria "exprimir" de maneira mais ou menos enviesada ideologias ou mentalidades. O "conteúdo" da obra é na verdade atravessado pela remissão a suas condições de enunciação. O contexto não é colocado no exterior da obra, numa série de camadas sucessivas; o texto é na verdade a própria gestão de seu contexto. As obras falam de fato do mundo, mas sua enunciação é parte integrante do mundo que se julga que elas representem. Não há, de um lado, um universo de coisas e atividades mudas e, do outro, representações literárias dele apartadas que sejam uma imagem sua. Também a literatura constitui uma atividade; ela não apenas mantém um discurso sobre o mundo, como produz sua própria presença nesse mundo. Em vez de relacionar as obras com instâncias bastante afastadas da literatura (classes sociais, mentalidades, eventos históricos, psicologia individual etc.), refletir em termos de discurso nos obriga a considerar o ambiente imediato do texto (seus ritos de escrita, seus suportes materiais, sua cena de enunciação...).

Uma tal reformulação da noção de contexto implica igualmente o afastamento da representação da criação literária que se impôs a partir do romantismo. Podemos resumi-la por meio do cenário do náufrago que lança ao mar uma garrafa. Encerrado em alguma ilha psíquica ou social, o escritor é um homem que decide ser reconhecido pelos semelhantes através da escrita. Ele concebe uma mensagem, ele a escreve, coloca-a numa garrafa e a lança ao mar. Sua súplica corre grandes riscos de perder-se pelo caminho; supondo-se que acabe indo parar nas mãos de um ser humano, é bem possível que não seja entendida corretamente. Se o for, se seu valor vier a ser reconhecido, a sociedade irá à procura do infortunado e lhe conferirá a glória entre os semelhantes. É, contudo, bastante frequente que essa glória só venha depois de sua morte.

Esse cenário define um processo linear: primeiro, a necessidade de exprimir-se, em seguida, a concepção de um sentido, depois, a escolha de um suporte e de um gênero, vindo a seguir a redação, a busca de uma instância de difusão, a descoberta hipotética de um destinatário e por fim o eventual reconhecimento da legitimidade literária de seu autor. Deve-se preferir a esse esquema os de dispositivos de comunicação que integrem ao mesmo tempo o autor, o público e o suporte material do texto, que não considerem o gênero invólucro contingente, mas parte da mensagem, que não separem a vida do autor do estatuto do escritor, que não pensem a subjetividade criadora independentemente de sua atividade de escrita. A legitimação da obra não é um tipo de consagração final, improvável, que venha atestar seu valor; ela organiza o conjunto do processo de constituição de obras em função de uma antecipação de seu modo de difusão. Mesmo em seus mais solitários trabalhos, o escritor deve sem cessar situar-se diante das normas da instituição literária.

A instituição discursiva

A análise do discurso desenvolveu-se na segunda metade da década de 1960, praticamente ao mesmo tempo que duas problemáticas de natureza bem distintas: a sociologia dos campos de Bourdieu e a arqueologia de Foucault. Parece-nos necessário situá-la com relação a estas últimas.

A SOCIOLOGIA DO CAMPO LITERÁRIO

O confronto entre a análise do discurso literário e a sociologia do campo literário impõe-se ainda mais porque se trata de abordagens que parecem a muitos bastante próximas. Não vamos expor detalhadamente a problemática de Bourdieu, que se acha hoje amplamente disseminada.[45] Limitamo-nos a destacar alguns pontos de divergência entre as duas abordagens.

Ao contrário de uma sociologia da literatura que estudava essencialmente o mercado do livro (gêneros, tiragens, divulgação etc.), o consumo (quem lê, quando, onde...), a população de escritores (número, remuneração, origem social, trajetórias...) e as instituições (a Academia, os prêmios, a crítica...), Bourdieu privilegia as estratégias de legitimação dos agentes no interior de um "campo literário" que segue regras próprias. Esse campo é interessante

---

[45] Para uma apresentação didática e uma bibliografia, pode-se consultar o livro de Fabrice Thumerel, *Le champ littéraire français au XXe siècle*, Paris, Armand Colin, 2002. Ver também J. Jurt, *Das literarische Feld. Das Konzept Pierre Bourdieus in Theorie und Praxis*, Darmstadt, Wissenschaftliche Gesellschaft, 1995.

por constituir um universo incluído no espaço social, mas ser relativamente autônomo com relação a ele. Isso não significa que seja independente de conflitos exteriores: ele age por sua vez sobre seu exterior, ao mesmo tempo em que esses conflitos influem nele de maneira indireta. Bourdieu pensa dispor assim de meios para abordar um espaço – o da atividade estética – tradicionalmente refratário a abordagens sociológicas, tachadas de reducionistas ou acusadas de permanecer na periferia dos fenômenos artísticos.

Ele pretende, com efeito, escapar à alternativa entre a análise interna das obras e a análise externa (marxismo ou história literária), entre "formalismo" e "sociologismo" (representado, por exemplo, pelos trabalhos de Goldmann). Recusando-se a "explicar uma obra a partir de variáveis psicológicas e sociais vinculadas com um autor singular",[46] ele também critica a análise marxista por pensar as obras "como mero reflexo ou como 'expressão simbólica' do mundo social", por "remetê-las diretamente às características sociais dos autores ou dos grupos que constituem os destinatários declarados ou supostos dessas obras, grupos que se julga que essas obras exprimem".[47]

Para Bourdieu, é preciso estabelecer relações entre "o espaço das obras (isto é, formas, estilos etc.), concebido como um campo de tomadas de posição que só podem ser entendidas em termos relacionais, semelhantemente a um sistema de fonemas, ou seja, como sistema de afastamentos diferenciais, e o espaço das escolas e dos autores, concebido como sistema de posições diferenciais no campo de produção".[48] Tanto no campo literário como no de outras artes, há com frequência "interesse no desinteresse" a fim de melhor servir a seu interesse. É associado ao campo um "*habitus*", um sistema de disposições incorporadas que faz com que se integrem mais ou menos suas regras implícitas. Os posicionamentos dos atores são determinados aí por essas disposições e pelos possíveis que o campo libera em função da relação de forças num momento dado. Os produtores do campo literário, ao mesmo tempo agentes e pacientes, estão em luta permanente para adquirir a maior autoridade, o que os obriga por esse motivo a definir estratégias sempre renovadas.

Tal como a análise do discurso literário, a sociologia do campo literário não é uma disciplina concebida para a literatura: ela não passa de um dos

---

[46] *Les Règles de l'art. Genèse et structure du champ littéraire*, Paris, Seuil, 1992, p. 268 (edição brasileira: *As regras da arte*, 2. ed., São Paulo, Companhia das Letras, 2002).

[47] Op. cit., pp. 69-70.

[48] *Raisons pratiques*, Paris, Seuil, 1996, pp. 69-70 (edição brasileira: *Razões práticas*, 6. ed., Campinas, Papirus, 2005).

domínios da Sociologia. Tal como a análise do discurso, ela introduz mediações de ordem institucional: ao lado do "eu criador" (Proust), suporte de uma "visão de mundo" singular, ela atribui um papel crucial ao "escritor", ao ator que se posiciona num campo tentando modificá-lo em seu próprio benefício.

Essas semelhanças evidentes entre as duas abordagens não devem, contudo, ocultar suas diferenças. A teoria do campo é um ramo da teoria sociológica que não se funda numa concepção da atividade discursiva (da enunciação, do texto, da relação entre texto e contexto). Por mais que se esforça, não consegue sair da oposição entre estrutura e conteúdo; se por vezes Bourdieu revela interesse pelo conteúdo de ficções literárias,[49] nunca se vai além da concepção espontânea da obra como reflexo de uma realidade social já dada. Essa sociologia não visa articular as estruturações dos "conteúdos", a enunciação e a atividade de posicionamento num dado campo, quando é de fato aí que reside o motor da atividade criadora. Há, por certo, em Bourdieu atores num campo, mas não uma cena de enunciação; a atividade enunciativa não contribui para criar o contexto da obra. A "verdade" já está presente, oferecida no contexto, ou seja, uma posição no campo, e a atividade criadora apenas a manifesta e conforta.

Por conseguinte, é compreensível a dificuldade que essa sociologia tem para situar-se diante dos empreendimentos tradicionais das faculdades de Letras. Ela está condenada a oscilar entre duas atitudes, que adota de acordo com as necessidades do momento.

A primeira consiste em entrar em conflito com os defensores das humanidades tradicionais, a denunciar sua negação interessada da inscrição social da produção literária. Mas aqueles que são nesses termos objeto de seus ataques – em larga medida justificados – denunciam por sua vez um empreendimento "reducionista" ou "sociologista" incapaz de aceitar a parcela de excesso que é precisamente constitutiva da criação literária: eles acusam a sociologia do campo de ver nas condições da criação (a luta pelo domínio) *a* causa da obra e até seu sentido último.

A segunda atitude incita os praticantes da sociologia do campo literário a atenuar a radicalidade da proposta de Bourdieu ao afirmar que ela não passa de uma leitura entre outras. Percebem-se as vantagens imediatas dessa atitude: ela permite evitar o conflito com a maioria dos especialistas em literatura. Mas

---

[49] Assim, em *Les Règles de l'art* (1992), o estudo da posição de Flaubert no campo literário é associado a um estudo da trajetória social e geográfica do herói de *A educação sentimental* (pp. 19-71).

esse compromisso custa caro, pois condena a renunciar a algo essencial: por sua própria natureza, a sociologia do campo não pode ser uma "leitura" entre outras; ela não é só um empreendimento profundamente crítico das "ilusões" que estão na base das representações dominantes da literatura e das práticas que elas tornam possíveis, e em particular das avaliações e comentários de obras, como também uma teoria geral da produção simbólica.

Bourdieu não cessou de criticar os quadros de pensamento dos literatos "puros" que consideram seu empreendimento redutor. Ele vê nisso uma defesa contra o desencantamento que sua abordagem não para de produzir ao desmitificar a *illusio* dos defensores das belas letras. É, porém, duvidoso que sua crítica possa de fato ameaçá-los, na medida mesma em que ela lhes oferece um alvo ideal. Nada mais fácil para um literato puro do que repetir, com relação a Bourdieu, a operação de Proust com respeito a Sainte-Beuve (ou melhor, à imagem que Proust fornece de Sainte-Beuve), operação que consiste em traçar uma fronteira entre o sagrado e o profano, entre as determinações "exteriores" e o "interior" da obra, este último inacessível ao historiador ou ao sociólogo.

Não podemos, no entanto, ocultar o fato de que a fronteira entre uma sociologia da literatura e um empreendimento de análise do discurso torna-se praticamente indecidível quando, como o faz Viala, visa-se passar de uma sociologia da literatura a uma "sociopoética", mediante a combinação das abordagens sociológica e poética:

> A primeira dimensão (o valor social dos gêneros e das formas) inscreve-se na lógica da análise do estatuto social da literatura; a segunda, na análise das construções discursivas da significação. Digamos, resumidamente, que a primeira solicita sobretudo a sociologia histórica e que a segunda solicita sobretudo a poética formal [...]. Sua conjunção em sociopoética não se dedica a fazer mais uma montagem na série "psicocrítica", "sociocrítica" etc., mas antes em definir um quadro e um protocolo no âmbito dos quais o estudioso da poética pode dedicar-se à interrogação sociológica e o sociólogo à da poética, não nos termos de suas fantasias, mas de acordo com as exigências lógicas de suas investigações.[50]

Se, no nível dos projetos, sociopoética e análise do discurso não podem distinguir-se claramente, isso não ocorre no nível dos empreendimentos. A

---

[50] *Approches de la réception*, de G. Molinié e A. Viala, Paris, PUF, 1993, p. 155.

análise do discurso literário é um ramo da análise do discurso, cujos conceitos e métodos mobiliza mediante uma adaptação e que, além disso, é parte das ciências da linguagem. Uma sociopoética, por sua vez, é uma disciplina concebida especificamente para o estudo da literatura, mas cujos instrumentos ainda têm de ser construídos. A análise do discurso parece ter mais condições de modificar significativamente a maneira de se apreender a literatura, que ela aborda desde o inicio como discurso, dissolvendo as representações tradicionais do texto e do contexto. Por outro lado, a análise do discurso não se acha envolvida, ao contrário da sociopoética, num enfrentamento exclusivo com a sociologia. Ela abre um espaço de pesquisa específico no cruzamento do conjunto das ciências humanas e sociais.

PARA ALÉM DA ARQUEOLOGIA

Com "a arqueologia" de Foucault, a situação é bem distinta, pois a noção de discurso está no centro de seu dispositivo conceitual. Seria, contudo, deixar-se afetar por uma ilusão retrospectiva ver em Foucault o iniciador de problemáticas de análise do discurso, que só se viram afetadas por ele de modo indireto; por outro lado, ele nunca se disse fundador de uma disciplina a não ser de maneira irônica. Claro que ele anuncia a intenção de refundar "essas disciplinas tão incertas com respeito a suas fronteiras, tão indecisas com relação a seu conteúdo, que chamamos de história das ideias, ou do pensamento, das ciências, dos saberes". Mas esse trabalho de refundação, que traz à cena uma espécie de dúvida hiperbólica cartesiana ou de *epoche**fenomenológica, permanece em larga medida na esfera filosófica: trata-se de "libertar-se de todo um conjunto de noções que diversificam, cada qual à sua maneira, o tema da continuidade",[51] "pôr em suspenso as unidades que se impõem da maneira mais imediata",[52] "retirar de circulação as continuidades irrefletidas mediante as quais se organiza de antemão o discurso que se pretende analisar",[53] fazer sobressair "em sua pureza não sintética o campo dos fatos de discurso",[54] projetar "uma pura descrição dos eventos discursivos".[55]

---

[*] N.T.: Suspensão do julgamento.

[51] *Archéologie du savoir*, Paris, Gallimard, 1969, p. 31 (edição brasileira: *Arqueologia do saber*, 7. ed., Rio de Janeiro: Forense Universitária, 2004).

[52] Op. cit., p. 33.

[53] Op. cit., p. 36.

[54] Op. cit., p. 38.

[55] Op. cit., p. 39.

A instituição discursiva

Ainda assim, há algumas noções elaboradas pela *Arqueologia* que constituem ideias-forças para a análise do discurso, ou melhor, para o tipo de análise do discurso que nos interessa aqui. Ocupa o lugar principal a afirmação de uma ordem do discurso que não é redutível nem à língua nem a instâncias sociais ou psicológicas:

> Mas o empreendimento aqui apresentado não consiste em neutralizar o discurso, fazer dele o signo de outra coisa ou perfurar sua espessura a fim de encontrar aquilo que permanece silenciosamente aquém dele; pelo contrário, trata-se de mantê-lo em sua consistência, de fazê-lo surgir na complexidade que lhe é própria [...]. Desejo mostrar que o discurso não é uma ínfima superfície de contato, ou de enfrentamento, entre uma realidade e uma língua, a imbricação de um léxico e de uma experiência; desejo mostrar, com exemplos precisos, que, ao analisar os próprios discursos, vemos desvelar-se o estreito vínculo aparentemente tão forte das palavras e das coisas, e se manifestar um conjunto de regras próprias à prática discursiva [...]. Essa tarefa consiste em não – não mais – tratar os discursos como conjuntos de signos (de elementos significantes que remetem a conteúdos ou a representações), mas como práticas que constituem sistematicamente os objetos de que falam.[56]

A ordem do discurso implica formas de subjetividade irredutíveis às divisões tradicionais, dispositivos enunciativos que ao mesmo tempo permitem que ocorram eventos enunciativos e constituem por sua própria existência eventos.

> O discurso assim concebido não é a manifestação, que se desenrola majestosamente, de um sujeito que pensa, que conhece e que o diz; é pelo contrário um conjunto em que se podem determinar a dispersão do sujeito e sua descontinuidade com relação a si mesmo. Trata-se de um espaço de exterioridade no qual se instala uma rede de localizações distintas. [...] não é nem pelo recurso a um sujeito transcendental nem a uma subjetividade psicológica que se deve definir o regime de suas (= de uma formação discursiva) enunciações.[57]

Com efeito, os conceitos elaborados pela *Arqueologia* podem ser lidos como uma crítica multiforme a pressupostos hermenêuticos e filológicos. Essa

---

[56] Op. cit., pp. 65-67.

[57] P. 74.

crítica permite repensar todo um conjunto de práticas e noções imemoriais que dominam nossa abordagem dos textos. Recusar noções como "visão de mundo", "autor", "documento" "influência", "contexto" etc. é liberar um espaço para um empreendimento de análise do discurso que traz para o primeiro plano a pressuposição mútua de uma enunciação e de um lugar nas instituições de fala.

Mas a obra de Foucault é desconcertante. Seu *corpus* de referência vem em sua grande maioria de *As palavras e as coisas*, isto é, da genealogia de algumas ciências a partir da Renascença. Acrescentam-se a isso materiais advindos da história da medicina, primeira ocupação do autor. Esse *corpus* impõe à própria teoria uma dada inflexão; trata-se com efeito de tipos de textos para os quais a materialidade linguística e textual parece, erroneamente por outro lado, mais facilmente negligenciável do que outros. Foucault fala de "discurso" ou de "função enunciativa", mas na verdade manipula elementos que se situam num nível de algum modo pré-linguístico e pré-textual. Isso não deixa de afetar a concepção de discurso que ele propõe. Eis linhas reveladoras:

> Aquilo que se descreve como "sistemas de informação" não constitui o estágio terminal dos discursos, se por este termo se entenderem os textos (ou as falas) tais como se mostram com seu vocabulário, sua sintaxe, sua estrutura lógica ou sua organização retórica. A análise mantém-se aquém desse nível manifesto, que é o da construção finalizada [...] se estuda as modalidades de enunciação, ela [a análise] não põe em questão nem o estilo nem o encadeamento de frases; em suma, deixa apenas esboçada a disposição final do *texto*.[58]

O analista do discurso só pode recusar essa concepção estratificada em que a organização textual não passa de fenômeno de superfície, em que as estratégias interacionais são reduzidas ao *status* de acessório: "estilo", "retórica" etc. Essa dificuldade entra em consonância com as advindas da própria noção de "arqueologia": há uma certa tensão entre a inspiração claramente estruturalista dessa "arqueologia" e um pensamento que traz para o primeiro plano a "função enunciativa" e, de mais amplamente, problemáticas hoje familiares às correntes pragmáticas.

Ao restringir o domínio da linguística ao estudo da frase, Foucault recusa na verdade toda contribuição da linguística, reduzida a uma ciência da "língua", no sentido saussuriano, ou da "competência", no sentido chomskiano. Usando

---

[58] Op. cit., p. 100.

uma concepção tão empobrecida da linguística, ele pode com isso reservar o campo do "discurso" à arqueologia que parece promover. Isso se opõe à análise do discurso, que, para realizar a "refundação" desejada por Foucault, postula pelo contrário a necessidade de se apoiar nas ciências da linguagem.

INSTITUIÇÃO DISCURSIVA E INSTAURAÇÃO DISCURSIVA

Uma maneira de tornar manifestos os deslocamentos introduzidos pela sociologia do campo e pela proposta de Foucault, bem como de reorientá-los, consiste em raciocinar em termos de *instituição discursiva*.

Se empregada em sua acepção imediata, a noção de *instituição literária* designa a vida literária (os artistas, os editores, os prêmios etc.). Podemos ampliar seu domínio de validade, como o fazem muitos sociólogos, levando em conta o conjunto de quadros sociais da atividade dita literária, tanto as representações coletivas que se têm dos escritores, como a legislação (por exemplo, sobre os direitos autorais), as instâncias de legitimação e de regulação da produção, as práticas (concursos e prêmios literários), os usos (envio de um original a um editor...), os *habitus*, as carreiras previsíveis e assim por diante. Essa ampliação do campo de visão promoveu uma profunda renovação da concepção que se pode ter do discurso literário.

Mas há aí mais do que uma renovação da história literária por uma sociologia particularmente sensível à especificidade dos processos de produção simbólica. O conceito de instituição permite acentuar as complexas mediações nos termos das quais a literatura é instituída como prática relativamente autônoma. Os escritores produzem obras, mas escritores e obras são, num dado sentido, produzidos eles mesmos por todo um complexo institucional de práticas. Deve-se assim atribuir todo o peso à *instituição discursiva*, expressão que combina inextricavelmente a instituição como ação de estabelecer, processo de construção legítima, e a instituição no sentido comum de organização de práticas e aparelhos. O que importa aqui é a reversibilidade entre os aspectos dinâmico e estático, entre a atividade enunciativa e as estruturas que são sua condição e seu produto. A relação "instituição" e "discursiva" implica uma pressuposição mútua: o discurso só vem a ser se se manifestar através das instituições de fala que são os gêneros do discurso, que são pensados através das metáforas do ritual, do contrato, da encenação; a instituição literária, por sua vez, é ela mesma incessantemente reconfigurada pelos discursos que torna possíveis. Cada gesto criador mobiliza, queiramos ou não, o espaço que o torna possível, e esse espaço só se mantém graças aos gestos criadores que ele mesmo possibilita.

O conceito de instituição discursiva é de certo modo o pivô desse movimento; ele articula:

– as *instituições*, os quadros de diversas ordens que conferem sentido à enunciação singular: a estrutura do campo, o estatuto do escritor, os gêneros de texto...;

– o movimento mediante o qual o discurso *se institui*, ao instaurar progressivamente um certo mundo em seu enunciado e, ao mesmo tempo, legitimar a cena de enunciação e o posicionamento no campo que tornam possível esse enunciado.

A obra, por meio do mundo que configura em seu texto, reflete, legitimando-as, as condições de sua própria atividade enunciativa. Vem daí o papel crucial que deve desempenhar a "cena de enunciação" que não é redutível nem ao texto nem a uma situação de comunicação do exterior que se possa descrever. A instituição discursiva é o movimento pelo qual passam de uma para a outra, a fim de se alicerçar mutuamente, a obra e suas condições de enunciação. Esse alicerçar recíproco constitui o motor da atividade literária.

Essa concepção contraria alguns hábitos. É claro que a análise do discurso, ao menos em sua orientação "francesa", relacionava constantemente as operações discursivas e as condições sociais de sua produção ou de sua recepção: interpretar consistia então em vincular a superfície textual a suas "condições de produção". Essas abordagens desenvolvidas nos anos 1960-1970, bem marcadas pelo marxismo, buscavam sobretudo explicar os processos de produção dos discursos remetendo-os a condições determinadas, sociais, ideológicas, históricas. Elas se opunham nisso às abordagens hermenêuticas, que privilegiavam a leitura. Não obstante, tanto umas como as outras consideravam o texto uma "expressão": também a hermenêutica visava recuperar, para além da obra, o terreno em que ela fincava suas raízes e que lhe conferia sentido: consciência criadora, tradição, temperamento dos povos ou arraigamento da língua numa nação.

Para retomar as palavras de Cossutta, em análise do discurso,

> a dimensão interpretativa deve ser tomada mediante a consideração não do vínculo frontal entre um texto e uma dimensão social, mas o modo como ele opera uma transação com referência à situação

> de enunciação: ela a reconfigura por meio de seu dispositivo cenográfico, tendendo assim a dela se distinguir para melhor impor um novo modo de dizer.[59]

A obra se enuncia através de uma situação que não é um quadro preestabelecido e fixo: ela pressupõe uma cena de fala determinada que precisa validar por meio de seu próprio enunciado. Ela se legitima através de um circuito: mediante o mundo que instaura, ela precisa justificar tacitamente a cena de enunciação que impõe desde o começo.

Essas considerações deverão ser especificadas nos próximos capítulos através de uma rede de conceitos (gênero do discurso, cenografia, comunidade discursiva, paratopia etc.) que nos vão permitir conceber o fato literário do ponto de vista das condições de emergência das obras.

---

[59] "Catégories descriptives et catégories interprétatives en analyse du discours", in J.-M. Adam, J. B. Grize e M. Ali Bouacha (orgs.), *Text et discours: catégories pour l'analyse*, Dijon, Éditions universitaires de Dijon, 2004, p. 206.

Discursos constituintes

O discurso literário
como discurso constituinte

Tornar compacto um conjunto de textos "literários" é, como vimos, característico de uma estética romântica em que a literatura aspira a um estatuto de exceção: de um lado, o burburinho infinito das palavras vãs, "transitivas", cuja finalidade se acha fora delas mesmas, e, de outro, o círculo estreito das obras, "intransitivas", que exprimem a "visão de mundo" singular de um criador soberano. Essa linha divisória transferiu-se para o ensino: apesar dos esforços – que em larga medida permaneceram programáticos – de alguns linguistas do começo do século xx no sentido de promover uma "estilística" aplicável a todo tipo de textos, a escola reservou constantemente a estilística ao estudo de textos literários.

Para os comentadores, a obra literária se sobrepõe sem dificuldades aos textos "profanos": o artigo de jornal, as conversações, os documentos administrativos etc. Mas a situação torna-se rapidamente mais delicada quando se consideram outros tipos de enunciados, os textos filosóficos ou religiosos, por exemplo. Ocasionalmente, as antologias da literatura não hesitam, por outro lado, em lhes reservar um lugar: para o século xvii francês, Descartes ou Fontenelle, quanto ao discurso filosófico, e São Francisco de Sales, Bossuet ou Pascal, quanto ao discurso religioso, alcançam o estatuto de "grandes escritores" em função do fato de seu estilo ser dotado de uma qualidade particular. Mas esse tipo de justificação passa ao largo do essencial: sem dúvida, Descartes ou Francisco de Sales escrevem "bem", mas eles o fazem em virtude de uma necessidade filosófica ou religiosa historicamente definida, não porque houvesse neles algum suplemento de qualidade literária que os fizesse superar sua prosaica condição de filósofo ou de autor religioso, respectivamente.

Em oposição a esse empreendimento, parece-nos bem mais produtivo apreender o fundo comum com relação ao qual se distingue discurso literário, filosófico e religioso do que destacar no *corpus* religioso ou filosófico alguns textos julgados dignos da literatura. Devemos, com efeito, furtar-nos à alternativa ruinosa imposta pela *doxa* romântica: ou manter a literatura em sua autarquia ou dissolvê-la no oceano sem limites dos enunciados "ordinários". Mais do ater-se a um recorte elementar entre discurso literário e discurso não literário, uma análise consequente do discurso literário deve fundar-se em conceitos e métodos de que parcela ponderável é válida para outros tipos de discurso. No sentido que lhe atribuímos, o discurso literário não é isolado, ainda que tenha sua especificidade: ele participa de um plano determinado da produção verbal, o dos *discursos* constituintes,[60] categoria que permite melhor apreender as relações entre literatura e filosofia, literatura e religião, literatura e mito, literatura e ciência. A expressão "discurso constituinte" designa fundamentalmente os discursos que se propõem como discursos de Origem, validados por uma cena de enunciação que autoriza a si mesma. Levar em conta as relações entre os vários "discursos constituintes" e entre discursos constituintes e discursos não constituintes pode parecer uma custosa digressão, mas esse agir aumenta de maneira ponderável a inteligibilidade do fato literário. A questão da *autoridade* da fala vai, com efeito, bem além da literatura, que não é o único tipo de discurso que se funda no estatuto, por assim dizer, "xamânico" de uma fonte enunciativa que participa ao mesmo tempo do mundo comum e de forças que excedem o mundo dos homens.

A categoria "discurso constituinte" não é um campo de estudo seguro de suas fronteiras, mas um programa de pesquisas que permite identificar certo numero de invariantes, bem como postular umas quantas questões inéditas. Quando se trabalha dessa maneira com discursos à primeira vista tão distintos entre si, como o são o discurso religioso, o científico, o filosófico, o literário

---

[60] Essa noção foi introduzida num artigo de 1995: D. Maingueneau e F. Cossutta, "L'analyse des discours constituants", *Langages*, 117. (Cf. Dominique Maingueneau, "Analisando discursos constituintes", trad. Nelson Barros da Costa, *Revista do GELNE*, Fortaleza, n. 2, v. 2, 2000.)

etc., e se tem a impressão de que inúmeras categorias de análise são facilmente transferíveis de um para o outro, chega-se naturalmente à hipótese de que há um domínio específico do seio da produção verbal de uma sociedade, tipos de discurso que têm em comum algumas propriedades relativas às suas condições de emergência, de funcionamento e de circulação. Agrupar discursos como o literário, o religioso, o científico, o filosófico implica uma dada função (fundar e não ser fundado por outro discurso), certo recorte das situações de comunicação de uma sociedade (há lugares e gêneros vinculados a esses discursos constituintes) e certo número de invariantes enunciativas. Trata-se, por conseguinte, de uma categoria *discursiva* propriamente dita.

Os discursos constituintes têm a seu cargo o que se poderia denominar o *archeion* de uma coletividade. Esse termo grego, étimo do termo latino *archivum*, apresenta uma interessante polissemia para a nossa perspectiva: ligado a *arché*, "fonte", "princípio", e, a partir disso, "mandamento", "poder", o *archeion* é a sede da autoridade, um palácio, por exemplo, um corpo de magistrados, mas igualmente os arquivos públicos. Ele associa, dessa maneira, intimamente, o trabalho de *fundação* no e pelo discurso, a determinação de um lugar vinculado com um *corpo de locutores consagrados* e uma elaboração da *memória*.[61]

Os discursos constituintes são discursos que conferem sentido aos atos da coletividade, sendo em verdade os garantes de múltiplos gêneros do discurso. O jornalista, às voltas com um debate social, vai recorrer assim à autoridade do sábio, do teólogo, do escritor ou do filósofo – mas o contrário não acontece. Esses discursos são, portanto, dotados de um estatuto singular: zonas de fala entre outras *e* falas que se pretendem superiores a todas as outras. Discursos-limite, situados num limite, *e* que se ocupam do limite, eles devem gerir em termos textuais os paradoxos que seu estatuto implica. Com eles, são formuladas em toda a sua acuidade as questões relativas ao carisma, à Encarnação, à delegação do absoluto: a fim de autorizar-se por si mesmos, eles devem se propor como ligados a uma fonte legitimadora. São a um só tempo *autoconstituintes* e *heteroconstituintes*, duas faces que se pressupõem mutuamente: só um discurso que se *constitui* ao tematizar sua própria constituição pode desempenhar um papel *constituinte* com relação a outros discursos.

---

[61] Em nosso livro *L'Analyse du discours* (Hachette, 1991), a noção de "arquivo" foi usada em substituição à de "formação discursiva" devido à sua ligação com o *archéion* grego. Mas essa opção não deixou de ter seus inconvenientes, tendo em vista que esse conceito está bem distante do uso que se dá a *arquivo* na linguagem corrente. Por esse motivo, desistimos de empregá-lo.

Esses discursos têm o perigoso privilégio de legitimar-se ao refletir em seu funcionamento mesmo sua própria "constituição". A pretensão associada a seu estatuto advém da posição limite que ocupam no interdiscurso: não há acima deles nenhum outro discurso, e eles se autorizam apenas a partir de si mesmos. Isso não significa que a multiplicidade de outras variedades discursivas (a conversação, a imprensa, os documentos administrativos etc.) não aja sobre eles; bem ao contrário, há uma contínua interação entre discursos constituintes e discursos não constituintes, assim como entre os discursos constituintes entre si. É, porém, da natureza destes últimos negar essa interação ou pretender submetê-la a seus princípios.

Podemos apreender essa *constituição* a partir de duas dimensões indissociáveis:

— a *constituição* como ação de estabelecer legalmente, como processo mediante o qual o discurso se instaura regrando sua própria emergência no interdiscurso;
— os modos de organização, de coesão discursiva, a *constituição* no sentido de estruturação de elementos que compõem uma totalidade textual.

Na medida em que tenha como base uma análise do discurso, uma análise da "constituência"* dos discursos constituintes deve concentrar-se em mostrar o vínculo inextricável entre o intradiscursivo e o extradiscursivo, a imbricação entre uma organização textual e uma atividade enunciativa. Sua enunciação se instaura como dispositivo de legitimação de seu próprio espaço, incluindo seu aspecto institucional; ela articula o engendramento de um texto e uma maneira de inscrever-se num universo social. Seguindo a lógica da "instituição discursiva", recusamo-nos, assim, a dissociar as operações enunciativas por meio das quais se institui o discurso – que constrói dessa maneira a legitimidade de seu posicionamento – do modo de organização institucional que esse discurso a um só tempo pressupõe e estrutura.

Evocamos aqui tão somente os discursos constituintes de nosso tipo de sociedade, aqueles advindos em seus aspectos essenciais do mundo grego. Os discursos constituintes são múltiplos e estão em concorrência, embora cada um deles possa ter num dado momento a pretensão de ser o detentor exclusivo do *archeion*. Essa pluralidade é simultaneamente irredutível e constitutiva desses

---

* N.T.: *Constituance* é usado aqui em sentido idiossincrático, de autoinstauração, autofundação, do caráter constituinte dos discursos constituintes, não devendo ser confundido com o termo estruturalista homógrafo, usado em teoria sintática. Não pode ser traduzido por "constituição", que traduz *constitution,* igualmente usado pelo autor. Por esses motivos, usei "constituência", entre aspas.

discursos, que se alimentam de sua irredutível multiplicidade, formando cada um deles unidade com a gestão dessa impossível coexistência. No Ocidente, a história da cultura se estrutura por meio desse trabalho de delimitação recíproca de discursos que devem negociar o *archeion*. Outrora, o discurso filosófico e o discurso religioso lutaram para saber qual deles estava estabelecido de modo a atribuir um lugar a cada discurso. Essa pretensão foi contestada pelos defensores da superioridade do discurso científico, que se desenvolve afastando a todo instante a ameaça do religioso ou do filosófico. Cada discurso constituinte revela-se a um só tempo interno e externo aos outros, aos quais atravessa e pelos quais é atravessado. Eles se excluem e se convocam simultaneamente: se o discurso científico não pode propor-se sem conjurar de modo incessante a ameaça do discurso religioso, este não para de negociar seu estatuto com relação ao discurso científico...

O caráter constituinte de um discurso confere a seus enunciados um estatuto particular. Mais que de "texto", e mesmo de "obra", poderíamos falar aqui de *inscrições*, noção que desfaz toda distinção empírica entre oral e gráfico: *inscrever* não é forçosamente escrever. As literaturas orais são "inscritas", como o são numerosos enunciados míticos orais, mas essa inscrição segue caminhos que não são os de um código gráfico. Uma inscrição é por natureza exemplar; ela segue exemplos e dá o exemplo. Produzir uma inscrição não é tanto falar em sou nome quanto seguir o rastro de um Outro invisível, que associa os enunciadores-modelo de seu próprio posicionamento e, para além disso, a presença da fonte que funda o discurso constituinte: a tradição, a verdade, a beleza... A inscrição é assim profundamente marcada pelo oxímoro de uma repetição constitutiva, a repetição de um enunciado que se situa numa rede repleta de outros enunciados (por filiação ou rejeição) e se abre à possibilidade de uma reatualização. Por sua maneira de situar-se num interdiscurso, uma inscrição apresenta-se ao mesmo tempo como citável. Essa noção de inscrição supõe, com efeito, uma referência à dimensão "midiológica" dos enunciados, para retomar uma expressão de Debray,[62] a suas modalidades de suporte e de transporte. Logo, um posicionamento não se define apenas por "conteúdos": há uma relação essencial entre o caráter oral da epopeia, seus modos de organização textual, seus temas etc.

No tocante a isso, tal como a vários outros aspectos, trata-se de superar as imemoriais oposições da análise textual: ação e representação, fundo e forma, texto e contexto, produção e recepção... Em vez de opor conteúdos e modos de transmissão, um interior do texto e um ambiente de práticas

---

[62] *Cours de médiologie générale*, Paris, Gallimard, 1991.

não verbais, é preciso elaborar um dispositivo em que a atividade enunciativa integre um modo de dizer, um modo de circulação de enunciados e um certo tipo de relacionamento entre os homens.

AS CONSTITUÊNCIAS LITERÁRIA E FILOSÓFICA

A noção de discurso constituinte é de manejo delicado, pois de um lado supõe propriedades comuns aos discursos que dela advêm e, de outro, ela afirma que esses discursos são irredutivelmente diversos, que cada um deles assume a "constituência" de uma maneira específica.

Dessa perspectiva, nada se opõe a que a literatura seja um discurso constituinte. Mas isso pode causar surpresa, visto que, de maneira mais ou menos consciente, equiparamos "constituinte" e "fundador". Ora, a literatura, ao menos em suas formas costumeiras (quando, por exemplo, ela não se toma por uma religião) não tem pretensão fundadora. Na realidade, não é porque não reflete sobre seu fundamento em termos de conceito ou de revelação divina que o discurso literário não participa da "constituência".

Consideremos por exemplo o primeiro verso da *Odisseia*, aquele que estabelece o contrato enunciativo, que legitima tanto a narrativa como aquele que narra:

> *Andra moi ennepe Mousa polutropon*
> (Canta para mim, ó Musa, o varão de mil recursos)

O "varão de mil recursos" é evidentemente Ulisses, o herói da narrativa. Nesse verso inaugural, propõe-se a questão da autoridade do narrador, que se mostra não como responsável pela narração, mas como um enunciador que pede à Musa que conte a história. Apesar disso, essa invocação faz parte do poema; em outras palavras, aquele que fala aqui não é o poeta como indivíduo pertencente ao mundo nem a Musa, mas uma instância enunciadora – dificilmente concebível – em que o poeta deixa que a Musa fale nele. Trata-se de uma forma de gerir o estatuto constituinte desse discurso: o enunciador situa-se num limite último, participa tanto do mundo humano como de forças transcendentes que a Musa encarna. Uma maneira de gerir a "constituência" é apresentar sua fala como vinda de um Outro, para além da fala (a Musa) sem, contudo, atribuí-la plenamente a esse Outro. Podemos ir mais longe: o adjetivo atribuído a Ulisses (*polutropos* = que tem mil tropos [= mil atalhos = mil recursos]) pode ser aplicado também ao autor, que é à sua maneira um homem de mil "tropos", de mil figuras de retórica. Por outro lado, os comentadores destacam com frequência nessa obra inúmeras interferências entre o herói da história, Ulisses, e o "herói" da narração, Homero. A narrativa é igualmente um trabalho de legitimação de sua própria cena de enunciação.

Quanto à diferença entre discurso filosófico e discurso literário, Cossutta[63] propôs uma distinção entre "discursos autoconstituintes" e "discursos constituintes". Só o discurso filosófico seria de fato "autoconstituinte", dado que se empenha em "explicitar as condições de possibilidade de toda constituição discursiva, incluindo a sua própria". A obra literária, por sua vez, "constrói as condições de sua própria legitimidade ao propor um universo de sentido e, de modo mais geral, ao oferecer categorias sensíveis para um mundo possível". Se seguirmos esse ponto de vista, a obra filosófica, ao contrário da literária, tende a absorver sua enunciação em seu enunciado, isto é, seu conteúdo doutrinal, reservando-se, todavia, a possibilidade de reverter sua doutrina em sua enunciação:

> Ela reduz ao mínimo seu quadro enunciativo ou, pelo contrário, o exibe, mas ao tematizá-lo direta ou indiretamente no plano conceitual para melhor controlá-lo, correndo o risco de deixar um "resto" irredutível entre dispositivo enunciativo e esquemas doutrinais. As filosofias oferecem uma representação no teatro do pensamento, uma cenografia privilegiada mediante a qual a enunciação legitima o tipo de representação do mundo que ela instaura e se acha ela mesma legitimada por essa cenografia: cena legitimadora que lhe permite representar seu próprio modo de elaboração. Essa cenografia que deseja apagar seu próprio cenário só o consegue ao preço de uma suposta coincidência entre seu *script* e sua escritura.[64]

Ao contrário de filósofos como Descartes ou Espinosa, pensadores como Platão, Nietzsche ou Kierkegaard

> [...] aceitam pôr sua identidade de filósofo à prova do mimético, do poético, do romanesco. É então bem compreensível em que

---

[63] "Discours littéraire, discours philosophique: deux formes d'autoconstitution?", in R. Amossy e D. Maingueneau (orgs.), *L'analyse du discours dans les études littéraires*, Toulouse, Presses universitaires du Mirail, 2004.

[64] Op. cit., p. 419.

aspectos essas obras não são "literárias", mas igualmente por onde elas se unem em segredo a seu próprio fantasma ficcional, a sua dupla narrativa, romanesca ou dialógica, a porta secreta por onde a filosofia se comunica interiormente com a literatura.[65]

O discurso literário propriamente dito, por sua vez, busca absorver "no mais profundo de sua exposição, suas próprias estruturas teóricas, pronto a operar com elas obliquamente num nível estrutural ou a reinscrevê-las ficticiamente como seu próprio conteúdo". É, pois, nas formas literárias que se tem de tornar manifesto o pensamento que a literatura produz. A intraduzibilidade de uma obra literária para outro plano de expressão ou para um metadiscurso estaria ligada ao fato de que – retomando os termos de Macherey – "os textos literários são a sede de um pensamento que se enuncia sem atribuir a si mesmo as marcas de sua legitimidade, pois devolve sua exposição à sua encenação".[66] Trata-se daquilo que Cossutta exprime da seguinte maneira:

> Seria possível sustentar, de modo um tanto forçado, que em literatura a forma do conteúdo é a forma da expressão, o que equivale a dizer que um texto literário não passa de seu dizer, de seu modo de dizer. [...] Inversamente, a forma da expressão de uma filosofia é sua forma do conteúdo, a qual, exigindo transposições determinadas para a ordem do discurso, atualiza-se na unicidade de uma estrutura ou então se reapresenta de acordo com configurações variáveis. Nesse caso, é o teste de "traduzibilidade" que tem caráter determinante, ainda que algumas filosofias vão ao limite e disfarcem a impossibilidade da transposição imitando as características da literariedade, ou que, com efeito, toda "tradução" de um idioma filosófico para outro, de uma língua vernácula para outra, seja problemática [...]. A literatura significa obliquamente a forma do conteúdo através do modo de constituição próprio à figuração da forma expressiva.[67]

Apreender literatura e filosofia como discursos constituintes permite melhor apreender a diferença entre seus modos específicos de "constituência". Distinguem-se desde a Antiguidade um regime ficcional de um regime especulativo, mas suas fronteiras não param de oscilar. Na verdade, "não

---

[65] Op. cit., p. 420.

[66] P. Macherey, *À quoi pense la littérature?*, Paris, PUF, 1990, p. 198.

[67] Op. cit., pp. 423-424.

há tipos de discursos puros, e sim combinações cujo grau de 'filosoficidade' e de 'literaridade' depende tanto da definição e da forma de identidade, elaboradas em função dos quadros propostos de uma dada época e em função das reformulações por que passam esses quadros no trabalho da escrita".[68] O literário e o filosófico seriam então definidos como tais por uma acentuação distinta da "constituência": o discurso filosófico tende a isolar a reflexividade especulativa ao expulsar a dimensão figurativa, que é apenas tolerada; o discurso literário privilegia "a reflexividade ficcional a ponto de esta se apagar por inteiro por trás do mundo que ela mesma cria".[69]

O pertencimento comum ao conjunto dos discursos constituintes apresenta assim a vantagem de estabelecer pontos, zonas de interpenetração. Basta pensar nos ensaios poéticos de Nietzsche ou no teatro de Sartre, ou, inversamente, na "filosofia" produzida às margens de certa literatura (Proust...). Logo, a questão do valor das obras é formulada de maneira distinta. Em vez de opor os critérios de hierarquização (estéticos na literatura, ético-epistemológicos em filosofia), devemos inter-relacioná-los.

> De fato, as literaturas produzem efeitos de inteligibilidade, efeitos de real, pelo próprio fato de produzir sinestesias estéticas. Inversamente, as filosofias propõem o "fazer-obra" como um "fazer-mundo" de uma maneira indireta que mobiliza dimensões que, se não são de ordem estética, são ao menos estético-pragmáticas.[70]

Esse tipo de reflexão sobre as relações entre as "constituências" literária e filosófica deveria estender-se a outros discursos constituintes, ao religioso e ao científico em particular, cujas linhas divisórias afiguram-se sobremodo complexas, mas se beneficiam de um tratamento no âmbito de uma reflexão sobre os regimes de "constituência" que se encarregasse das zonas de recobrimento e de irredutibilidade. É notório, por exemplo, que a relação entre o criador literário e o profeta religioso seja instável; ao longo do século XIX, houve inclusive uma tentativa sistemática da ala mais radical do campo literário para conferir aos artistas um estatuto quase religioso.

---

[68] Op. cit., p. 425.

[69] Op. cit., p. 426.

[70] Op. cit., p. 427.

Alguns aspectos dos discursos constituintes

Aquele que enuncia no âmbito de um discurso constituinte não pode situar-se nem no exterior nem no interior da sociedade: está fadado a dotar sua obra do caráter radicalmente problemático de seu próprio pertencimento a essa sociedade. Sua enunciação se constitui mediante a própria impossibilidade de atribuir a si um verdadeiro "lugar". Localidade paradoxal, *paratopia*, que não é ausência de lugar, mas uma difícil negociação entre o lugar e o não lugar, uma localização parasitária, que retira vida da própria impossibilidade de estabilizar-se. Sem localização, não há instituições que permitam legitimar e gerir a produção e o consumo de obras, mas sem deslocalização, não há verdadeira "constituência".

No caso da Filosofia, por exemplo, essa paratopia se manifesta desde o começo: com Sócrates, discutindo "na praça, junto das bancas e em outros lugares" (*Apologia de Sócrates*, i, Preâmbulo). Enunciador da ágora, Sócrates na verdade pertence apenas a um lugar que excede todos os lugares. Em seguida, a filosofia vai definir-se por uma série de lugares mais ou menos parasitários de que se apropria de modo mais ou menos duradouro: na Antiguidade, por exemplo, a Academia, o Pórtico, o Liceu... Ao lado desses lugares que tendem a se institucionalizar, filósofos como os cínicos instauram a versão extrema da paratopia: o tonel de Diógenes deslocando-se pela cidade.

Em contrapartida, ela é um espaço no qual os discursos constituintes devem delimitar um território, correlato de uma identidade discursiva, aquele no qual se instalam os diversos *posicionamentos* concorrentes. Esse espaço não assume necessariamente a forma de um campo autônomo como o campo literário no século xix: suas modalidades variam de lugar para lugar e de época para época. Não se pode, contudo, falar de discursos constituintes na ausência de um espaço em que sejam comparáveis os agentes e os discursos em conflito pela legitimidade enunciativa. A unidade de análise pertinente não é um discurso fechado em si mesmo, mas o sistema de relações que permite que cada discurso se instaure e se mantenha. A relação com os outros e a relação consigo mesmo só são distinguíveis em termos ilusórios, não estando o interdiscurso no exterior de uma identidade encerrada em suas próprias operações, ainda que todo posicionamento se queira nascido de um retorno às coisas mesmas, de uma justa apreensão do belo, do verdadeiro etc., que os outros posicionamentos teriam esquecido ou desfigurado.

Quando trabalhamos com discursos constituintes, estamos diante de sólidas estruturas textuais que pretendem ter um alcance *global*, dizer algo

O discurso literário como discurso constituinte

sobre a sociedade, a verdade, a beleza, a existência... A bem dizer, esses discursos de alcance global são elaborados localmente, no seio de grupos restritos que não se ocultam por trás de sua produção, que a moldam por meio de seus próprios comportamentos. Todo estudo que se pergunta sobre o modo de emergência, circulação e consumo de discursos constituintes deve dar conta do modo de funcionamento dos grupos que os produzem e gerem. As diversas escolas filosóficas do mundo helênico não são as academias do século XVII, as escolas de ciências humanas, nem os laboratórios da física moderna – mas, em todos os casos, o posicionamento supõe a existência de *comunidades discursivas* que partilham um conjunto de ritos e de normas.

Podem-se distinguir dois tipos de comunidades discursivas, estreitamente imbricadas: as que *gerem* e as que *produzem* o discurso. Com efeito, um discurso constituinte não mobiliza somente os autores, mas uma variedade de papéis sociodiscursivos encarregados de gerir os enunciados: por exemplo, no caso da literatura, as críticas literárias de jornal, os professores, as livrarias, os bibliotecários etc.

A forma assumida pelas comunidades discursivas de produtores, grupos que só existem na e pela enunciação de textos, varia tanto em função do tipo de discurso constituinte como em função de cada posicionamento. O posicionamento não é só um conjunto de textos, um *corpus*, mas a imbricação de um modo de organização social e um modo de existência dos textos. De nada vale pensar os autores das Luzes independentemente da rede internacional da "República das Letras", nem os autores jansenistas independentemente dos "solitários" de Port-Royal. O discurso literário inclui inúmeros escritores que pretendem agir fora de todo pertencimento; mas uma das características desse tipo de discurso é precisamente suscitar essa pretensão: os escritores têm por pares os eremitas que se afastaram do mundo ou os filósofos solitários. Os "solitários" podem sem dúvida afastar-se das cidades, mas não sair do espaço que seu estatuto lhes confere e com base no qual propõem seus atos simbólicos.

A análise de discursos constituintes não se reduz ao estudo dos grandes textos (as obras dos grandes sábios, as grandes obras da literatura, os grandes textos religiosos etc.) ou de alguns gêneros de texto privilegiados (as produções teológicas destinadas a teólogos, as produções de vanguarda, os artigos científicos destinados a pesquisadores científicos etc.); seu objeto é uma produção discursiva fundamentalmente heterogênea. É certo que alguns textos adquirem o estatuto de inscrições definitivas, tornando-se o que poderíamos denominar *arquitextos*. Por exemplo, a *Odisseia, Madame Bovary, A montanha mágica*, no caso da literatura; a *Ética*, de Espinosa, ou a *República*, de Platão, no caso da filosofia; os evangelhos ou os escritos de Santo Agostinho no do cristianismo... (na verdade, o estabelecimento desses arquitextos é objeto de um incessante debate entre os posicionamentos, buscando cada um deles impor os seus ou sua interpretação daqueles que são reconhecidos por todos como tais). Mas o discurso literário tenta em vão autorizar a si mesmo a partir de um patrimônio restrito de "obras-primas", pois na verdade põe em interação uma grande diversidade de gêneros do discurso.

As produções que se poderiam considerar "fechadas", aquelas em que a comunidade de enunciadores tende a coincidir com a dos consumidores, são sempre acompanhadas de outros gêneros, menos nobres, que também são necessários ao funcionamento do *archeion*. Instaura-se, com efeito, uma hierarquia entre os textos "primeiros", que refletem sobre a questão de seu fundamento, e aqueles que os tomam por objeto para comentar, resumir, refutar etc. Ao lado da grande Literatura ou da grande Filosofia, da alta Teologia ou da ciência de base, há manuais para alunos em conclusão de curso, sermões dominicais e revistas de vulgarização científica. O fato de na França contemporânea a literatura ser objeto de manuais de ensino secundário não é uma casualidade exterior à sua essência, como se esta pudesse escapar a toda didaticidade.

Se há "constituição", é justo na medida em que a cena de enunciação que o texto traz legitima de uma maneira, em certo sentido, performativa o direito à fala que ele pretende receber de alguma fonte (a Musa, Deus...). Existe assim uma circularidade constitutiva entre a representação que o dispositivo enunciativo deixa perceber de sua própria instauração e a validação retrospectiva que ele realiza de suas modalidades sociais de existência: um modo de difusão dos textos, uma distribuição da autoridade enunciativa, um tipo de exercício de poder reivindicado ou denunciado pelo gesto que instaura a obra. Esse processo especular entre discurso e instituição incide em particular sobre três dimensões:

- o investimento de uma *cenografia* faz do discurso o lugar de uma representação de sua própria enunciação (ver adiante, capítulo "A cenografia");
- o investimento de um *código de linguagem*, ao operar sobre a diversidade irredutível de zonas e registros de língua, permite produzir

um efeito prescritivo que resulta da conformidade entre o exercício da linguagem que o texto implica e o universo de sentido que ele manifesta (ver adiante, capítulo "Um posicionamento na interlíngua");

– o investimento de um *ethos* dá ao discurso uma voz que ativa o imaginário estereotípico de um corpo enunciante socialmente avaliado (ver adiante, capítulo "O *ethos*").

Essas noções estreitamente articuladas de *cenografia*, *código de linguagem* e *ethos* são uma maneira de abordar a questão do poder que a enunciação tem de suscitar a adesão ao inscrever seu destinatário numa cena de fala que é parte do universo de sentido que o discurso pretende promover.

Quadro hermenêutico
e máximas conversacionais

Como todo discurso constituinte, a literatura mantém uma dupla relação com o interdiscurso: de um lado, as obras se alimentam de outros textos mediante diferentes procedimentos (citações, imitações, investimento de um gênero...) e, do outro, elas se expõem à interpretação, à citação, ao reemprego.

O intérprete é aqui bem distinto de um simples leitor: ainda que isso contrarie o modo comum de pensar, é num mesmo movimento que se instauram o texto a interpretar e seu comentário. O texto não é um enunciado autossuficiente a que se somaria contingentemente um intérprete; ele só é um enunciado ao ser tomado num *quadro hermenêutico* que vem garantir que um dado texto *deve* ser interpretado. Isso implica:

- que o texto é digno de interesse, que é singular, extraordinário: por meio dele, uma fonte transcendente envia uma mensagem;
- que essa mensagem trate de questões relativas aos fundamentos;
- que essa mensagem seja necessariamente oculta;
- que haja necessidade de uma exegese, de uma "leitura" não imediata do texto, para decifrá-lo: o comum dos mortais não tem acesso direto a ele. Essa leitura implica, ao mesmo tempo, 1) a existência de técnicas que constituam o objeto de uma aprendizagem e 2) uma relação privilegiada do leitor com a fonte do texto. Mas, no tocante a isso,

um debate recorrente opõe aqueles que privilegiam a legitimação conferida pelo domínio das técnicas aos que privilegiam a experiência pessoal, o carisma.

Todo texto inscrito nesse quadro hermenêutico é então objeto da prescrição de certo estatuto pragmático, um modo de existência no interdiscurso. É um monumento, sempre além da contingência dos intérpretes que a ele se dedicam, e envolve um esforço de restituição e preservação de seu significante em sua "autenticidade". É imprescindível que esse texto seja considerado "profundo" para se poder e dever submetê-lo à interpretação; mas é imprescindível que o texto seja submetido à interpretação para se poder dizer que ele é "profundo".

Um texto que deixar de ser objeto de interpretação cessará de ser enigmático, de revelar mensagens importantes para a coletividade; inversamente, o aumento das interpretações pede sempre mais interpretações: quanto mais interpretado é o texto, tanto mais enigmático ele é. Assim como uma língua não é em si mesma digna de literatura, mas só é língua se obras literárias a tiverem investido e ainda a investem, uma obra só é digna de interpretação se for interpretada. Cada nova leitura torna mais complexo o labirinto de interpretações ao encerrar o texto um pouco mais em seu próprio labirinto. A presa se alimenta do caçador que se autoriza a tê-la por presa. De um lado, o intérprete deve aproximar-se ao máximo da fonte para ser legítimo e, por conseguinte, enfraquecer o grau em que o texto é enigmático; de outro, é preciso que esse texto seja sempre inacessível para dar valor à sua interpretação. Tem-se de levantar o véu, mas o próprio desvelamento deve mostrar que nenhum olhar está à altura daquilo que deve ser visto.

A pluralidade irredutível das interpretações literárias tem desse modo suas raízes numa *reserva* constitutiva: por mais que os intérpretes se esforcem, está estabelecido que eles não poderão esgotar a *hermeneia* [interpretação], a palavra essencial que a fonte reserva a quem sabe ler Shakespeare, Homero, Rabelais... Tal como na exegese religiosa, com que se assemelha em muitos pontos, uma tal *hermeneia* não advém de intenções comunicativas comuns, não poderia ser remetida a uma consciência entendida em termos das normas que presidem o intercâmbio verbal: pelo próprio fato de ser parte dos discursos constituintes, o texto não tem "autor" no sentido usual; o "autor" só o é ao ser o ministro de uma instância sem rosto. O primeiro verso da *Odisseia* – já evocado – o recorda: o enunciador da obra não é nem Homero nem a Musa, mas uma voz que seria porta-voz de sua própria palavra. A Musa não passa de denominação historicamente contingente para uma exigência constante: é porque a posição de autor não pode ser verdadeiamente ocupada que o texto está fadado a interpretações. Trata-se de uma cisão que, ao despossuir seu "autor", ao mesmo tempo confere autoridade à obra e requer intérpretes para ela.

Inscrita num quadro hermenêutico, a obra diz necessariamente algo distinto daquilo que diz. Nesses termos, toda clareza é enganosa: mesmo textos que parecem extremamente transparentes exigem do destinatário que derive sentidos ocultos. A missão do verdadeiro intérprete é descobrir o ponto a partir do qual a clareza se obscurece, o texto permite que se aponte o enigma que se espera que encerre. Não pode assim haver textos defeituosos, mas apenas intérpretes deficientes: quem se atreve a afirmar que Montaigne é desorganizado, Gôngora obscuro e Shakespeare loquaz é imediatamente desqualificado. Sejam quais forem as transgressões das leis do discurso ou das normas do gênero de que a obra é culpada, o quadro hermenêutico garante que, num nível superior, essa falta é apenas aparente e que as exigências da comunicação são respeitadas: cabe ao destinatário descobrir as interpretações de alcance mais amplo que o texto propõe ao bom entendedor. Se na conversação usual o destinatário tem necessidade de índices para derivar os subentendidos, basta a um texto ser literário para tornar-se portador de um "outro sentido", que não pode ser literal nem trivial. A explicação de textos escolares e todas as suas variantes está fundada nesse tipo de contrato hermenêutico. A "paráfrase" é julgada aí a falta por excelência, dado que ofende o texto: o sentido extraído pelo parafraseador nem é oculto nem interessante.

Na verdade, o quadro hermenêutico vai além de dizer que há um sentido oculto; ele define os contornos da natureza desse sentido, que deve mobilizar referenciais últimos: o destino do homem, os poderes da linguagem, a missão da arte etc. Existe quanto a isso uma tópica [teoria dos "lugares"], consolidada pelo aparelho escolar, cujo domínio é indispensável para elaborar convenientemente explicações de texto, dissertações ou comentários nos jornais ou no rádio.

Cada intérprete legitima-se mediante cada interpretação bem-sucedida; ao fazê-lo, ele relegitima seu lugar e, ao mesmo tempo, relegitima a condição do texto comentado de membro do quadro hermenêutico, e, para além disso, relegitima o próprio quadro hermenêutico. Todo comentário bem-sucedido provoca, assim, um duplo reconhecimento (gratidão e legitimidade): reconhecimento do (e com relação ao) intérprete, que por sua vez reconhece

Quadro hermenêutico e máximas conversacionais

por seu gesto o valor do quadro hermenêutico e sua dívida para com ele. Um professor ou crítico que propõe uma estimulante interpretação de Molière mostra pragmaticamente tanto que é competente como que o texto é enigmático e, para além disso, que a literatura é de fato um discurso constituinte, associado a um quadro hermenêutico. Há aqui uma sustentação essencial entre instituição e sentido. Aquele que a instituição autoriza a comentar o texto efetua, através do próprio processo do comentário, a legitimação do quadro que funda esse mesmo comentário.

DO QUADRO HERMENÊUTICO ÀS REGRAS CONVERSACIONAIS

Inscrito num quadro hermenêutico, um texto literário beneficia-se daquilo que se chamaria em pragmática "hiperproteção": ele pode tomar liberdades com as normas do discurso sem que isso arranhe seu prestígio. Uma das grandes teses das correntes pragmáticas é a da existência de uma espécie de deontologia linguística, a ideia de que os intercâmbios verbais são regidos por normas que receberam diversos nomes e foram objeto de diferentes modelos, em particular a partir da célebre teoria de Herbert Paul Grice sobre as "implicaturas", que postulava a existência de "máximas conversacionais" sujeitas ao princípio de "cooperação".

Essas "máximas" foram concebidas para analisar interações conversacionais, mas podemos explorá-las para as próprias obras, que são atos de enunciação, ainda que o autor de uma obra não "converse" com seu ouvinte ou leitor e embora este não possa intervir no texto, já terminado quando de seu acesso.

Tratando o processo de comunicação da obra literária como um ato de enunciação sujeito, embora de maneira específica, às normas da interação verbal, afastamo-nos da concepção de literatura vigente desde o romantismo, que julga que a obra constitui um mundo autárquico cuja elaboração ocorre fora de toda consideração de sua recepção. Na realidade, é preciso conjugar os dois extremos da cadeia: a enunciação da obra se funda em máximas conversacionais, mas sem se deixar encerrar nelas. Na condição de "discurso", a literatura não pode ignorar as exigências do "princípio de cooperação", mas, na condição de literatura, ela se submete a esse princípio em função da economia que lhe é própria.

Há dentre as máximas conversacionais a que conclama a não fugir do tema, o que é um princípio frequentemente transgredido na literatura. Conhece-se, por exemplo, o abrir a cortina do *Don Juan* de Molière, em que Sganarelle se lança numa digressão sobre o tabaco que não deixa de confundir os comentadores: que vem fazer aqui esse trecho não relacionado com o restante da peça? A estética que se impôs a partir do romantismo exclui precisamente a ideia de que isso seja um "defeito": admite-se que a obra verdadeira – e, tratando-se de Molière e mais particularmente de *Don Juan*, quem ousaria dizer que não temos uma obra verdadeira? – é orgânica, que ela constitui um mundo autônomo, coerente, que exprime a visão de mundo singular de seu criador. Como o recorda uma fórmula célebre de Baudelaire, o artista é o único legislador de seu universo. Se alguém percebe numa obra o que julga ser um defeito, por exemplo, um fragmento "fora do assunto", isso se deve à sua ação de remeter erroneamente a obra a normas que não as que esta estabeleceu para si, no caso, às normas dos intercâmbios verdadeiros "comuns".

Compreende-se que essa passagem de *Don Juan*, colocada em posição tão estratégica, tenha sido percebida como um desafio a enfrentar. E não faltam intérpretes voltados para demonstrar que a peça – ao relevar um quadro hermenêutico – em nada transgride as normas da comunicação, mas, bem ao contrário, as respeita num nível superior. A intervenção mais brilhante nesse sentido é sem dúvida a de Michel Serres, que, num artigo publicado em 1967,[71] tenta mostrar que a digressão de Sganarelle, longe de prejudicar a unidade da obra, oferece sua chave: a peça se estruturaria mediante a transgressão das regras do intercâmbio, e Sganarelle, discípulo antecipado de Marcel Mauss e de Lévi-Strauss, diria a regra do jogo por meio da conversa sobre o tabaco. Esse trecho inicial seria então um "modelo reduzido"[72] da peça; ele "contém tudo: o plano, a regra, a ameaça, o fim. Resta fazer variações na estrutura da troca de palavras, que se pode ler na passagem sobre o tabaco. Os três comportamentos de *Don Juan*, com relação às mulheres, ao discurso e ao dinheiro, formam três variações paralelas do tema do tabaco".[73] Assim, o Uno retoma plenamente seus direitos: a peça perde sua excrescência maligna, e a integralidade de sua intriga pode desenrolar-se em torno de uma invariante estrutural. Nesse caso, o processo hermenêutico alcança seu rendimento máximo: a transgressão das normas do discurso é a marca de que é preciso inferir um sentido oculto, que é precisamente uma reflexão sobre a transgressão.

---

[71] Apparition d'Hermès: Dom Juan, in *Hermès I, La Communication*, Paris, Minuit, 1968.

[72] P. 234.

[73] P. 235.

Quadro hermenêutico e máximas conversacionais

O empreendimento perfeitamente exemplar de Serres pode ser traduzido em termos pragmáticos. Como se sabe, as implicaturas conversacionais são hipóteses que o intérprete é levado a fazer para conciliar a enunciação com o postulado do respeito pelo locutor às máximas conversacionais, que os dois parceiros conhecem: A e B têm conhecimento dessas normas, sabem que o outro as conhece, sabem que o outro sabe que eles as conhecem e assim por diante. Dessa perspectiva, considera-se que o ato de enunciação que liga o "arquienunciador" – no caso Molière – e o público mobiliza normas do mesmo tipo das "máximas conversacionais": se essa digressão está numa posição "saliente", o começo da obra, o alvo é incitar o destinatário a buscar uma implicatura de tipo conversacional. Seguindo o procedimento ilustrado por Grice, o autor daria a entender que é preciso ir além do sentido literal: o espectador, não tendo motivos para crer que o autor não observa os princípios de cooperação dramática, seria assim levado a entender que tem de buscar uma interpretação adequada, um subentendido. O destinatário, com efeito, "baseia-se no evento que constitui a enunciação, na escolha do enunciado pelo locutor num dado momento e em dadas circunstâncias", nos termos de Ducrot.[74] Resta evidentemente construir essa interpretação implícita, mas esse é o pão de cada dia dos intérpretes que trabalham num quadro hermenêutico. Poderíamos imaginar aqui uma aplicação do "princípio de pertinência" de Sperber e de Wilson: o hermeneuta buscaria justificar o postulado do caráter ótimo da comunicação estabelecida pela obra ao encontrar o implícito que produz o maior número de efeitos contextuais. Contudo, aqui não está em questão considerar mais pertinente a interpretação que demanda menos esforços de tratamento, porque os textos literários são tomados numa comunicação "hiperprotegida".

Por sob essa necessidade de anular os "defeitos" da obra, encontramos o pressuposto de que esta transmite uma mensagem, uma *hermeneia* que não poderia ser remetida às intenções de uma consciência tomada segundo as normas que presidem o intercâmbio usual. Sejam quais forem as transgressões das normas de discurso (incluindo as normas dos diferentes gêneros) de que a obra é culpada, o quadro hermenêutico nos assegura que, num nível superior, a falta é só aparente. O escritor que transgride com sua obra uma norma do discurso sabe que o destinatário vai normalmente recorrer a um

---

[74] *Dire et ne pas dire*, Paris, Hermann, 1972, p. 132 (edição brasileira: *O dizer e o dito*, Campinas, Pontes, 1987).

mecanismo interpretativo comparável ao do subentendido para conciliar essa transgressão com o respeito presumido às normas.

Quer adotemos a perspectiva estilística de um Proust ou de um Spitzer, que postulam, para além das aparências, a coerência de uma "visão de mundo" molieresca, ou, como Serres, uma perspectiva estrutural, ou ainda um ponto de vista pragmático que trabalha com os implícitos, o resultado permanece em todos os casos o mesmo: a aparente transgressão foi reduzida, seguindo-se nisso o que prescreve a inscrição do texto num quadro hermenêutico.

UMA DIVERSIDADE DE PROCEDIMENTOS

Como regra geral, o autor pode confiar no quadro hermenêutico: sendo seu texto, por seu estatuto, virtualmente hiperprotegido, ele espera do leitor-modelo que ele faça o esforço de extrair os implícitos necessários para conciliar as transgressões das normas interacionais com o postulado de que o princípio de cooperação é sempre respeitado. Mas como a instituição literária e os contratos genéricos tentam em vão legitimar antecipadamente seu empreendimento, o autor sente com frequência a necessidade de se justificar, e tanto mais porque o universo estético de que participa não postula a autonomia absoluta das obras literárias. O simples fato de tomar a palavra (e o que é propor uma obra ao público senão uma tomada de palavra superlativa?) constitui, do ponto de vista goffmaniano, uma incursão territorial, uma ameaça à face negativa do destinatário, que pede reparações. As múltiplas formas de *captatio benevolentiae* ilustram essa exigência.

A situação de Oronte em *O misantropo* (I, II) tem aqui valor exemplar. As estratégias que ele usa (fórmulas de autodepreciação, cumprimentos a Alceste, ofertas de amizade...) para minimizar a ameaça que faz pesar sobre o outro ao ler seus versos são o espelho da própria condição do autor. Com efeito, que faz Molière ao nos levar a rir de Oronte senão reparar com isso a incursão territorial de que é culpado ao fazer os espectadores escutar sua peça, mediante pagamento, durante várias horas? Dizer e justificar seu dizer são indiscerníveis. Ao proporcionar prazer ao público, ele oculta sua falta e a devolve: se a obra tiver sucesso, o destinatário é que deve desculpas ao autor. De maneira performativa, ele repara com sua obra a ofensa que cometeu ao dirigir essa mesma obra ao público. Mesmo que, habitualmente, essa transgressão seja bastante eufêmica, e mesmo dissimulada, pelo pertencimento da obra a um gênero reconhecido e, para além disso, à instituição literária, a enunciação é visitada pela angústia da rejeição.

É sobretudo nos prefácios, introduções, preâmbulos de todos os tipos que o autor deve se adaptar às normas da cooperação verbal. Essas justificações são parte integrante da obra, que se caracteriza entre outras coisas por sua maneira de remeter ao quadro hermenêutico que a domina.

A mais simples estratégia de legitimação das transgressões é, evidentemente, invocar uma distinção entre o sentido manifesto e o "verdadeiro" sentido da obra, isto é, o próprio princípio hermenêutico. O todo do texto funciona, assim, como um vasto ato de fala indireto que exige do destinatário um trabalho de derivação de um sentido oculto. No tocante a isso, o célebre prólogo de *Gargantua* é exemplar. Esse texto "carnavalesco" (Bakhtin) apresenta-se, com efeito, como sendo aparentemente incompatível com a exposição de uma doutrina filosófica ou moral:

> Tomando a coisa à letra, encontrareis assuntos bem jocosos, que correspondem exatamente ao nome; mas é preciso não parar, como no canto das Sereias, e sim interpretar em sentido mais elevado o que porventura julgardes dito com intenção de fazer pilhéria. Tereis destapado algum dia uma garrafa? Trazei à memória vossa capacidade de abstinência. Reparastes alguma vez um cão que encontra um osso com tutano? Como diz Platão (Livro II da *República*), o cão é o animal mais filosófico do mundo. Se o tiverdes visto, tereis podido observar com que devoção o contempla, com que cuidado o observa, com que fervor o pega, com que prudência começa a sugá-lo, com que afeição o parte e com que diligência o lambe [...]. Seguindo seu exemplo, convém-vos ser sábios no degustar, sentir e estimar esses belos livros tão graciosos por fora, ligeiros da perseguição e densos no contato. Depois, lendo com curiosidade e frequente meditação, quebrai o osso e sugai o substancioso tutano, ou seja, o que eu entendo por esses símbolos pitagóricos, com a fundada esperança de chegar a ser esforçados e prudentes sob o influxo da referida leitura...

As alusões a autoridades como Platão e Pitágoras e a práticas tradicionais da hermenêutica religiosa, inscrevem o autor numa filiação que, como toda genealogia, tem valor legitimante. A reivindicação de um duplo sentido tem o efeito de definir o público qualificado, de dizer de que tipo de destinatário se espera o reconhecimento. O texto pode assim operar em dois planos ao mesmo tempo, ao reativar o *topos* humanista: instruir ao divertir, reconciliar os dois componentes do homem, natureza e espírito, corpo e alma. Por meio disso, a obra legitima-se como obra total que se liga à própria origem da filosofia, à pessoa de Sócrates: tal como este último, a obra é comparada às garrafinhas de aparência grotesca mas de conteúdo salutar. Embora no começo esse livro corresse o risco de ser desqualificado por sua vacuidade intelectual, ei-lo duplamente dotado de sentido, com um sentido oculto tanto mais rico que sua extração é deixada à responsabilidade do leitor competente.

Os *Ensaios de Montaigne*, por sua vez, pecam por não se apresentar como uma obra estruturada, por parecerem fazer pouco caso das legítimas exigências do leitor. Por meio da invocação, no próprio texto, de autoridades prestigiosas cuja inscrição num quadro hermenêutico é indiscutível, o autor transforma sua aparente transgressão em submissão a uma norma superior:

> Passei os olhos por alguns diálogos de Platão, marcados por uma fantástica variedade; a primeira parte trata do amor e todo o resto, da retórica. Eles não temem essas variações e têm uma maravilhosa graça enquanto se deixam levar assim pelo vento ou parecer que o são. Os títulos de meus capítulos nem sempre descrevem o assunto; muitas vezes, eles simplesmente o denotam com alguma marca, como estes outros títulos: *Andria, o Eunuco*, ou estes: *Cila, Cícero, Torquato*. Adoro o avançar poético, aos saltos e pulos. Trata-se, como diz Platão, de uma arte leve, fugidia, demoníaca.[75]

De modo geral, as normas, como foi dito, são relativas aos gêneros do discurso. Assim, uma digressão não pode ser avaliada sem que se levem em conta os gêneros de texto. Se o exórdio de *Don Juan* suscitou reticências, é por se tratar da cena de abertura, que no teatro clássico tem uma função bem definida, dificilmente compatível com uma digressão. Em contrapartida, o romance picaresco pode interromper a todo momento o relato das aventuras do herói principal, Gil Blas, por exemplo, para pôr como relatos-encaixados as aventuras das pessoas encontradas pelo caminho. Essa liberdade está ligada ao fato de que esse gênero de relatos não é realmente orientado para um fim motivado, mas constitui, sobretudo, uma acumulação de episódios reversíveis. Isso ocorreria de modo totalmente diverso num romance de suspense tradicional se justamente antes do desenrolar o relato partisse em outra direção.

Se se concorda em chamar de "redução hermenêutica" a anulação de uma transgressão pela derivação de um implícito fundado no quadro hermenêutico, podem-se distinguir as reduções que são *ditas* e as que são *implicadas pragmaticamente*.

---

[75] *Essais*, Livro III, Cap. IX, Classiques Garnier, II, p. 438.

As reduções "implicadas pragmaticamente" são as desencadeadas pelo simples fato de que o texto se vincula a um quadro hermenêutico; nesse caso, as transgressões não são acompanhadas de enunciados cuja função consiste em garantir o pertencimento a esse quadro. É o que acontece com a digressão de Sganarelle acerca do tabaco. Em contrapartida, quando se encontram nos textos comentários que têm por função assegurar que a transgressão está a serviço de um sentido "mais elevado", em conformidade com o quadro hermenêutico, a redução é "dita". É o que se passa, como acabamos de ver, no *Gargantua*, de Rabelais.

Mas essa distinção suscita muitos problemas. Em primeiro lugar porque o grau de explicitação da redução é muito variável; em seguida, e sobretudo, em razão de princípios relativos à própria natureza dos discursos constituintes; de certa maneira, é o conjunto da própria obra que procede a uma redução hermenêutica. Ela cria um universo que legitima progressivamente as aparentes transgressões que a tornaram possível. Nesse tipo de discurso, dizer e mostrar seu direito de dizer o que se diz tal como se diz são as duas faces indissociáveis. Nessas condições, os múltiplos comentários graças aos quais o autor situa sua obra com relação às normas do discurso são tão somente a manifestação de superfície de algo constitutivo. Veremos isso com mais clareza quando refletirmos sobre a cenografia das obras (ver adiante, capítulo "A cenografia").

Além disso, longe de constituir uma interpretação definitiva do texto, essas passagens de redução dita são elas mesmas fragmentos da obra: não existe "metadiscurso" do autor sobreposto à obra. Consideremos a esse propósito a célebre fábula "A lebre e a tartaruga", de La Fontaine:

> Assim foi feito; e de ambos
> perto da meta foram colocados os lances.
> *Ter conhecimento disso não é assunto nosso,*
> *Nem de qual juiz lhe convém.*
> (*Fábulas* vi, 10)

No fragmento em que pusemos itálico, o narrador comenta sua própria narrativa; mas esse comentário faz parte da fábula, à qual ele se acha de resto integrado pelo jogo das rimas. A arte da fábula em La Fontaine se caracteriza precisamente, à diferença da de Esopo, pelo entrelaçamento entre a história e o processo de narração. Ora, é essa singularidade que está discretamente tematizada pela intervenção do narrador. Com efeito, Esopo indica em sua fábula os lances e o juiz da corrida. Há, portanto, aqui um reenvio intertextual que tem um valor de legitimação enunciativa oblíqua.

O que o fabulista critica em Esopo? Dar detalhes que transgridem o princípio de pertinência. Ora, para censurá-lo, deve ele mesmo interromper sua narrativa; haverá algo de menos pertinente do que precisar o que a narrativa não diz e introduzir através disso algumas observações sobre a arte da fábula? Em outras palavras, o autor não faz senão substituir uma transgressão por outra, a pretexto de denunciar a primeira; mas pode-se considerar que esta última permite definir de fato uma nova fórmula de fabulista, o que inverte a hierarquia entre história e processo de narração. Dessa maneira, o autor justifica em sua própria narrativa a fórmula que pretende instituir com seu leitor.

Essa imbricação extrema dos níveis (enunciado, comentário sobre o enunciado, metacomentário) apenas ilustra a reflexividade fundamental dos discursos constituintes, que devem motivar seu próprio quadro enunciativo.

A HISTORICIDADE DAS NORMAS

Em termos de reduções hermenêuticas, não se pode, contudo, descartar uma distinção entre as normas em vigor no momento da criação e aquelas em vigor em seguida. Na época em que Molière propõe *O misantropo* ao público, sua obra não se beneficia de uma hiperproteção, como talvez tenha ocorrido, em sua época, com Cícero ou Homero. Ele não pode esperar uma redução hermenêutica para sua digressão sobre o tabaco caso transgrida as normas dramatúrgicas dominantes. Em contrapartida, o "mesmo" texto de Molière é hoje posto num quadro hermenêutico e requer, por conseguinte, interpretações como a de um Michel Serres. Não se pode atribuir a Molière um estatuto que ele não possuía então. Seu posicionamento estético vai de encontro à autonomização das obras literárias que se imporá no século XIX.

Consideremos agora o começo de um romance contemporâneo (*Le Libéra* *, de Robert Pinget[76]), que apresenta uma transgressão tanto das normas do romance canônico como das normas de comunicação mais básicas. Esse livro se inscreve plenamente na configuração aberta pelo romantismo, de acordo com a qual a obra tem o direito de propor suas transgressões sem se justificar explicitamente, ao menos nas obras propriamente ditas, porque o *nouveau roman*, como se sabe, é inseparável de uma torrente de comentários teóricos pelos

---

* N.T.: Ver adiante a seção "A cena de enunciação do *Libéra*", capítulo "A cenografia".

[76] Paris, Minuit, 1984.

criadores que dizem praticá-lo. Operando com a reflexividade, organizando "intrigas" problemáticas, as obras dessa corrente exigem constantemente do leitor um trabalho de redução hermenêutica. Eis o trecho inicial:

> Se a Lorpailleur é louca, não posso fazer coisa alguma.
>
> Se a Lorpailleur é louca, não posso fazer coisa alguma, ninguém pode fazer coisa alguma, e quem puder provar o contrário é bem esperto.
>
> Se a Lorpailleur é louca, mas ela é louca?, ela é louca, afirma que tomei parte direta ou indireta, que estive envolvido no problema do pequeno Ducreux, que tenho meus conhecidos na polícia e por isso fiquei impune.
>
> Estive envolvido no problema do pequeno Ducreux, sem ninguém desconfiar disso, meu nome não foi citado na investigação e depois vem essa mulher louca e as línguas não param de falar. Se a Lorpailleur é louca eu disse a Verveine que não posso fazer coisa alguma, ninguém pode fazer coisa alguma, deem um jeito de interná-la, deve haver um meio, de que serve ser química então?, você tem de saber como fazer, tem de conhecer alguém, alguma autoridade vamos lá, tem de conhecer a pessoa certa e depois tudo caminha sozinho, mexer os pauzinhos é a expressão, ele me diz que não, não tem poder para isso, e por outro lado não tem a mínima ideia de como, ele só conhece mesmo a família, que ouviu um dia que para esse tipo de coisa, mas a família está longe como você espera, uma irmã na Argentina, todo o resto morto e enterrado, eu disse vamos pensar vamos pensar não é possível [...].

Esse texto traz uma pontuação completamente estranha, que está longe de facilitar a compreensão. Essa relativa obscuridade aumenta quando o examinamos mais detidamente. O "se" de abertura, por exemplo, é radicalmente equívoco: não se sabe se tem valor hipotético ou de retomada ("se é verdade que..."). A incerteza, por outro lado, é geral:

- incerteza com respeito à própria cena genérica: teatral ou romanesca?
- incerteza com respeito à situação de que surge semelhante fala: é um monólogo interior? Um solilóquio? Uma fala dirigida a alguém? E, nesse último caso, a que tipo de destinatário?
- incerteza com respeito ao estatuto modal dessa fala: os quatro primeiros parágrafos são discursos relatados ou é o discurso relatado que foi incluído num monólogo?
- incerteza entre a loucura e a sanidade do locutor: ele denuncia a loucura de Lorpailleur, mas essa mesma denúncia apresenta índices

linguísticos, particularmente repetições e contradições, que permitem pensar que o locutor tem algum problema patológico (sem falar da temática do assassinato de uma criança, que a *doxa* atribui a "perversos").

Se o leitor de *Le Libéra* não fecha esse "romance", isso se deve ao fato de ele postular a validade do quadro hermenêutico, de ele presumir que partilha com o autor de um saber mútuo sobre a natureza do discurso literário e, por conseguinte, aceita a necessidade de realizar reduções hermenêuticas: claro, deve ele dizer a si mesmo, que o autor transgride, mas é de esperar que, noutro nível, respeita as máximas e transmita uma *hermeneia*.

Os implícitos construídos por redução hermenêutica vão se orientar para um certo registro, ligado ao próprio estatuto dos discursos constituintes: espera-se do leitor que presuma tratar-se de interpretações que envolvem a busca de um sentido último da existência ou de uma tomada de posição estética, um processo favorecido pelo conhecimento de uma certa *doxa* sobre a literatura contemporânea e/ou sobre a obra de Pinget. O leitor pode, por exemplo, inferir dessas transgressões que a realidade é fundamentalmente incerta, que nenhuma narrativa pode anular a incoerência do mundo, que o homem não domina sua linguagem, que nunca se sabe a quem é dirigida de fato a palavra etc. É, por outro lado, característico da literatura contemporânea (tanto quanto da arte contemporânea como um todo) que um comentário sábio se sobreponha ao seu consumo. Entre os leitores menos hábeis, essa *doxa* desencadeia um processo circular: a leitura exige a construção de implícitos que, longe de ser inferidos da leitura de uma obra singular, estão na verdade já presentes na memória do leitor, cabendo-lhe apenas ativá-los. Pode-se falar nesse caso de interpretação puramente ilustrativa.

Uma marca que tem nesse trecho grandes chances de desencadear no leitor uma interpretação em termos de sentido "simbólico" é o primeiro nome próprio, "la Lorpailleur". O onomástico literário é tradicionalmente uma zona privilegiada de pesquisas hermenêuticas. Esse processo pode fazer uso de várias marcas: a ambiguidade masculino/feminino permitida pelo acréscimo do "*la*", considerado popular, e a elisão do artigo definido (*la/l'*), significado de *orpailleur* [garimpeiro], que desemboca precisamente na busca de ouro por um efeito de ampliação abissal da própria busca hermenêutica. Quando do aparecimento de alguma outra marca, cada uma dessas duas pistas interpretativas pode ser ativada. Certa familiaridade com o discurso literário pode incitar o leitor a supor que o fim e o começo da obra respondem um ao outro; com efeito, em *Le Libéra*, as últimas palavras tematizam uma busca interminável. A sede implacável é aí posta em relação com a busca de ouro e, mediante uma estratégia costumeira dos intérpretes, com a própria busca do sentido da obra, numa reflexividade generalizada:

> Uma sede mas para aplacá-la eu sempre posso correr
> Uma sede sim, para mim.

De modo mais preciso, a redução hermenêutica opera aqui em dois planos:

- O pertencimento ao tipo de discurso literário leva a construir subentendidos que recorrem aos referentes últimos: a função da arte, as relações entre a linguagem e o mundo, o destino da humanidade...
- O pertencimento genérico, o fato de o livro ter na capa a inscrição "romance" institui um contrato de leitura romanesca que ativa a busca por uma intriga, por personagens etc.

Esses dois planos nada têm de sequencial, misturados inextricavelmente, por vezes de maneira conflituosa. Assim, o caráter hiperprotegido do discurso literário e a legitimação de transgressões que esse estatuto implica entram em conflito com a busca de uma intriga coerente; uma maneira de resolver esse conflito consiste em, por exemplo, admitir que a transgressão do contrato romanesco destina-se precisamente a fazer derivar um subentendido com respeito ao caráter ilusório das convenções do romance clássico.

Basta, contudo, que o autor não pertença aos valores seguros do panteão literário para que se reduza à hiperproteção conferida pelo quadro hermenêutico e, por conseguinte, o "crédito" de que ele pode beneficiar-se. O caso de um Leon Bloy, que se acha na fronteira entre os autores reconhecidos e os não reconhecidos, é digno de nota: "Alguns encontrarão neste livro inúmeros defeitos. Talvez eles existam. O que há aqui de garantido é aquilo que importa em *Le Désespéré*: sua ruptura."[77] O crítico que redige dessa maneira um prefácio para o romance de Bloy concede que pode haver nele transgressões estéreis, sem redução hermenêutica ("defeitos") e busca uma legitimação, que se acha de alguma maneira para além da arte ("ruptura"). Mas, no tocante a isso, as regras podem mudar; basta, por exemplo, que surjam novas categorizações. Nos anos 1960, vimos nesse sentido a noção de "barroco" abrir a possibilidade de integrar obras antes julgadas mal estruturadas.

---

[77] Hubert Juin, prefácio a *Désespéré*, Paris, 10/18, 1983, p. 15.

A "ilegibilidade" atribuída a algumas obras oferece também aos escritores a possibilidade de conferir a si mesmos uma nova legitimidade mediante a instituição de filiações inéditas, ao reabilitar por meio das obras textos antes desqualificados: assim fizeram os surrealistas com os *Cantos de Maldoror*. A história da literatura oferece o espetáculo de um trabalho ininterrupto de legitimação de texto antes considerados defeituosos ou, inversamente, de deslegitimação de textos até um dado momento consagrados. A produção literária atua, com efeito, na fronteira entre as obras de arquivo e as obras em formação. As obras que se formam têm, de modo geral, necessidade de reavaliar certas obras de arquivo, isto é, de decretar que são dignas de um quadro hermenêutico – e não apenas de uma leitura filológica – para legitimar a si mesmas.

Seja como for, há contradição entre o reconhecimento de transgressões (repetições, obscuridades, digressões...) e a tendência dos analistas a tudo legitimar numa obra caso ela se inscreva plenamente num quadro hermenêutico. A introdução de um princípio de unicidade em âmbitos nos quais as aparências parecem heterogêneas é a inclinação natural de todo esforço de conhecimento. A eliminar as transgressões, o analista mostra sua engenhosidade, um pouco como os filósofos que escrevem teodiceias para integrar o mal em alguma economia superior da criação divina.

Paratopia

Um impossível lugar

A *doxa* advinda da estética romântica privilegia a singularidade do criador e minimiza o papel dos destinatários, bem como o caráter institucional do exercício da literatura, sendo a instituição da maioria das vezes considerada um universo hostil à criação. É a própria estrutura do ato de comunicação literária que se vê negada dessa maneira. Contudo, para produzir enunciados reconhecidos como literários, é preciso apresentar-se como escritor, definir-se com relação às representações e aos comportamentos associados a essa condição. Claro que muitos escritores, e não os menos importantes, retiram-se para o deserto, recusando todo pertencimento à "vida literária"; mas seu afastamento só tem sentido no âmbito do espaço literário a partir do qual eles adquirem sua identidade: a fuga para o deserto é um dos gestos prototípicos que legitimam o produtor de um texto constituinte. Eles não podem situar-se no exterior de um campo literário, que, seja como for, vive do fato de não ter um verdadeiro lugar.

Os três planos

Os trabalhos de sociologia da literatura inspirados por Pierre Bourdieu têm o grande mérito de mostrar que a produção da obra literária não deve ser remetida em primeiro lugar à sociedade considerada em sua globalidade, mas a um setor limitado dessa sociedade, que no século xix tomou a forma de um "campo" relativamente unificado que segue regras específicas. De modo mais amplo, pode-se dizer que toda obra participa de três planos do *espaço literário*. É difícil, porém, definir as relações entre esses planos, pois cada um deles é atravessado pelos outros dois.

– Esse espaço é uma *rede de aparelhos* em que os indivíduos podem constituir-se em escritores ou público, em que são garantidos e estabilizados os contratos genéricos considerados literários, em que intervêm mediadores (editores, livrarias...), intérpretes ou avaliadores legítimos (críticos, professores...), cânons (que podem assumir a forma de manuais, antologias...). O termo "aparelhos" sem dúvida não é muito feliz; pode autorizar a si mesmo mediante o artigo de Althusser publicado em 1970, "Ideologia e aparelhos ideológicos de Estado", ainda que não partilhemos de seu quadro teórico e de modo particular da concepção de subjetividade que ele implica. Althusser já dava então a "aparelho" uma grande extensão, porque o termo remetia a um sistema que integra instâncias tão diversas quanto a família, os partidos políticos, a imprensa, o sistema jurídico, a escola, em suma, o conjunto de práticas e discursos que, mediante o "assujeitamento" dos indivíduos à ideologia dominante, garantiria, de acordo com ele, a reprodução das relações sociais.

– Trata-se igualmente de um *campo*, lugar de confronto entre *posicionamentos* estéticos que investem de maneira específica gêneros e idiomas. A análise do discurso foi levada a recortar espaços em que diferentes posicionamentos, para deter o máximo de autoridade enunciativa, se acham em relação de concorrência em sentido amplo, delimitando-se mutuamente. "Campo" é, portanto, usado aqui com o valor restrito de "campo discursivo", solidário de primazia do interdiscurso com relação ao discurso. Um campo discursivo não é uma estrutura estável, mas uma dinâmica em equilíbrio instável. De igual forma, o campo não é homogêneo: há posicionamentos dominantes e dominados, posicionamentos centrais e periféricos. Um posicionamento "dominado" não é necessariamente "periférico", mas todo posicionamento "periférico" é "dominado". De todo modo, a noção de campo traz um problema, dado que não pode ser trans-histórica. Como a existência de um campo autônomo é recente, encontrando-se sem dúvida prestes a perder sua força em função das novas tecnologias, faz-se necessário flexibilizá-la para estendê-la à diversidade de regimes de produção "literária". Há por exemplo regimes que não opõem escolas com manifestos e doutrinas, mas lugares de exercício (diferentes trajetórias, diferentes regiões...); nesse caso, os diferentes grupos em concorrência partilham da maioria dos pressupostos estéticos, investem os mesmos gêneros, mas diferem em termos de "estilos" e de temáticas...

– Esse espaço é, por fim, um *arquivo* em que se combinam intertexto e lendas: só existe atividade criadora inserida numa memória, que, em contrapartida, é ela mesma aprendida pelos conflitos do campo, que não cessam de retrabalhá-la. A noção de *arquivo* tem uma história na análise do discurso.[78] De minha parte, empreguei-a antes com um sentido próximo do de "posicionamento", destacando que os enunciados que vêm de um posicionamento são inseparáveis de uma memória e de instituições que lhes conferem sua autoridade ao mesmo tempo em que se legitimam por meio deles. Aqui, "arquivo" designa apenas a memória interna da literatura, memória que, para além do intertexto no sentido estrito, isto é, outras obras, presentes em alguma biblioteca imaginaria, inclui também, como vamos ver, "lendas".

A PARATOPIA

Quando se trata de criação literária, metáforas topográficas como as de "campo" ou "espaço" só têm validade entre aspas. Claro que o espaço literário faz, num certo sentido, parte da sociedade, mas a enunciação

---

[78] Em *Archéologie du savoir* (p. 171; edição brasileira: *Arqueologia do saber*, 7. ed., Rio de Janeiro, Forense Universitária, 2004), Foucault lhe confere um alcance bem amplo, a ponto de autorizar o questionamento de sua consistência: "Situado entre a língua que define o sistema de construção de frases possíveis, e o *corpus* que reúne passivamente as palavras pronunciadas, o *arquivo* define um nível específico, o de uma prática que faz surgir uma multiplicidade de enunciados como eventos regulares, como coisas oferecidas ao tratamento e à manipulação [...] entre a tradição e o esquecimento, ele faz surgirem as regras de uma prática que permite aos enunciados subsistir e modificar-se regularmente. Trata-se do *sistema geral de formação e de transformação de enunciados*". Prolongando essa perspectiva, J. Guilhaumou e D. Maldidier fundam a análise do discurso "em dois suportes materiais, o arquivo e a língua". Esse arquivo "não é o conjunto de textos que uma sociedade deixou", nem "o quadro institucional que permitiu conservar os vestígios", mas "cada dispositivo de arquivo estabelece sua própria ordenação. Assim, do lado do arquivo, o sentido é convocado a partir de uma diversidade máxima de textos, de dispositivos de arquivo específicos de um tema, de um evento, de um itinerário" (J. Guilhamou, D. Maldidier, R. Robin, *Discours et archive, Expérimentations en analyse du discours*, Liège, Mardaga, 1994, p. 195).

literária desestabiliza a representação que se tem normalmente de um lugar, algo dotado de um dentro e de um fora. Os "meios" literários são na verdade fronteiras. A existência social da literatura supõe ao mesmo tempo a impossibilidade de ela se fechar em si mesma e a de se confundir com a sociedade "comum", a necessidade de jogar com esse meio-termo e em seu âmbito. Não que a literatura tenha um funcionamento incompatível com outros domínios de atividade (pode-se falar em seu âmbito de estratégias de promoção, de carreiras, de faturamento etc.), mas é preciso considerar igualmente seus poderes de excesso. Enquanto discurso constituinte, a instituição literária não pode de fato pertencer plenamente ao espaço social, mantendo-se antes na fronteira entre a inscrição em seus funcionamentos tópicos e o abandono a forças que excedem por natureza toda economia humana. Isso obriga os processos criadores a alimentar-se de lugares, grupos, comportamentos que são tomados num pertencimento impossível.

Não é, portanto, possível falar de uma corporação dos escritores como se fala de uma corporação dos hoteleiros ou dos engenheiros. A literatura, como todo discurso constituinte, pode ser comparada a uma rede de lugares na sociedade, mas não pode encerrar-se verdadeiramente em nenhum território.

O esforço constante de certos príncipes de antanho ou de certos regimes totalitários para proporcionar uma condição de empregados domésticos ou assalariados permite manter uma produção literária, mas não produzir obras, a menos que o escritor se afaste do que é esperado dele, torne problemático seu próprio pertencimento a um lugar, a uma função. O pertencimento ao campo literário não é, portanto, ausência de todo lugar, mas, como dissemos, uma negociação entre o lugar e o não lugar, um pertencimento parasitário que se alimenta de sua inclusão impossível. Trata-se daquilo que antes denominamos "paratopia" (ver anteriormente, capítulo "O discurso literário como discurso constituinte", seção "Alguns aspectos dos discursos constituintes").

As modalidades dessa paratopia variam de acordo com as épocas e as sociedades: os menestréis nômades da Antiguidade, os parasitas protegidos pelos grandes na época clássica, os boêmios em oposição aos "burgueses" etc. Numa produção literária fundada na conformidade aos cânones estéticos, são paratópicas principalmente as comunidades de "artistas" mais ou menos marginais (os menestréis ou trovadores...). Quando a produção é uma questão profundamente individual, a paratopia elabora-se na singularidade de um afastamento biográfico. Por sua maneira de "inserção" no espaço literário da sociedade, o autor cria, na verdade, as condições de sua própria criação; há obras cuja autolegitimação passa pelo afastamento solitário de seu criador e outras que exigem sua participação em empreendimentos coletivos: Sartre, animando revistas políticas, desfilando em manifestações, e Thomas Bernhard, vituperando de sua cidade contra os ambientes culturais vienenses, dizem, cada qual à sua maneira, o que é para eles a literatura legítima. E chega a haver obras que supõem, de um lado, a absorção do autor na banalidade: Kafka ou Pessoa levam uma vida de empregados-modelo, mas não têm uma família e escrevem.

No século XVII, a proteção dos grandes fez do parasita a figura prototípica do homem de letras. No século XVIII, o que recebeu o nome de "República das Letras" designava uma rede paratópica, parasitária dos estados reais, uma "República" que se sobrepunha a fronteiras geográficas e sociais, tal como o podia fazer na mesma época a franco-maçonaria. Esse "Estado" parasita julgava-se sujeito apenas à regra da igualdade e da livre discussão entre seres dotados de razão. Essa República "se estende por toda a terra e se compõe de gente de toda nação, de toda condição, de toda idade e de todos os sexos, não estando excluídas nem as mulheres, nem as crianças".[79]

Como explica Bayle no verbete *cátio* de seu *Dicionário histórico e crítico* (1696),

> Essa República é um Estado extremamente livre. Nela só se reconhece o domínio da verdade e da razão; e, sob seus auspícios, combate-se inocentemente qualquer um [...]. Cada um é, nela, ao mesmo tempo soberano e sujeito a todos.

Todo escritor das Luzes tinha assim de gerir à sua maneira um duplo pertencimento: pertencimento à sociedade *tópica*, no caso monárquica, e às redes dessa "República". Era *ao mesmo tempo* o "Eu" e o "Ele", do *Sobrinho de Rameau*, um debate sem saída entre a "topia" de "Eu" e o nomadismo de "Ele", que atravessa todas as topias.

A paratopia, invariante em seu princípio, assume assim faces sempre mutantes, dado que explora as fendas que não cessam de abrir-se na sociedade.

---

[79] Vigneul-Marville (pseudônimo de Bonaventure d'Argonne), *Mélanges d'histoire et de littérature*, Rouen, 1700, vol. II, p. 60.

Discurso literário

No século XVIII, é sobretudo a frustração do andarilho que é propícia à criação, essa frustração que incita Rousseau a evocar uma natureza livre do domínio aristocrático, mas incita François-Marie Arouet a se fazer chamar "M. de Voltaire" e Pierre Caron, "M. de Beaumarchais".* Trata-se do homem do "Terceiro Estado", que mobiliza, então, as energias num processo criador. Beaumarchais, por exemplo, está desse ponto de vista bem distante dos protótipos que prevaleciam no romantismo. No caso dele, o motor paratópico é a insuportável condição do homem de talento andarilho que a ordem aristocrática condena à obscuridade. Ao contrário da criação dos poetas parnasianos, a sua não implica nenhuma ruptura com um mundo moderno desencantado, mas a agitação transgressora daquele que pretende a qualquer preço *triunfar*. Ele circula num universo em que a escrita deseja apreender diretamente os movimentos da sociedade. Um século depois, o poeta parnasiano José Maria de Heredia assumirá a posição de "artista" que se opõe ao resto da sociedade industrial (ver adiante, capítulo "Dois sonetos"); ele se ausenta ostensivamente de sua obra, como a poesia deve ausentar-se do mundo burguês, enquanto um Beaumarchais trabalha nas fronteiras, inclusive a que o separa de suas personagens, primordialmente Figaro.

Assim, a criação se alimenta de tudo: de uma paratopia de andarilho que recusa o lugar que lhe pretende impor um mundo dominado pela nobreza e, ao mesmo tempo, de uma paratopia de nobre que não encontra lugar num mundo de burgueses. Ela se alimenta de um afastamento metódico e ritualizado do mundo, bem como do esforço permanente de nele se inserir, do trabalho da imobilidade e do trabalho do movimento.

Lugares e comunidades paratópicos

Como foi dito, ainda que a obra tenha a pretensão de ser universal, sua emergência é um fenômeno fundamentalmente local, e ela só se constitui por meio das normas e relações de força dos lugares em que surge. É nesses lugares que ocorrem verdadeiramente as relações entre o escritor e a sociedade, o escritor e sua obra, a obra e a sociedade.

Isso parece evidente quando se buscam apreender outros regimes da literatura que não o imposto pelo romantismo: quando um grupo de letrados

---

* N.T.: "Voltaire" e "Beaumarchais" são palavras que, em francês, sugerem movimento.

Um impossível lugar

japoneses se reúne para elaborar um _renku_,[80] quando um Oronte compõe um soneto para os familiares em um salão galante, é produzido um tipo de literatura em que a identidade criadora é indissociável de pequenas comunidades em que se combinavam criação e sociabilidade. Mas a importância assim atribuída aos modos de vida, aos ritos de grupos que produzem ou geram certo discurso[81] vai bem além: ela vale para o conjunto dos discursos constituintes. A obra literária surge através das tensões do campo propriamente literário; ela só pode dizer alguma coisa sobre o mundo pondo em jogo em sua enunciação os problemas advindos da impossível inscrição social (na sociedade e no espaço literário) dessa mesma enunciação. Podemos aplicar à literatura, _mutatis mudandis_, aquilo que Michel de Certeau disse da historiografia:

> O discurso – e o grupo que o produz – _faz_ o historiador, ao mesmo tempo em que a ideologia atomista de uma profissão "liberal" mantém a ficção do sujeito autor e deixa crer que a busca individual constrói a história [...]. Assim como o automóvel produzido pela fábrica, o estudo histórico é algo mais relacionado ao _complexo_ de uma fabricação específica e coletiva do que o efeito de uma filosofia pessoal ou o ressurgimento de uma "realidade" passada. É o _produto de um lugar_.[82]

Contudo, mais facilmente no caso das ciências do que no da literatura, aceita-se dar lugar às instituições no processo criador: a produção de textos científicos é dificilmente concebível como atividade solitária e apartada do ambiente tecnológico.

A vida literária é estruturada por essas "tribos", que se distribuem pelo campo literário com base em distintas reivindicações estéticas: academia, círculo, grupo, escola, cenáculo, bando... Uma tribo literária não se define de acordo com os critérios da divisão social canônica, que reconhece essencialmente duas espécies de grupos: os que se fundam na filiação e aqueles (empresas, equipes, batalhões...) que estão unidos por uma tarefa

---

[80] O _renku_ é um gênero poético fixado no século XVII; elaborado por ao menos dois autores ao longo de uma reunião amigável, compõe-se em sua forma mais clássica de 36 versos, divididos em 6 + 12 + 12 + 6. Difere do _haiku_ porque se estrutura por meio da continuidade de seu desenvolvimento, privilegiando as alusões, as paródias, o humor.

[81] De nossa parte, fomos levados a desenvolver em análise do discurso uma teoria da "comunidade discursiva", que tenta articular as formações discursivas com o funcionamento de grupos de produtores e gestores que as fazem viver e que vivem delas (ver nossa obra _Genèses du Discours_, Liège, Mardaga, 1984 [edição brasileira: _A gênese do discurso_, trad. S. Possenti, Curitiba, Criar, 2005] ou _L'Analyse du discours_, Hachette, 1991).

[82] Pp. 72-73.

comum a realizar. Os membros das tribos literárias vêm de famílias a que continuam a pertencer, enquanto, ao mesmo tempo, tais "tribos" se esforçam para não se tornar família; a intensidade das transferências ativas que nelas se produzem as leva a manter relações indecidíveis com a estrutura familiar.

A existência de uma tribo não implica necessariamente frequentar sempre os mesmos lugares. Ela pode resultar de trocas de correspondência, de encontros ocasionais, de semelhanças nos modos de vida, de projetos convergentes... Há assim certo número de "tribos invisíveis", que desempenham um papel na arena literária, sem por isso assumirem a forma de um grupo constituído. Além disso, todo escritor se situa numa tribo escolhida, a dos escritores passados ou contemporâneos, conhecidos pessoalmente ou não, que ele inclui em seu panteão pessoal e cujo modo de vida e cujas obras lhe permitem legitimar sua própria enunciação. Essa comunidade espiritual, que usa o espaço e o tempo, associa nomes numa configuração cuja singularidade não se distingue da reivindicação estética do autor.

A criação literária se desenvolve particularmente em sociedades restritas que, sem ser zonas totalmente francas, gozam de relativa autonomia. Esse foi durante séculos o caso das cortes principescas ou dos salões. O escritor ocupava aí uma posição profundamente instável – conviva tolerado, pessoa que divertia ou lisonjeava seu anfitrião –, fazendo desse lugar ambivalente a condição de sua criação. O salão dos séculos XVII e XVIII – e, em menor grau, no século seguinte – ofereciam ao escritor uma relação indispensável com o corpo social e com o poder, sem com isso encerrá-lo em algum lugar. O salão tem, tal como a literatura, um lugar que, para além das famílias e das corporações, atenua a dominação das mulheres, dedica-se a atividades ritualizadas, aparentemente avessas a toda utilidade, ao exercício do poder, à produção ou ao comércio. Disso advém provavelmente a extrema afinidade entre o parasitismo da mundanidade e o da literatura. Ao escritor que trabalha na fronteira móvel entre a sociedade e um espaço literário paratópico, o salão oferece a possibilidade de estruturar o que há de insustentável em sua "posição". Espécie de zona franca na sociedade, oferece ao escritor uma forma de pertencimento desarraigada. Mas frequentar esses lugares não é suficiente para suscitar um trabalho criador. É a maneira singular de o escritor se relacionar *ao mesmo tempo* com a sociedade fortemente tópica e com os espaços fracamente tópicos que são a corte e o salão, os quais alimentam o trabalho criador.

No teatro de Molière, o salão de Celimena (*O misantropo*) ou o de Araminta (*Escola de mulheres*) não são, portanto, um lugar social qualquer por meio do qual o dramaturgo denunciaria algumas faltas. A cena não mostra um salão como mostraria um albergue ou um quarto de dormir; ela mostra um lugar que remete certa literatura às suas próprias condições de possibilidade. A irredutibilidade teatral da vida, intolerável para Alceste e um elemento natural para Celimena, é levada a seu paroxismo nesse "mundo" da mundanidade de que a literatura francesa clássica se acha, queira ou não, saturada. Claro que a maioria dos escritores da época, cada qual em seu registro, denuncia os fingimentos e as máscaras do salão, mas é desses fingimentos e máscaras que se sustenta o seu discurso. O que liga Alceste e Celimena, o homem de fala direta e a mulher de palavras inapreensíveis, é também aquilo que liga essa literatura a um lugar de que ela tira sua força, mas do qual deve sem cessar apartar-se.

O salão vai conservar um papel importante no século XIX, mas será acompanhado pelos lugares protótipicos da boemia, como o café dos artistas, que está vinculado com uma população mais diversificada. O café é um dos principais lugares da vida de boêmio de que são exemplo as *Cenas da vida de Boêmia*, de Henry Murger (1852), ou *A obra*, de Zola (1886), implicando um confronto ambivalente entre o mundo burguês do trabalho e a reivindicação daqueles que eram na época chamados "os artistas":

> Eram cinco horas; o bando pediu mais cerveja. Frequentadores assíduos do bairro haviam invadido as mesas vizinhas, e esses burgueses lançavam para o canto dos artistas olhares de soslaio em que o desdém se mesclava a uma deferência inquieta.[83]

O café se acha na fronteira do espaço social. Lugar de dissipação de tempo e de dinheiro, de consumo de álcool e tabaco, ele permite que mundos distintos se encontrem lado a lado. Os artistas podem reunir-se nele em "bandos", comungar na rejeição dessa sociedade burguesa que não os inclui nem exclui. Pois o artista é o perpétuo andarilho que acampa às margens da cidade:

> Flanando, os quatro pareciam ocupar toda a largura do Boulevard des Invalides. Ocorria a expansão habitual, o bando aos poucos aumentado por companheiros que se agregavam pelo caminho, a marcha livre de uma horda que partia para a guerra. Esses fanfarrões,

---

[83] *L'Oeuvre*, cap. III, Livre de Poche, p. 91. Para um estudo da boemia, ver J. Siegel, *Paris-Bohème 1830-1930*, Paris, Gallimard, 1991.

> com a bela robustez de seus vinte anos, tomavam posse da calçada. Assim que se viam juntos, fanfarras soavam diante deles, que empunhavam Paris com uma mão e a colocavam tranquilamente no bolso. A vitória já não era uma dúvida; eles passeavam seus velhos calçados e seus paletós cansados, desdenhando essas misérias, bastando-lhes apenas querer para serem os senhores. E isso não acontecia sem um desprezo imenso por tudo o que não fosse sua arte, desprezo pelo dinheiro, desprezo pelo mundo, desprezo sobretudo pela política... Uma magnífica injustiça os sublevava, uma ignorância proposital das necessidades da vida social, o sonho louco de não ser mais que artistas na terra.[84]

Eis uma cena exemplar, em que o bando de artistas vaga pelas ruas com o sonho contraditório de conquista do mundo burguês e de "não ser mais que artistas". Com efeito, a arte não dispõe de outro lugar além desse movimento, a impossibilidade de se encerrar em si mesma e deixar-se absorver por esse Outro que se deve rejeitar mas de que se espera o reconhecimento.

Essa maneira de atribuir um papel-chave aos modos de sociabilidade literária vai de encontro à *doxa* romântica, de que o *Contra Sainte-Beuve* de Proust é um testemunho privilegiado. Ele recusa aí, em primeiro lugar, as conivências no âmbito das sociedades restritas: o verdadeiro gênio criador é solitário, o estilo é coisa de "profundezas" e não de "bate-papo" ocorrido numa tribo literária qualquer ou nalgum salão. Uma análise do discurso literário é, em vez disso, obrigada a introduzir um terceiro, que é a Instituição, para contestar essas unidades ilusoriamente compactas, que são *o* criador ou *a* sociedade; não para enfraquecer a parte da criação em favor de determinismos sociais, mas para remeter a obra aos territórios, aos ritos, aos papéis que a tornam possível e que ela torna possíveis. Em vez de apenas considerar a obra aquilo que, nos termos de Mallarmé, deve "dar um sentido mais puro às palavras da tribo", é pelas "tribos" literárias que devemos também nos interessar.

BOÊMIOS E SOLITÁRIOS

A situação paratópica do escritor o leva a identificar-se com todos os que parecem não ser incluídos nas linhas divisórias da sociedade: boêmios,

---

[84] Op. cit., pp. 84-85.

judeus, mulheres, palhaços, aventureiros, índios americanos... a depender das circunstâncias. Basta que seja estabelecida na sociedade uma zona percebida como potencialmente paratópica para que a criação literária a possa explorar. Nesse sentido, Bakhtin mostrou o importante papel que desempenhou para a criação literária a contracultura "carnavalesca", que visava subverter a cultura oficial por meio do escárnio. Os excessos regulares da festa dos loucos e a literatura que nela se apoia não têm verdadeiramente um lugar atribuído na sociedade, retirando força de sua inserção/exclusão.

No século xix, foi sobretudo a figura do boêmio que serviu de ponto de identificação privilegiada à inserção impossível do artista. No verbete "Boêmio", o *Littré* cita a seguinte estrofe de Béranger, que condensa bom número de estereótipos então associados à personagem:

> Feiticeiros, saltimbancos ou marginais
> Resto imundo
> D'um velho mundo
> Feiticeiros, saltimbancos ou marginas
> Alegres Boêmios, de onde brotais?

Quer os julguemos originários das Índias ou do Egito, o boêmio romântico provém, de qualquer modo, do Oriente lendário. Tal como o artista, ele é menos "natural desse ou daquele lugar" do que "natural". Mais próximo de uma Natureza perdida da qual encarna o "resto" na sociedade industrial, o boêmio é feiticeiro. Ele participa espontaneamente das forças com as quais o escritor retoma contato por meio do sofrimento e do trabalho criador.

A mitologia proteiforme da *troupe* dos boêmios permite que os escritores reflitam sobre seu pertencimento a uma tribo que passa entre as malhas da rede social. Mas, ao contrário do boêmio, o artista não vai de cidade em cidade; seu nomadismo é mais radical. O artista boêmio é menos um nômade no sentido habitual do que um contrabandista que atravessa as divisões sociais. Seja ele preceptor numa família rica, bibliotecário de algum príncipe ou de algum ministério, capitalista, professor de colégio..., o escritor ocupa seu lugar sem ocupá-lo, no compromisso instável de um jogo duplo. Stéphane Mallarmé ensina inglês no colégio, mas é também o autor de poemas estranhos e o mestre que recebe seus fiéis na terça-feira em seu apartamento da rua Roma.

A estrofe de Béranger esforça-se por pensar o boêmio como o "resto" de um "velho mundo". Mas esse "resto" é também um excedente que, paradoxalmente, faz parte daquilo de que é o excedente. O escritor junta-se a uma sociedade que se julga completa, mas que não pode se fechar sem a representação que lhe é oferecida pela Arte. Esse "resto" projetado num passado lendário é associado por Béranger ao adjetivo "imundo", que pode ser entendido de duas maneiras:

– de acordo com a etimologia, como o antônimo do adjetivo "mundo", do latim *mundus* ("limpo", "elegante");
– de maneira pouco etimológica, como o oposto do substantivo "mundo" empregado na rima. O "i-mundo" opõe assim à sociedade, constituída por vários pequenos "mundos", o impensável "mundo" daqueles que passam entre os mundos.

Esses dois valores se contaminam: é impuro aquele que não se acha estabelecido na clausura de um "mundo", de sua casa, de nossa casa. O artista ameaça a estabilidade de mundos que tendem a identificar sua clausura à sua saúde. Nisso reside toda a ambiguidade da paratopia do escritor: é ao mesmo tempo o impuro e a fonte de todo valor, o pária e o gênio, nos termos da ambivalência do *sacer* latino, maldito e sagrado. Estando na fronteira da sociedade organizada, o artista é aquele em que se mesclam perigosamente as forças maléficas e as forças benéficas. A tribo esfarrapada dos "boêmios em viagem" baudelairianos é também aquela para quem "está aberto o império familiar das trevas futuras".[85] Parasita e pária, o boêmio pode transformar orgulhosamente sua objeção em meio de acesso ao sagrado:

> Eis-vos de volta, professor. Temos um dever perante a Sociedade, dissestes-me; fazeis parte do corpo de professores; caminhais no trilho certo. – Eu também, sou o princípio: deixo cinicamente que me sustentem, exumo antigos imbecis de colégio: tudo o que posso inventar de bobo, de sujo, de mau, em atos e palavras, eu lhes entrego; pagam-me em canecas de cerveja e mulheres [...]. No momento, torno-me o mais crápula possível. Por quê? Quero ser poeta e trabalho para me tornar vidente.[86]

A vida boêmia parece às pessoas bem-situadas a negação de toda gestão razoável do dinheiro, de todo patrimônio. Da mesma maneira como transgride as fronteiras dos ambientes, o boêmio transgride os hábitos de gestão das despesas, estando ora de bolsos cheios, ora sem dinheiro algum:

---

[85] Baudelaire, "Spleen et idéal", *Les Fleurs du Mal, XIII.*

[86] "Lettre à G. Izambard du 13 mai 1871", in *Œuvres*, Paris, Gallimard, "La Pléiade", 1954, p. 267.

> Se necessário, sabem também praticar a abstinência com toda a virtude de um anacoreta: mas se lhes cai um pouco de dinheiro nas mãos, vemo-los de imediato perseguir as fantasias mais ruinosas, amar as mais belas e as mais jovens... Depois, quando seu último centavo está morto e enterrado, voltam a jantar à mesa do acaso.[87]

Trata-se de uma descrição que repete a de muitas outras "cigarras", *O sobrinho de Rameau*, por exemplo:

> Hoje com a roupa suja, as calças rasgadas, coberto de farrapos, quase sem sapatos, ei-lo que vai, cabisbaixo, esquivando-se; é-se tentado a chamá-lo para lhe dar esmola. Amanhã, empoado, calçado, cabelos frisados, bem vestido, caminha, de cabeça erguida, exibe-se, e quase poderíeis tomá-lo por um homem de bem. Vive o dia a dia.

Assim, a boemia ruidosa proporciona apenas uma visão redutora da condição de escritor, que é sempre um debate entre a integração e a marginalidade. Uma obra como *O sobrinho de Rameau* o mostra de maneira exemplar mediante o debate entre "Ele", o boêmio sem teto nem lei, e "Eu", o escritor com casa própria. O autor não é de fato nem "Ele" nem "Eu", mantendo-se numa irredutível tensão entre os dois.

O mesmo ocorre com a representação que se costuma fazer da condição de escritor; ele é ora o marginal que acampa nas cercanias da ordem estabelecida, ora aquele que descobriu um bom meio de fazer carreira: muitos escritores não consideram errado mendigar pensões ou discutir o montante de seus direitos autorais. A literatura tem necessidade de institucionalização (prêmios, academias, antologias, lugares ao sol...), mas legitima-se, sobretudo, através de seus franco-atiradores, aqueles que escapam a suas instituições. Na literatura, tal como na religião, há sempre clérigos e profetas. A enunciação literária alimenta-se dessa instabilidade irredutível: a miséria não é mais um brevê de talento do que a riqueza, um atestado de mediocridade.

Os "solitários" de Port-Royal

A necessidade que tem a criação de explorar as fendas da cartografia social explica em larga medida o fato de a literatura francesa da segunda metade do

---

[87] Henri Muger, *Scènes de l a vie de bohème*, Paris, M. Lévy, 1852, p. XIII.

Discurso literário

século XVII (Racine, Pascal, La Rochefoucauld, Boileau etc.) terem tido íntimas relações com o jansenisno de Port-Royal. Ao agregar a si uma comunidade de leigos ("os solitários de Port-Royal") separados da família, que renunciavam a posições na sociedade, esse convento que está ao mesmo tempo em Paris e no campo, que é central e periférico, solapou o corpo social e introduziu uma zona de turbulência propícia aos investimentos criativos dos discursos constituintes, fossem estes religiosos, filosóficos ou literários. Duplo invertido dos salões, Port-Royal não se opõe nem ao "mundo" pecador em geral nem à manifestação extrema do pecado que é para ele o "mundo", isto é, a "alta sociedade", a Corte da monarquia absoluta. Port-Royal constitui um lugar para além das divisões sociais, inclusive da própria Igreja, lugar em que se encontram o profano (os leigos) e o sagrado (as religiosas), em que o mundo se comunica com aqueles que dele se retiraram. Trata-se de uma família por escolha oposta às famílias de sangue, a um só tempo no âmbito da Igreja e fora dela, tanto no mundo profano como à margem dele, Port-Royal preconiza o afastamento de um mundo que seus escritos não cessam de atravessar como um vírus e que, em compensação, o atravessa com seus debates.

Lugar por excelência da crítica aos falsos valores, esse jansenismo dificilmente deixaria de contaminar a literatura e ser por ela contaminado. Uma contaminação tanto mais fácil porque a denúncia jansenista da aristocracia passa por uma desqualificação dos laços de sangue: tanto o escritor como o jansenista reivindicam como único valor as "obras" que cada um deles realizou, e um e outro afirmam a primazia da realeza espiritual do justo sobre o poder conferido pelo nascimento. Para um jansenista consequente, os únicos reis verdadeiros são os eleitos de Deus:

> Todos os Bem-Aventurados possuem um trono [...]. Para conhecer a grandeza desse trono, só é preciso compará-lo ao dos reis da terra, e considerar suas diferenças [...]. Basta considerar o contrário de todos esses defeitos e de todas essas misérias para conceber o que é esse Reino divino que Deus preparou para todos os Eleitos.[88]

Seria, contudo, absurdo julgar que a literatura clássica *fosse* jansenista. Boa parte dela simplesmente insinuou-se nas aberturas que lhe oferecia

---

[88] P. Nicole, *Essais de morale*, Paris, 1714-1715, vol. IV, p. 281.

a inserção problemática dos jansenistas na sociedade. Por outro lado, a história ulterior confirmou amplamente isso; a imagem de uma minoria de escritores religiosos que se colocam voluntariamente à margem de uma sociedade inautêntica que os persegue oferece um cômodo espelho à paratopia literária. A partir do romantismo, muitos escritores buscaram se projetar no jansenismo; foi o caso, no século xx, de H. de Montherland, com suas duas peças: *Port-Royal* e *O mestre de Santiago*.

Uma literatura de salão

A existência no século xix de um campo literário relativamente autônomo supõe uma ruptura entre o mundo profano "burguês" e o mundo sagrado da criação. Retomando à sua maneira a denúncia evangélica dos "mornos", a *doxa*, a partir do romantismo, levou ao auge aqueles considerados a melhor encarnação dessa ruptura, sob todo e qualquer aspecto: loucura, droga, irreverência, doença... Basta pensar na maneira como Proust evoca a figura de Nerval no *Contra Sainte-Beuve* (ver adiante, capítulo "Posicionamento, arquivo e gêneros", seção "O posicionamento na lenda").

Mas essa configuração ainda dominante em nossa cultura nada tem de universal nem de intemporal. Desse ponto de vista, a produção "galante" do século xvii francês tem particular interesse.[89] Esse tipo de prática literária está, por outro lado, em diversos países e em diversas épocas. É uma literatura de "autores" que não assinam necessariamente seus textos, literatura de "obras" raramente publicadas que circulam primordialmente no ambiente em que foram elaboradas, uma produção que tem como principal objeto os próprios lugares em que nascem e/ou circulam: mapas metafóricos do espaço mundano, conversações sobre os valores, os comportamentos, os modos de falar aí requeridos. Não há nesse caso uma verdadeira tensão entre a literatura e o pequeno mundo em que ela aparece: todo produtor de textos galantes é potencialmente leitor e autor de madrigais, sonetos, perfis... Cada um deles produz sabendo que se dirige a outros produtores de textos do mesmo tipo, com os quais ele partilha normas estéticas indissociáveis de normas de comportamento *e*

---

[89] Pode-se ler quanto a isso o livro de Delphine Denis, *Le Parnasse galant, Institution d'une catégorie littéraire au xviie siècle*, Paris, H. Champion, 2001.

de normas literárias para uma microssociedade. Podemos ver aí tanto uma "estetização" de vida mundana como uma "mundanização" da produção estética. Os nomes de pastoral ("Tircis", "Clorinde"...) que os galantes atribuem a si mesmos no salão e em seus textos de "ficção" testemunham essa mescla: os debates de um dado salão se travam mediante ficções sobre pastores, mas ao mesmo tempo se faz o papel de pastor... A metáfora da pragmática da confusão entre o mapa e o território assume aqui todo o seu valor: é impossível estabelecer a separação entre a ficção literária e o mundo representado. São testemunhas disso os grandes romances preciosos, com suas "chaves". Esse tipo de salão é um espaço a um só tempo "literário" e "real".

Um texto característico é *Os amores de Psique e Cupido* (1669), de La Fontaine, romance em que a narrativa não é assumida pelo narrador, mas por uma personagem de contador de histórias galante, Polifilo. Sua narrativa não é somente a história de Psique (já conhecida em suas grandes linhas pelo leitor cultivado), mas também a "mostração" [*monstration*], por meio dessa enunciação de contador de histórias mundano, dos modos de falar e se comportar típicos do mundo galante. Assim, a história contada, as personagens e a cena de narração participam do mesmo universo. Expõem-se, dessa maneira, obras literárias ou plásticas que correspondem à sua estética, à arquitetura, à decoração de que gostam os galantes, o modo galante de conversar num salão. Exemplo significativo é a seguinte passagem, em que Polifilo se interrompe depois de descrever as belezas do Palácio do Amor:

> Se tentasse escrever a mera quarta parte dessas maravilhas, eu sem dúvida seria inoportuno; porque no final tudo nos dá tédio, tanto as belas coisas como o resto. Vou me contentar, assim, em falar de um tapete de fios de ouro, que vinculamos principalmente com Psique, não tanto pela obra em si, por mais rara que seja, quanto pelo objeto. A tapeçaria se compunha de seis peças:

> > *Na primeira, via-se um Caos,*
> > *Massa confusa em cuja composição*
> > *Combatiam o orgulho das ondas*
> > *Turbilhões de caprichosa paixão.*

> > *Não longe daí, numa mesma pilha,*
> > *O ar gemia sob o peso da terra:*
> > *E o fogo, o ar, a terra, com a água,*
> > *Empenhavam-se em cruel guerra*

Que faz o Amor? Sem rumo ali pairava
Essa jovem criança sem nenhum enigma
E brincando, ao todo tão bem organizava,
Que superava do Saber a face digna. [...][90]

Essa proposta sobre o tédio suscitado pela uniformidade constitui tanto um posicionamento estético explicitado no poema como uma regra de saber-viver para aquele que conversa na boa sociedade: não se pode ser desagradável, pedante ("importuno", diz o texto)... Uma maneira de se exprimir que se mostra e se legitima através da própria leitura. A "tecedura" das estrofes que seguem valida uma enunciação "brincalhona" que não é vã tagarelice, mas uma força que permite instaurar a harmonia, superar a "massa confusa" do "Caos" e a guerra entre os elementos.

Aí reside sem dúvida a principal razão da dificuldade que tem essa enorme produção para se constituir em literatura e o estatuto inferior que lhe costuma ser atribuído: a adequação de um lugar a um discurso e de um discurso a um lugar atenua de alguma maneira o afastamento paratópico que o espaço do "ser galante" implica. Os textos não são obras que se apartam das mundanidades e das belas conversações, integrando-se antes ao fluxo contínuo das "civilidades". Não se sai por isso do discurso literário, mas se está longe das formas prototípicas da literatura, em que os escritores geram um pertencimento impossível à sua sociedade e à instituição literária simultaneamente. Os "grandes escritores" dessa época também frequentavam os salões, mas sua relação com esse espaço é antes de negociação conflituosa do que de absorção: um La Bruyère frequentava os grandes, mas sua escrita se alimenta de uma impossível renúncia dos pérfidos encantos dessa alta sociedade (ver adiante, capítulo "Uma paratopia criadora", seção "O insustentável").

Rumo a um novo regime da paratopia?

O próprio regime da paratopia criadora tal como fixado no século xix é questionado pela evolução recente da sociedade. A estética que opunha "artistas" a "burgueses" supunha um mundo de pertencimentos sólidos, mundo em que havia as pessoas de classe e os "artistas", mundo em que

---

[90] *Les Amours de Psyché et de Cupidon*, Livre de Poche classique, 1991, pp. 83-84.

as pessoas de posição temiam sobretudo a união com os inferiores e a perda de *status*. O artista, com relação ao "burguês", solapava um mundo que se julgava estabilizado. Mas, no começo do século XXI, os grupos de pertencimento enquadram cada vez menos os indivíduos, que devem conferir a si mesmos uma identidade que lhes escapa, seja com base na etnia, nas preferências sexuais, no esporte, no lazer, na confissão religiosa, no engajamento político... Trata-se de "pertencimentos" instáveis e múltiplos, uma "mobilidade" fundamental que condena cada vez mais as pessoas a um nomadismo crônico. Claro que essa mobilidade social não é uma paratopia, cuja característica é a de ser o motor de um processo de criação, mas não deixa de ter efeitos sobre a criação. No momento em que o escritor já não impõe como antes uma ruptura com um mundo estabilizado, a paratopia criadora vê-se intensamente obrigada a inventar para si outros caminhos.

De sua parte, os criadores que trabalham com os novos meios oferecidos pelas tecnologias de digitalização generalizada das informações dificilmente podem ser marginais tradicionais. Numa sociedade que atribui um lugar dominante ao tratamento dos signos, o escritor já não marca sua diferença como o fazia num mundo em que a maioria das pessoas era iletrada ou em que se construíam máquinas. A diferença entre um engenheiro mecânico e um escritor só pode ser a que há entre um criador de programas de computador ou de sites da internet e um escritor, uns e outros manipuladores de linguagens.

A internet oferece mesmo a seus usuários mais comuns alguns poderes do espaço literário tradicional. No antigo regime da literatura, o acesso à produção de enunciados oferecidos a um público era drasticamente limitado; com a web, consideráveis populações podem participar de dois espaços, passar todos os dias algumas horas comunicando-se no âmbito de modalidades que não recorrem à interação comum, oral ou escrita, aquela em que indivíduos socialmente identificáveis se comunicavam em espaços sujeitos a restrições temporais e espaciais. Tal como na literatura, em que o próprio enunciado impõe seu contexto, aquele enviado pela web define a identidade de seu locutor, o lugar e o momento de sua emissão: já não há acesso a um contexto dado, mas a uma enunciação que institui suas próprias coordenadas. A possibilidade de ter uma identidade de autor, pseudônimos, de dispor de uma página pessoal, de enviar mensagens a um público desconhecido se acha ao alcance de um considerável número de pessoas.

Segue nessa mesma direção a generalização da atividade da escrita, sua imersão sempre crescente nas práticas da sociabilidade. Trata-se de um fenômeno que não deixa de evocar as práticas de escrita dos salões galantes de outrora. Não estamos aqui na órbita de uma literatura em que um artista solitário podia elevar a posição de autor à majestade. Produziu-se, assim, uma espécie de laicização da criação, que se dissemina numa "criatividade" na qual entram, em proporções variáveis, uma parte de expressão de si e uma parte de integração num grupo.

Essa imprecisão das fronteiras entre o público e os escritores converge com outra, a que aproxima escritores de editores. A literatura a partir do século XVI supunha uma distinção entre o manuscrito produzido pelo escritor e o produto de sua transformação, oferecido a um público: o livro. Houve em nossos dias uma considerável redução da cadeia que separa editor e autor. Podemos acumular as funções de autor, editor, impressor, na medida em que é relativamente fácil produzir textos cuja apresentação tem qualidade próxima da que um editor pode conseguir. O escritor pode inclusive fazer sua própria promoção, bastando para isso saber administrar um site da internet.

A combinação desses fenômenos contribui para tornar indistinta a divisão entre o mundo da criação e o mundo do consumo literários. A disseminação, a vários títulos, das atividades de escrita, de um lado, e a concentração da cadeia de produção e de difusão nas mãos do próprio "autor" ou sua integração a um coletivo técnico, de outro, contribuem para a proliferação de textos, com relação aos quais hesitamos em falar de publicações, de "ocorrências" cujo peso dificilmente lhes permite aceder à condição de eventos. E isso provoca em contrapartida uma sacralização das formas de literatura anteriores, que de distinguem cada vez mais do processo comum da produção.

Uma paratopia criadora

Até agora trabalhamos com a incidência da noção de paratopia em dois planos: o da literatura como discurso constituinte e o da criação de obras singulares. A paratopia caracteriza assim, ao mesmo tempo, a "condição" da literatura e a condição de todo criador, que só vem a sê-lo ao assumir de maneira singular a paratopia do discurso literário.

A paratopia só existe se integrada a um processo criador. O escritor é alguém que *não tem um lugar/uma razão de ser* (nos dois sentidos da locução)* e que deve construir o território por meio dessa mesma falha. Não se trata de uma espécie de centauro que tivesse uma parte de si mergulhada no peso social e outra, mais nobre, voltada para as estrelas, mas alguém cuja enunciação se constitui através da própria impossibilidade de atribuir a si um verdadeiro lugar, que alimenta sua criação do caráter radicalmente problemático de seu próprio pertencimento ao campo literário e à sociedade. Sua paratopia trabalha na verdade com dois termos – o espaço literário e a sociedade – e não na relação exclusiva entre criador e sociedade. Voltaire está no centro da República das Letras, mas também em Ferney, na fronteira da sociedade monárquica. Rousseau, marginal da República das Letras e da sociedade francesa, nunca deixou de agir nos interstícios que se abriam entre elas. Por meio de sua obra, ele geriu essa posição *insustentável*, seguindo as regras de uma

---

* N.T.: A expressão original é *"n'a pas lieu d'être"*.

economia paradoxal em que se tinha de, num mesmo movimento, reduzir e preservar uma exclusão que era o conteúdo e o motor de sua criação.

O escritor tem, assim, uma maneira toda sua de se vincular com as condições de exercício da literatura de sua época. No século XIX, não bastava levar uma vida de boêmio ou frequentar os cenáculos para ser criador. Embora se costume considerar Verlaine e Mallarmé poetas simbolistas, e apesar de os dois serem modestos funcionários parisienses (o primeiro, escrevente na prefeitura; e o outro, professor secundário), suas trajetórias são muito diferentes: enquanto Verlaine, depois de um período de ajuste entre seu emprego administrativo e a vida de boêmio, naufragou progressivamente numa existência caótica, Mallarmé leva aparentemente a vida organizada de um modesto professor de inglês. Cada um geriu de uma dada maneira a paratopia do escritor, e essa gestão, longe de ser exterior à obra, é parte da criação.

Esse pertencimento paradoxal que é a "paratopia" não é origem nem causa, e menos ainda uma condição: não é necessário nem suficiente ser reconhecidamente marginal para ver-se tomado por um processo de criação. A paratopia não é uma condição inicial: só existe paratopia elaborada mediante uma atividade de criação e de enunciação. Chateaubriand pode muito bem ser um aristocrata do Antigo Regime, que não tem lugar num mundo que vem da Revolução, mas não tem nenhuma necessidade disso para organizar uma criação em torno dessa tensão, que só se mostra paratópica ulteriormente.

Nem suporte nem quadro, a paratopia envolve o processo criador, que também a envolve: fazer uma obra é, num só movimento, produzi-la e construir por esse mesmo ato as condições que permitem produzir essa obra. Logo, não há "situação" paratópica exterior a um processo de criação: dada e elaborada, estruturante e estruturada, a paratopia é simultaneamente aquilo de que se precisa ficar livre por meio da criação *e* aquilo que a criação aprofunda; é a um só tempo aquilo que cria a possibilidade de acesso a um lugar e aquilo que proíbe todo pertencimento. Intensamente presente e intensamente ausente deste mundo, vítima e agente de sua própria paratopia, o escritor não tem outra saída que a fuga para a frente, o movimento de elaboração da obra.

Tipos de paratopia

Toda paratopia envolve no mínimo o pertencimento *e* o não pertencimento, a inclusão impossível numa "topia". Assumindo quer a aparência daquele que *onde está não está em lugar*, daquele que *vai de lugar a lugar sem desejar fixar-se* ou daquele que *não encontra lugar*, a paratopia afasta de um grupo (paratopia *espacial*) ou de um momento (paratopia *temporal*) distinções que são de resto superficiais: como a própria palavra o indica, toda paratopia pode ser reduzida a um paradoxo de ordem espacial. Adicionaremos a essas as paratopias *linguísticas*, que são cruciais em matéria de criação literária.

A paratopia de identidade – familiar, sexual ou social – apresenta todas as figuras da dissidência e da marginalidade, literais ou metafóricas: meu grupo não é meu grupo. A paratopia *familiar* dos desviantes da árvore genealógica: crianças abandonadas, encontradas ao acaso, escondidas, bastardos, órfãos... A paratopia *sexual* dos travestis, homossexuais, transexuais... A paratopia *social* dos boêmios e excluídos de alguma sociedade: cidade, clã, grupo, classe social, Igreja, religião, nação... A paratopia de identidade pode até se tornar *máxima*, por menos que incida sobre o próprio pertencimento pleno à humanidade, tanto do ponto de vista *físico* (que inscreve na carne a exclusão pela raça, a doença, a deficiência ou a monstruosidade) como *moral* (a do criminoso) ou *psíquica* (a do louco). A relação com a sociedade estabelecida pode ser de marginalidade *tolerada* (como no caso dos comediantes de outrora, das prostitutas, dos trabalhadores clandestinos...), de *antagonismo* (os salteadores) ou de *alteridade* (a relação com o inteiramente outro, categorizado o mais das vezes como "exótico": o selvagem, o louco, o primitivo...).

A paratopia espacial é a de todos os exilados: meu lugar não é meu lugar ou onde estou nunca é meu lugar. Suas duas grandes figuras são o *nômade* e o *parasita*, que trocam constantemente seus poderes. Pretexto para inúmeras obras e colóquios ("exílio e criação", "literatura de exilados", "o exílio na literatura" etc.), ela pode tomar a forma daquele que se recorda de um país de origem ou do nômade, para quem a única origem possível é mítica. Pode ainda se manifestar como espaços que estão "na" sociedade oficial (por exemplo, um lugar secreto no centro da cidade grande...).

A paratopia temporal, por sua vez, funda-se no anacronismo: meu tempo não é meu tempo. Vive-se aí na modalidade do arcaísmo ou da antecipação: sobrevivente de uma época passada ou cidadão prematuro de um mundo por vir.

O único motivo para distinguir essas diversas representações da paratopia é a clareza, dado que elas interferem umas nas outras e cumulam constantemente seus efeitos. François René de Chateaubriand associa paratopia de identidade (aristocrata marginalizado num mundo burguês) e paratopia temporal (o homem pertencente a um mundo passado). As paratopias judaicas "clássicas" – aquelas que não levam em conta o Estado de Israel – associam esses três registros (pertenço e não pertenço a uma nação, venho de outro país, de outra época) a uma paratopia linguística (a língua que falo não é minha língua).

No tocante à literatura, deve-se de fato atribuir um papel privilegiado às paratopias ligadas à língua em que um criador investe. A literatura antilhana francófona, por exemplo, associa a paratopia de identidade (do negro, do escravo, do ilhéu), a paratopia espacial do viajante que vem de longe e a paratopia linguística do criolófono que escreve em francês:

> Acredito que [...] somos quase precursores, e que os verdadeiros escritores, a meu ver, aqueles que vão constituir uma literatura, pertencerão a um povo que não existe, mas que existirá de fato concreta e realmente, isto é, um povo que será independente.[90]

O escritor antilhano diz que não é um escritor "real": escreve na condição de "precursor", na expectativa de uma comunidade e de uma língua por vir. Mas o analista do discurso vê as coisas de outra maneira: ele não mais seria escritor se o povo cujo advento ele anuncia se tornasse "real", se o autor deixasse de ser paratópico.

A PARATOPIA FAMILIAR

Um dos potenciais paratópicos mais ricos e constantes é sem dúvida a paratopia de identidade familiar: crianças abandonadas, órfãos, bastardos... Pode-se até dizer que essa é uma das condições da "identidade" criadora, ao menos masculina.

Os célebres trabalhos de Propp mostraram bem a importância desse tipo de paratopia no caso do conto maravilhoso: o herói masculino é, na maioria das vezes, o excluído da árvore genealógica que acaba reconhecido como o príncipe legítimo. As paratopias de identidade familiar, assim refletidas nas obras, desempenham um papel muito importante porque a atividade literária implica por natureza que o criador masculino questione a lógica patrimonial. O artista é, com efeito, aquele que renuncia a fazer frutificar o patrimônio (o capital e a genealogia), a ser filho de seu pai, a fim de dedicar-se às palavras.

---

[91] Édouard Glissant, apud Dominique Chance, *L'auteur em souffrance*, Paris, PUF, 2000, p. 2.

Pesa inevitavelmente sobre ele a culpa de ter preferido a estéril produção de simulacros à tradição genealógica. Ele pretende inocentar-se ao conferir a si mesmo uma filiação de outra ordem, ao tornar-se filho de suas obras. Pretende, assim, extrair sua legitimidade não de seu patronímico, mas de seu pseudônimo, daquilo que escreve, não de sua inscrição na rede patrimonial. Disso vem o vínculo evidente, em toda mitologia da criação, entre a condição de artista e a condição de bastardo ou o assassinato do pai.

O sociólogo Norbert Elias observou que a maioria dos trovadores do amor cortês pertencia à categoria dos cavaleiros pobres e sem terra a serviço de senhores mais importantes.[92] Essa característica sociológica interessa à criação literária: é compreensível que um nobre cuja "qualidade" não tenha contrapartida na hierarquia social seja mais suscetível do que um outro de se definir por sua obra em vez de por sua linhagem. Podemos relacionar essa situação com o triangulo do amor cortês, no qual o poeta desvaloriza a figura paterna ao situar-se como rival amoroso de seu suserano.

Para a psicanálise freudiana, há por outro lado uma relação essencial entre o assassinato do pai e o processo criador, como o mostra a própria elaboração da teoria da interpretação dos sonhos, que nasce de uma dolorosa reflexão de Freud sobre seu desejo assassino com relação ao pai.[93] É ainda na obra *Édipo Rei*[94] que ele pensa decifrar um desejo que seria inconsciente e universal, o de matar o pai e desposar a mãe. Ora, a tragédia de Sófocles associa precisamente esse assassinato a uma paratopia familiar: Édipo foi privado de sua filiação legítima, criado numa corte estrangeira. O assassinato do pai lhe permite resolver o enigma da esfinge, isto é, passar para o lugar dos artistas, dos manipuladores de palavras e de forças obscuras. Mas a partir de então, Édipo não pode se inscrever na árvore dinástica, na sociedade tópica; vai ser condenado outra vez a andar ao acaso.

Nas primeiras páginas do romance *Os moedeiros falsos*, de André Gide, o herói, Bernard Profitendieu, ao descobrir sua condição de bastardo, decide desviar-se da ordem burguesa e mergulha nos ambientes literários: esses dois eventos são, na verdade, indissociáveis. Esse afastamento paratópico original é igualmente o do escritor homossexual Gide e do autor de *Os moedeiros*

---

[92] *Ueber der Prozess der Zivilization*, vol. II, "Zur Sociogenese des Minnesangs und der courtoisen Umgangsformen", Basel, Haus zum Falken, 1939.

[93] Ver quanto a isso a obra clássica de D. Anzieu, *L'Auto-analyse de Freud et la Découverte de la psychanalyse*, Paris, PUF, 1959 (edição brasileira: *A autoanálise de Freud e a descoberta da psicanálise*, trad. Francisco Franke, Porto Alegre, Artes Médicas, 1989).

[94] *L'Interprétation des rêves*, trad. fr., PUF, pp. 227-230. (edição brasileira: *A interpretação dos sonhos*, Rio de Janeiro, Imago, 1999).

falsos, que, para fazer sua obra, rompe o contrato romanesco tradicional. Ao final da narrativa, Bernard Profitendieu vai para a casa de seu (falso) pai, aceitando um pacto com uma falsidade irredutível, da mesma maneira que Gide chama de "romance" um texto diante do qual já não se pode ter certeza de tratar-se de um "verdadeiro" romance. Assim como Bernard, como o tio Édouard, homossexual que é meio-irmão da mãe, o escritor pertence *e* não pertence à família. A homossexualidade de Édouard, procurador do autor, remete a uma dimensão constitutiva da criação deste: ela mantém o escritor na impossibilidade de pertencer de fato à árvore genealógica.

Afora sua viagem de 1841 aos mares exóticos e seu périplo de 1866 pela Bélgica, de onde vai voltar para falecer em Paris, onde nasceu, Baudelaire praticamente nunca saiu do perímetro parisiense. Sua vida se inscreve entre essas duas viagens simétricas. Submetido à tutela de um conselho familiar, extremamente endividado, o poeta deve encarnar em sua vida a figura do albatroz de seu célebre soneto: "exilado sobre o solo em meio a gritos"; albatroz cujas "asas de gigante impedem de andar". É na tensão entre o inacessível alhures e a cidade invasora em que vaga o artista, na insustentável posição fronteiriça, que surge a escrita e se efetua o trágico destino do artista moderno, "boêmio" da cidade: escrever para cumprir um destino de boêmio, tornar-se boêmio a fim de poder escrever. A paratopia é ao mesmo tempo a condição e o produto da criação. O primeiro poema de *As flores do mal*, "Bênção",[95] é rico de ensinamentos no tocante a isso:

> **Bênção**
>
> Quando, por decreto das supremas potências,
> O poeta se apresenta ao mundo entediado,
> Sua mãe, atônita e prenhe de blasfêmias,
> Pragueja contra Deus, que dela fica apiedado:
>
> [...] "Pois que entre todas as mulheres fui eleita
> Para ser o desgosto de meu triste marido,
> E ao fogo não posso arremessar, como se deita
> Uma carta de amor, esse monstro empedernido,
>
> Vou fazer que recaia teu ódio invencível
> Sobre o maldito instrumento de tuas maldições,
> E hei de partir essa árvore insensível,
> Para que jamais brote um só de seus botões!"

---

[95] *Les Fleurs du Mal*, "Spleen et Idéal", I (edição brasileira: *As flores do mal*, trad. Ivan Junqueira, Rio de Janeiro, Nova Fronteira, 1985).

Discurso literário

> [...] Mas sob a tutela de um Anjo vigilante,
> O infante deserdado de sol em inebria,
> E tudo o que come ou bebe a todo instante
> Tem o gosto forte de néctar e ambrosia.
>
> Com os ventos ele brinca, às nuvens enfrenta
> E a via-sacra entre cantos completa em festa;
> E o espírito que o segue em sua marcha lenta
> Soluça ao vê-lo feliz qual ave da floresta.

A maldição da mãe/sociedade se transforma em *bênção* (e também em "boa dicção", em "bem dizer" poético).* O poeta, "monstro empedernido" que não prolonga a árvore familiar, é aquele que deve transformar o mal em bem, a "via-sacra" em "ambrosia" e "néctar".

Essa maldição inicial que impõe ao poeta seu destino é ao mesmo tempo aquilo que torna necessária a enunciação poética e que pede ao poeta que não prolongue a árvore familiar e crie. Para brincar "com os ventos", é preciso estar na "via-sacra", ser o pária sacrificado. A sociedade crê que pode esmagar o poeta, mas ele, tal como Cristo, transforma essa rejeição, a convoca a fim de transmutá-la em obra. Há aí uma perigosa dosagem de fel e ambrosia, condição necessária para criar, para transformar a paratopia da vítima em paratopia real:

> Bem sei que é a dor é a nobreza suprema
> Sob o qual se acham a terra e os infernos,
> E que para moldar meu místico diadema
> Dominar todos os tempos e universos.[96]

Com *Os Buddenbrooks*, de Thomas Mann, vemos surgir a vocação de escritor através da decomposição de uma dinastia de ricos comerciantes. Nesse caso, é a família que se desfaz para permitir o advento do autor. Ao final da narrativa, a morte do jovem Hanno, artista solitário em potência, único herdeiro da linhagem, consagra a ruína de uma dinastia burguesa, mas ao mesmo tempo torna possível a transformação do patrimônio comercial em obra, em patrimônio estético: o autor é o filho que morre para a burguesia a fim de renascer para a literatura. Para tal, é preciso igualmente resistir à tentação de um estéril desvio. Christian Buddenbrook, o caçula

---

* N.T.: Em francês, "bênção" é "*bénédiction*", o que permite esse jogo de palavras.

[96] "Bénediction", estrofe 17.

114

da família, sai da ordem burguesa, mas disso não se beneficia; torna-se preguiçoso, frequenta as atrizes, dilapida a fortuna e a saúde e por fim tomba sob o golpe de uma mundana.

Mediante sua narrativa, o romancista constrói metodicamente a possibilidade do evento enunciativo constituído pela própria narrativa. Se descreve os hábitos de uma família burguesa de um porto alemão, ele o faz ao mesmo tempo para descrever um ambiente *e* fundar as condições de sua própria enunciação. A saga familiar é tanto mais forte porque imantada pela necessidade de legitimar o dizer que a sustém, de construir a gênese do artista que a tornou possível.

O INSUSTENTÁVEL

Em consequência, a paratopia só é motor de uma criação quando implica a figura singular do *insustentável* que torna essa criação necessária. A enunciação literária é menos a manifestação triunfante de um "eu" soberano do que a negociação desse insustentável. Presente neste mundo e dele ausente, condenado a perder para ganhar, vítima e carrasco, o escritor não tem outra saída senão seguir em frente. É para escrever que preserva sua paratopia, e é escrevendo que pode se redimir desse erro.

Encontramos aí os circunlóquios de que se nutre a criação proustiana. Tantos anos frequentando os esnobes, sendo esnobe, escutando e dizendo frases insípidas, tanto tempo perdido deve ser recuperado por uma obra que esteja à altura desse desperdício. É impossível saber se ele permaneceu neste mundo para escrever ou se escreveu para ter o direito de permanecer neste mundo: sua criação alimenta-se precisamente dessa indecidibilidade, que proporciona à obra sua dinâmica e sua necessidade. A obra implica essa economia paradoxal que o faz insinuar-se onde não há espaço para ele, a ser não um espaço paratópico, de modo a arranjar um lugar bem improvável sob o sol da literatura.

O caso da autoficção de Céline é igualmente exemplar. "Céline" não é Destouches, nem Bardamu, o herói de *Viagem ao fim da noite*, mas o ir e vir entre os dois, tal como "Louis-Ferdinand Céline", que circula entre o masculino e o feminino, com um nome semiverdadeiro ("Louis") e um patronímico impossível. Essa combinação responde à do narrador-herói, o médico/pobre, o errante rejeitado pelos pobres porque médico e rejeitado pelos médicos porque pobre.

Tanto quanto sua "personagem", Destouches não encontrou seu lugar. Permaneceu no movimento de uma paratopia ao mesmo tempo temida e mantida por meio de sua criação. Para não se encerrar em nenhum estatuto, é-lhe mesmo necessário ser excluído do espaço literário. Em vez de viver de sua obra, de tornar-se escritor reconhecido, ele continua a exercer a medicina em ambulatórios, entrelaçando as duas atividades, e cada uma delas o impede de encontrar um lugar na outra. Só lhe restará a opção de tornar-se pária na sociedade ao denunciar os judeus, sua imagem. É compreensível que ele só possa viver com as dançarinas, Elisabeth Craig ou Lily: a dança transmuta em arte o desequilíbrio do corpo, transforma paradoxalmente o insustentável em lugar.

Essa situação insustentável na qual está e se põe o escritor para ter de escrever e conseguir sustentar assim, por sua escrita, o que sua situação tem de insustentável é também, numa conjuntura bem distinta, a do autor de *Caractères* [Caracteres],* La Bruyère.

Para escrever um livro como esse, para descrever os comportamentos cruéis e escarnecedores das pessoas da alta sociedade, é preciso ser e não ser desse mundo, uma paratopia que não é a do etnólogo, observador e participante, mas a de um homem, que deve aderir plenamente a esse mundo insuportável e afastar-se dele, não menos plenamente. La Bruyère vive como semiparasita às margens desse universo: criado doméstico privilegiado, dá aulas ao jovem Luís de Bourbon e mais tarde exerce o cargo de bibliotecário do duque de Enghien. Mas sua condição burguesa de forma alguma o obriga a viver ali; ele até tem o cargo de tesoureiro em Caen, aonde nunca vai. Sem dúvida, se faz de moralista e só frequenta a alta sociedade para denunciar os vícios dela em seus escritos. Mas não será possível que escreva precisamente para ter o direito de permanecer ali, à sombra dos grandes? Trata-se de um círculo por meio do qual a denúncia dos vícios da sociedade permite que ele se desculpe do erro que é continuar vivendo e escrevendo nesse mundo: sou inocente, parece dizer La Bruyère, pois minha vida nesse mundo é um inferno. O texto é escrupuloso a ponto de apontar com o dedo esse jogo duplo, essa ferida conservada com sabedoria que o remédio alivia e agrava ao mesmo tempo: "Um espírito saudável adquire da corte o gosto pela solidão e o recolhimento."[97]

É por conseguinte necessário sair dela. Mas é possível que o escritor não seja um "espírito saudável", pois não consegue prescindir dela: "Não se pode abdicar desse mesmo mundo de que não se gosta nem um pouco e do qual se zomba."[98]

---

* N. E.: O livro citado não foi publicado em língua portuguesa. No entanto, a fim de facilitar a leitura, daqui em diante será citado em português.

[97] "De la cour", *Caractères*, Classiques Garnier, 1962, p. 235.

[98] "Dela ville", p. 206.

O autor dos *Caracteres* não pode excluir a si mesmo desse "se" impessoal; é preciso que, de uma ou de outra maneira, ele participe dos vícios que denuncia. Claro que "a corte cura da corte"[99] e ensina o amor pelo recolhimento, mas o escritor não consegue ir embora; ele sofre nela, escravo a serviço da verdade:

> O bordador e o confeiteiro seriam supérfluos, e exporiam em vão suas mercadorias, se as pessoas fossem modestas e sóbrias; as cortes seriam esvaziadas e os reis ficariam quase sozinhos, caso as pessoas se curassem da vaidade e do interesse. Os homens desejam ser escravos em algum lugar e extrair de lá algo com que dominar em algum outro lugar.[100]

Os escritores moralistas, tal como os bordadores e confeiteiros, seriam supérfluos se não houvesse a vaidade e a cupidez dos cortesãos a serem denunciadas e curadas. O escritor também deseja ser escravo para dominar em outro lugar. Mas enquanto os grandes tiranizam os inferiores em seus feudos e suas mansões, o escritor pretende dominar no verdadeiro "outro lugar", no panteão literário, a única compensação de uma existência dissipada num mundo insignificante. Os cortesãos giram inutilmente, como os ponteiros de um relógio; esgotam-se e se arruínam, envelhecem nas antecâmaras sem nada obter. O escritor, por sua vez, se instala em sua paciente e dolorosa astúcia: ele deve alcançar a glória no próprio lugar em que aqueles que o desprezaram e cujos vícios denunciou se apagam para sempre.

Para além das divisões tradicionais

Se a obra só surge mediante uma paratopia, é o criador quem organizou uma existência de modo a tornar possível o surgimento de uma obra, a sua. Trata-se de um processo de "organização" paradoxal, pois ele deve a um só tempo contestar e preservar a falha que o torna possível e que assume com frequência o ar de um caos aparente, de um obscuro pacto com a morte e o sofrimento.

Para dar conta de um processo dessa natureza, é imprescindível desprezar as rotinas da história literária, que descrevem um escritor "influenciado" por "circunstâncias" que sua obra "exprimiria"; é igualmente imprescindível questionar o preconceito de acordo com o qual um homem só se torna

---

[99] "De la cour", p. 253.

[100] "De la cour", pp. 222-223.

escritor se for dotado do dom de "traduzir" esteticamente suas experiências. Nessa concepção, haveria, de um lado, as experiências da vida e, de outro, pairando nalgum éter, obras que se julga representarem essas experiências de maneira mais ou menos disfarçada. À história literária cabia estabelecer correspondências entre as fases da criação e os eventos da vida.

Tem-se de fato de trabalhar ao mesmo tempo em duas frentes: de um lado, contra a ideia de que "vida" e "obra" seriam dois planos separados em que esta última seria "a expressão" daquela e, de outro, contra um certo estruturalismo vulgar que sobreviveu aos anos 1960, reforçada pela tese de *Contra Sainte-Beuve*, em que Proust propõe a existência de um "abismo" entre o eu criador e o eu social:

> E por não ter percebido o abismo que separa o escritor do homem do mundo, não ter compreendido que o eu do escritor só se mostra em seus livros e que só mostra aos homens do mundo... um homem mundano como eles, [Sainte-Beuve] inaugura o famoso método que, segundo Taine, Bourget e tantos outros, é sua glória, e que consiste em interrogar avidamente para compreender um poeta, um escritor, aqueles que o conheceram, que privavam de sua companhia, que poderão nos dizer como se comportava com relação às mulheres etc., isto é, precisamente, sobre todos os pontos em que o verdadeiro eu do poeta não está em jogo.[101]

Proust se satisfaz em inverter os termos: a verdadeira "vida" é a obra. Ao assim agir, permanece preso ao universo que denuncia.

É, porém, fácil perceber que o trabalho criador de Proust invalida sua tese. Claro que o mundano que atravessa os salões parisienses não coincide com o autor de *Em busca do tempo perdido*, mas participa da economia sutil que permitiu escrever esse romance. Foi necessário ser um "homem do mundo", perder um bom tempo nos salões e em temporadas de férias para iniciar a busca do tempo; foi preciso parar a tempo de não perdê-lo, ter um terrível medo de que ele viesse a lhe faltar, para poder escrever *Em busca do tempo perdido*; foi necessário encerrar-se na solidão de um quarto "fechado, sem comunicação com o exterior", como o é "a alma do poeta", para comprovar que o verdadeiro "eu do escritor" não é o homem do mundo que fora antes e que de quando em quando volta a ser.

---

[101] *Contre Sainte-Beuve*, Paris, Gallimard, "Folio", cap. VIII, p. 134 (edição brasileira: *Contra Sainte-Beuve*, trad. Haroldo Ramanzini, São Paulo, Iluminuras, 1988).

A solução estruturalista, mesmo quando integra elementos de enunciação linguística, prolonga em muitos aspectos a de Proust. Tal como ele, que opunha "eu" social e "eu" profundo criador, ela estabelece na verdade uma barreira entre uma instância profana que se ocupa das coisas do mundo de todos os dias e uma instância sagrada que se manteria no recinto protegido da coisa literária: de um lado "o narrador", figura textual, e, de outro, o escritor, Balzac no caso, ser do mundo. O que se procurou preservar com isso foi a autonomia do texto, seu poder de ir além de todo contexto, mas também a autonomia institucional dos estudos literários tradicionais. Apesar de suas virtudes pedagógicas, essa distinção entre um sujeito enunciador e um sujeito exterior à enunciação está aquém da complexidade do processo criador: a oposição "escritor"/"enunciador", isto é, "sujeito fora do texto"/"sujeito no texto" implica uma concepção demasiado pobre da enunciação, que, em particular, não integra nem a dimensão genérica nem os gestos de posicionamento: continua-se a considerar a instituição um conjunto de aparelhos exterior à atividade criadora.

Romper com as oposições redutoras entre um "eu" criador profundo e um "eu" social superficial (Proust), ou entre sujeito do texto e sujeito biográfico (o textualismo) implica dar conta dos entrelaçamentos de níveis, das retroações, dos ajustes instáveis, das identidades que não se podem fechar. A obra não é uma representação, uma organização de "conteúdos" que permita "exprimir" de maneira mais ou menos oblíqua, dores e júbilos, ideologias ou mentalidades, em suma, qualquer instância já existente, da mesma maneira como não é um universo paralelo ou autônomo. A paratopia do escritor, na qualidade de condição da enunciação, também é seu produto; é por meio da paratopia que a obra pode vir à existência, mas é também essa paratopia que a obra deve construir em seu próprio desenvolvimento. Na qualidade de enunciação profundamente ameaçada, a literatura não pode dissociar seus conteúdos da legitimação do gesto que os propõe; a obra só pode configurar um mundo se este for dilacerado pela remissão ao espaço que torna possível sua própria enunciação.

A embreagem paratópica

DA HIERARQUIA DOS SENTIDOS À EMBREAGEM

A noção de paratopia só interessa para uma análise do discurso literário se for remetida ao "contexto", se for tomada a um só tempo como condição e produto do processo criador. Essa relação dinâmica e paradoxal deixa marcas no enunciado.

Já mostramos algumas relações de identificação explícita entre paratopia e personagens, como a do poeta baudelairiano aos boêmios, do autor do *Sobrinho de Rameau* tanto ao "Eu" como ao "Ele" etc. A busca desse tipo de fenômeno é porém uma rotina dos comentários das faculdades de Letras; os estudantes aprendem a terminar suas explicações de textos literários recorrendo a uma isotopia de ordem estética: determinada personagem seria uma "representação" do escritor, determinada descrição ilustraria implicitamente uma doutrina literária, um certo episódio seria uma espécie de alegoria da leitura etc. Não se pode, contudo, contentar-se em dispor uma sobre as outras camadas de interpretações, distinguir um sentido "literal" (relacionado com a intriga ou com o contexto histórico da obra) e um sentido "literário" ou "estético" mais nobre, como se fazia com a Bíblia ao atribuir a cada passagem diversos "sentidos" hierarquizados: é preciso perguntar por aquilo que torna possíveis essas rotinas interpretativas. Elas se fundam na verdade num dado constitutivo da enunciação literária, na necessidade de a obra refletir, no universo que ela mesma constrói, as condições de sua própria enunciação. Pode-se falar aqui de uma espécie de *embreagem* do texto sobre suas condições de enunciação e, em primeiro lugar, sobre a paratopia que é seu motor.

A embreagem linguística, como se sabe, inscreve no enunciado sua relação com a situação de enunciação. Ela mobiliza elementos (os embreantes [*embrayeurs*][102]) que participam ao mesmo tempo da língua e do mundo, elementos que, embora continuam signos linguísticos, adquirem seu valor por meio do evento enunciativo que os produz. Naquilo que poderíamos denominar *embreagem paratópica*, estamos diante de elementos de variadas ordens que participam simultaneamente do mundo representado pela obra e da situação paratópica através da qual se institui o autor que constrói esse mundo.

Essa embreagem pode assumir formas bastante variadas. É, no entanto, possível distinguir alguns eixos semânticos maiores, que recuperam os diversos tipos de paratopia: de identidade, espacial, temporal, linguística, com todas as interseções e metaforizações imagináveis. Um papel essencial é aqui desempenhado pelas posições *máxima* e *mínima*, bem como pela conversão de uma na outra; o escritor obtém de fato uma situação de inscrição privilegiada nas posições limítrofes, superior ou inferior, da coletividade, ou seja, nas posições potencialmente paratópicas. Essas "posições" têm a particularidade de só ser "posições" entre aspas, umas vez que se configuram como a junção de um território e de forças que escapam a toda tópica social, como é a regra nos discursos constituintes.

O "Nautilus" de *Vinte mil léguas submarinas*, de Júlio Verne, por exemplo, constitui um habitáculo paratópico móvel ocupado por um grupo paratópico de fora da lei cujo chefe, o capitão Nemo, está na condição máxima/mínima de um príncipe/pária em combate impiedoso à ordem social encarnada pelo Império britânico. Em *O vermelho e o negro*, de Stendhal, Julien Sorel circula pelos meios sociais (artesãos rurais, fidalgos do interior, a Igreja, a aristocracia parisiense) e, a ponto de ocupar uma posição máxima, cai sem transição na posição mínima do assassino condenado à morte. "O idiota" do romance de Dostoievski também atravessa o espaço social como príncipe louco preso à ambivalência do máximo e do mínimo. Quanto ao herói do *Diário de um pároco de aldeia*, de Bernanos, situado, por sua função, às margens da sociedade, ele se beneficia de uma situação paratópica

---

[102] Trata-se da tradução proposta por Ruwet para o termo inglês *shifter*, usado por Jakobson nos *Essais de linguistique générale*, Paris, Minuit, 1963 (edição brasileira: *Linguística e comunicação*, 22. ed., trad. Izidoro Blikstein e José Paulo Paes, São Paulo, Cultrix, 2005).

privilegiada: é a um só tempo o elemento máximo (o representante de Deus na sua paróquia) e o elemento mínimo (o canceroso, o pobre rejeitado por todos, inclusive pela instituição eclesiástica).

Vamos evocar com maiores detalhes alguns exemplos significativos dessa embreagem paratópica.

NOTRE-DAME DE PARIS

Na obra de Victor Hugo *Notre-Dame de Paris* (1831), cujo pano de fundo é a Paris do final do século XV, a personagem Esmeralda constitui o embreante paratópico central.

Dançarina e boêmia, mas também com criança roubada da mãe, ela associa paratopia social e familiar e estatuo de artista. Boêmia, pertence a um grupo que, para os escritores românticos, é a figura paratópica por excelência. Também em sua condição de mulher, Esmeralda constitui um ponto de identificação privilegiado para os escritores da primeira metade do século XIX; não é a mulher, tal como eles, uma vítima da ordem social que não tem realmente um lugar na sociedade, mas que detém o poder de despertar para o Ideal? Ora, a jovem boêmia desperta para a luz outro ente reprovado, Quasímodo, encarnação do povo que ainda está na noite. Martirizada por uma ordem social iníqua, a reprovada vai tornar-se estrela, passando do estatuto mínimo ao estatuto máximo.

Essa embreagem paratópica baseia-se ela mesma numa cena de enunciação que relaciona duas fronteiras históricas. Escrita a partir de 1830, a obra foi publicada em 1831, por conseguinte, na conjuntura da Restauração e da Monarquia de Julho, no momento em que o romantismo reivindicado por Hugo defende a mesma causa que o liberalismo. Ora, a narrativa se desenvolve na passagem da Idade Média para o Renascimento, época em que emerge a dinâmica ideológica humanista e liberal da qual *Notre-Dame de Paris* se considera o prolongamento. A época escolhida (1482) é apresentada como a passagem do livro de pedra da catedral medieval ao livro impresso: "No século XV, tudo muda." Numa célebre meditação (Livro V, cap. II), o narrador diz, a propósito da catedral e do livro: "Isto matará aquilo. O livro matará o edifício." O livro é a nova catedral; com ele começa a emancipação do pensamento, o desvanecimento do clérigo diante do escritor. Os livros, signos e meios do progresso, suplantaram a catedral de antanho; eles são os refúgios de Esmeralda, da liberdade e da arte confundidos, despertando para o ideal o Quasímodo que ainda predomina no espírito da maioria dos homens. Evocar a transição entre a Idade Média e o Renascimento é fundar a cena de enunciação de uma obra que inscreve sua enunciação na curva do progresso.

O autor de *Notre-Dame de Paris* valida, assim, sua própria paratopia criadora, confrontando-a com a da boêmia: enquanto Esmeralda só pode dançar, amar e ser amada, Hugo constrói uma catedral literária, *Notre-Dame de Paris*, homônima à catedral medieval que suplanta com sua enunciação e que sua narrativa rejeita como coisa do passado.

OS PARASITAS

A embreagem "boêmia" é característica da paratopia do artista romântico. Em contrapartida, na sociedade de que participam as *Fábulas* de La Fontaine, a paratopia do autor se enuncia sobretudo através do pertencimento paradoxal do parasita, daquele que é protegido ou nutrido direta ou indiretamente pelos importantes, a quem dedica suas obras, e pelo primeiro dentre estes, o rei.

Inúmeras fábulas põem em cena parasitas. É o caso de "O rato da cidade e o rato do campo" (I, 9), em que o parasita convida outro parasita, "O rato que se retirou do mundo" (VII, 3), "A ostra e os litigantes", em que o juiz devora a ostra em litígio (IX, 9)... A ligação entre o parasitismo e a condição de escritor é estabelecida já nas duas primeiras fábulas da coletânea: em "A cigarra e a formiga", a cantora deve mendigar os meios de sua subsistência junto aos que acumulam tesouros. Em "O corvo e a raposa", a palavra sedutora desvia as riquezas acumuladas. Em virtude de um estereótipo imemorial, o escritor é identificado com a raposa, com o bom palrador astucioso que usa de artifícios para enganar as pessoas. A posição do corvo empoleirado na árvore com seu queijo contrasta com a condição paratópica da raposa errante, que está na posição mínima, mas que vai conseguir inverter a hierarquia.

Os parasitas das *Fábulas* distribuem-se em dois registros: de um lado, os parasitas da sociedade (clérigos, juízes, coletores de impostos, príncipes...); do outro, os parasitas deles, os bons faladores rematados. O autor das *Fábulas* figura entre esses últimos; parasita daqueles cujo parasitismo denuncia em sua obra, ele também troca belas palavras por queijos. A paratopia do parasitismo é, portanto, duplamente aquilo que permite escrever: proporciona os meios de subsistência e o material da obra. E por essa brecha, o escritor nutre sua produção literária com aqueles que o alimentam. Se o juiz Perrin Dandin

("A ostra e os litigantes") aproveita-se das contendas entre os litigantes, o autor, na qualidade de "metaparasita", parasita o parasitismo (*sic*) de sua personagem para edificar sua obra.

Não mais do que a história da Esmeralda, essas histórias de ratos e raposas não devem ser consideradas uma "alegoria" da condição do fabulista. O drama da enunciação e os dramas representados na narrativa se sustentam e se desestabilizam reciprocamente. Ao evocar os parasitas, as *Fábulas* falam também dos coletores de impostos ou dos grandes senhores, mas sua enunciação extrai sua acuidade e sua própria necessidade do fato de estar ela mesma sujeita a um parasitismo constitutivo, o do próprio autor.

HAMLET E LORENZO

Voltemos-nos agora para as ficções de ordem teatral. Se a figura de Hamlet exerce, tal como a de Édipo, tamanho poder de fascínio, o motivo não é apenas sua complexidade psicológica ou a universalidade de suas preocupações metafísicas, mas igualmente o fato de cruzar com rara densidade os fios da embreagem paratópica. Na condição de príncipe herdeiro, Hamlet encontra-se na posição máxima; contudo, despojado de todo poder devido à usurpação de seu tio e por sua "loucura", é um nômade no lugar que lhe pertence, a corte. Essa condição máxima-mínima lhe permite identificar-se com os marginais institucionais que são os comediantes, dotados em compensação do poder de ocupar no teatro o lugar do rei. Sua loucura liberta uma palavra de escritor, de pária, desarraigado, lúdico, enigmático, uma palavra por definição irresponsável, sem pai, como ele. A exemplo dos escritores, em vez de agir diretamente sobre a realidade, Hamlet só produz palavras e espetáculos.

Sua atitude ambivalente em relação ao tio e ao pai, bem destacada por Freud,[103] lembra o comportamento parricida do escritor, que se define através do desvio que introduz na árvore genealógica (ver anteriormente, capítulo "Uma paratopia criadora", seção "A paratopia familiar"). Pois o jovem príncipe usa de ardis por meio da lei que seu pai ora morto lhe ditou e prefere dedicar-se aos simulacros (a loucura fingida, o teatro...). Elabora

---

[103] *L'interprétation des rêves*, trad. fr., PUF, 1967, p. 230 (edição brasileira: *A interpretação dos sonhos*, Rio de Janeiro, Imago, 1999).

belas palavras ambíguas em vez de seguir o destino que seu nascimento lhe prescreve. A única "família" na qual ele parece querer se inscrever é o grupo paratópico dos comediantes errantes.

É possível fazer observações próximas a propósito da personagem de Lorenzaccio no drama do mesmo nome escrito por Alfred de Musset (1834), que, tal como Hamlet, vê-se diante da impossibilidade de agir. A exemplo do artista, recusa desempenhar na cidade o papel que seu nome, Médicis, lhe prescreve. Contenta-se em ser o parasita de seu primo, monarca ilegítimo com o qual mantém as mesmas relações ambivalentes de Hamlet com o tio Claudius, outro usurpador. Como Hamlet, ele usa uma máscara, diz palavras inúteis e equívocas, aceita ser o elemento mínimo, a mulherzinha desprezada e de que zombam os cidadãos honestos. Pretende redimir-se de sua recusa da lei paterna e de sua cumplicidade com o soberano ilegítimo por um ato heroico e teatral: o assassinato do primo, que diz querer "jogar na cara de todo mundo".

Aparentemente, o autor de *Lorenzaccio* e o de *Hamlet* seguem o mesmo percurso de seus heróis, pois somente o êxito de seu teatro vai permitir justificar o desvio que o torna possível. Na realidade, a embreagem supõe ao mesmo tempo identificação e distanciamento: Hamlet ou Lorenzaccio não são o retrato de seu autor, mas é através deles que este pode colocar em jogo a paratopia que seu empreendimento criador implica. A morte estéril dos personagens é posta a serviço da criação estética.

A MULHER E O PARASITA

Essa relação ambivalente entre autor e personagem paratópica aparece com grande nitidez em Flaubert, que vincula a paratopia romântica da mulher com o parasitismo inerente ao empreendimento criador. O romantismo, que fez do artista a figura de proa da sociedade, é constantemente associado com a reivindicação da feminilidade. A bissexualidade do artista, como toda manifestação do gênio, constitui um de seus *leitmotivs*. Tanto o artista quanto a mulher se veem acusados de improdutividade, parasitismo: cigarras das laboriosas formigas, despendem as riquezas acumuladas pelos homens responsáveis, dissipam os sólidos bens em troca de belas frases, tecidos, quinquilharias, aparências, de dissimulação, de ilusão.

Na esteira do famoso "Madame Bovary sou eu", não se para de destacar as semelhanças entre a heroína e a figura romântica do artista. As aspirações de Emma a uma vida menos restrita, sua luta desesperada contra o tédio, seu imaginário quixotesco entram em choque com o prosaísmo da um Homais, encarnação do "burguês" vilipendiado pelos "artistas". Péssima gerente, tal como a boêmia, Emma não se inscreve na "casa", preferindo o devaneio ao trabalho e desperdiçando as riquezas do marido e do pai.

Além disso, a semelhança entre Madame Bovary e o romancista atinge a própria faculdade da inventar histórias. Emma não se contenta em ler romances, mas os cria também:

> Muitas vezes, quando Charles saía, ia pegar no armário, entre as dobras da roupa de cama, onde a deixara, a charuteira de seda verde. Ela a contemplava, abria-a e até aspirava o odor de seu forro, mistura de verbena e tabaco. A quem pertencia?... Ao Visconde. Talvez fosse um presente de sua amante. Alguém bordara aquilo em algum tear da palissandra, móvel miúdo que se escondia de todos os olhos, que ocupara muitas horas e onde se haviam inclinado os cachos macios da trabalhadora pensativa. Um sopro de amor passara entre as malhas da talagarça; cada ponto fixara ali uma esperança ou uma lembrança, e todos esses fios de seda entrelaçados não passavam da continuidade da mesma paixão silenciosa. E, depois, uma manhã, o Visconde levara-a consigo [...] (I, 9).

Por meio do discurso indireto livre, misturam-se na mesma atividade fabuladora, no mesmo bordado, a voz do narrador e a da personagem.

Para ser plenamente autor, o escritor não apenas se identifica com a mulher perdulária e fabuladora como deve também, através de sua obra, constitui para si um patrimônio de um tipo diferente, um patrimônio de signos sedutores. A embreagem deve igualmente integrar uma personagem mais discreta, Lheureux, o comerciante de tecidos, intermediário complacente e paciente artesão da ruína de Emma. Homem das mediações, das quinquilharias, dos tecidos furta-cor, domina, tal como o autor do texto, a arte de explorar a ruína de Emma. Sabe provocar e inverter em seu próprio proveito as despesas mortais dela. Mas nem por isso Lheureux é o autor: em vez de assumir uma condição paratópica, de escrever histórias, ele funda uma empresa, chega lá.

Como se vê, a embreagem paratópica não funciona necessariamente através de uma única personagem, Emma no caso. A embreagem não pode ser vinculada a um elemento apreendido isoladamente, mas à rede de relações na qual entra. Em *Os miseráveis*, de Victor Hugo, a personagem de Fantine, a prostituta sublimada pelo amor, não detém a exclusividade da embreagem paratópica: acha-se no centro a figura de Jean Valjean, o pária redentor. Além disso, a embreagem desse romance implica a comunidade dos "miseráveis", dos sem lugar da sociedade, dignos representantes dos boêmios com que se identifica parcialmente o romancista, mediador entre a humanidade sofredora e Deus.

A OBRA E A MULHER FATAL

Uma das figuras femininas através da qual se mostra com mais força, no século XIX, a embreagem paratópica é incontestavelmente a mulher fatal, que dominou a produção literária europeia entre 1870 e 1914. A era da mulher fatal, da mulher urbana e nômade, que canta e dança, é fotografada e filmada, é também a era do artista-rei. Não se pode falar de coincidência: a mulher fatal participa na verdade de uma "mitologia estética". Mitologia por se tratar de narrativas que abordam os fundamentos, daquilo que define como tais homens e mulheres; estética porque as obras que lhe dão vida refletem as condições de toda criação, dramatizando num mesmo movimento a guerra dos sexos e sua própria gênese. Deve-se extrair a "verdadeira" história, a da criação estética, não na forma de uma alegoria nem sob o destino trágico dos heróis, mas como uma só linha em que a cena fictícia e a cena da ficção se atravessam mutuamente. As narrativas da mulher fatal são, com efeito, *obras* que não se contentam em contar uma história, mas que também, através dessa história, geram sua própria emergência.

O mito da mulher fatal destaca a semelhança entre o artista e a mulher por meio de suas figuras paratópicas exemplares, o boêmio e o saltimbanco. O romantismo primeiro desenvolveu a mitologia boêmia e, no final do século XIX, a mitologia saltimbanca. A do boêmio-boêmia privilegia a questão da inserção social e do modo de vida e a do saltimbanco acentua primordialmente a dimensão da dissimulação, do disfarce, do espetáculo. Tal como o artista, a mulher pertence à sociedade sem lhe pertencer de fato: tanto para ele como para ela, a inserção só pode ter caráter paratópico. Eles ocupam lugares, mas sempre vão além deles, sem no entanto ser cidadãos de algum "outro-lugar". A exemplo da mulher, o artista, evolui, ainda que num registro diferente, num "*demi-monde*".* Tal como ela, o artista não circunscreve um mundo, operando em vez disso a transição entre os espaços: assim, ele não se deixa

---

* N.T.: Mundo-equívoco ou intermediário.

definir nem em termos de estatuto nem em termos contrários. O artista, a mulher, o boêmio, o saltimbanco ameaçam a estabilidade de um mundo tópico; sua rejeição deve reforçar a coesão da sociedade. Mas não deixa de haver nisso certo sentimento ambivalente: os boêmios, como vimos, são ao mesmo tempo santos e malditos, portadores do Absoluto e de dejetos.

O artista que faz um pacto com o feminino, que aceita a dissimulação e o vagar, não pode definir-se fora de sua relação assassina com a figura masculina, figura paterna da autoridade e da linhagem. A singularidade do mito da mulher fatal é de tornar em espetáculo esse gesto assassino, condição da gênese da obra, de mostrar o quadro patético da decadência de um certo homem, desqualificado em favor de uma instância soberana e invisível: o autor. Este último pretende *levantar/render* o homem que sua narrativa faz decair, isto é, pô-lo outra vez de pé e substituí-lo. Assim, o autor se mostra como aquele que, superando a crise aberta pela mulher, assumindo sua economia impossível, repara os prejuízos causados ao Pai. Ele não desfaz o "feitiço", o encanto mágico da mulher, por meio da obra, não opõe o antídoto ao veneno, mas volta contra a mulher a arma que assegurou a perda do homem comum. O "feitiço" manifesta toda a sua sedução, mas já não é a voz original e selvagem, encontrando-se submetido à lei de uma medida e de uma escrita. A lei que organiza a obra vem assim duplicar e anular o caráter fatal da mulher, devolver o *fatum* em benefício próprio. Claro que a mulher fatal desvia irremediavelmente o homem, mas esse destino inexorável se inscreve numa obra, num rigoroso encadeamento de imagens, de observações, de palavras. Por meio da repetição obstinada da história do homem mortalmente seduzido, o autor manifesta paradoxalmente sua independência com relação à mulher.

Oculto na sombra, invisível nessa cena de pesadelo em que o Pai e seu ouro se desfazem no ar, o autor trabalha para constituir um novo patrimônio; capta a energia da mulher no movimento da obra, afirmando a superioridade de seu labor através da explosão do dispêndio. Assim, a dilapidação insensata vê-se recuperada, integrada a uma economia que recusa a castração e a angústia de uma morte sem sentido. Quando a mulher faz entrar em crise o sistema de equivalências que o Pai funda, o artista não tenta retornar à antiga ordem, preferindo em vez disso os signos, o papel, as imagens, a película, o fluxo impalpável dos cantos. Ele realiza uma obra que traz o nome da mulher (*Nana, Carmem, Lulu, Salomé...*) e exalta sua força, porém para melhor sujeitá-la à dura lei de seu próprio código. Essa reviravolta do poder mortífero da mulher em favor da obra não é dita explicitamente pelo autor, mas *mostrada* através de sua enunciação. Usando os poderes desses sedutores emaranhados, de seu texto, ele arruína o Pai através da mulher, cujo dispêndio alimenta sua criação.

A embreagem paratópica opera aqui de maneira oblíqua. Ao representar o fracasso da relação entre o homem e a mulher, o autor pretende construir a cena inaugural que o legitima. Filho de seu próprio filho, sua obra, ele mostra por meio desta a mortal guerra entre o homem e a mulher e pretende definir, através do espetáculo de sua impossível conjunção, uma filiação de tipo superior. Aquilo que se considerado representado pela obra, o drama do homem e da mulher, é igualmente processo de engendramento do criador.[104]

LUGARES PARATÓPICOS

A embreagem paratópica não se restringe às personagens, operando igualmente através de lugares. No *Heptameron*, de Margarida de Navarra, a narrativa começa situando o lugar paratópico a partir do qual vão ser contadas as histórias por um grupo que também é paratópico. Esses "tagarelas" desviaram-se de seu caminho e se encontram por acaso numa abadia retirada à espera da construção da ponte que lhes permitirá voltar para casa. Assim, a narração surge num espaço afastado do mundo cotidiano, lugar em que se abriga uma comunidade formada pela acaso que se dedica ao exercício efêmero da literatura.

No caso do sanatório de *A montanha mágica*, de Thomas Mann, a marginalidade do local é associada a uma comunidade que, à feição das tribos de escritores, desfaz as fronteiras sociais e geográficas. Situado na Suíça, um território neutro, na montanha, entre a terra e o céu, abriga uma população cosmopolita que vive afastada de toda outra preocupação que não a luta contra a morte. Ali, tal como no campo literário, os indivíduos constroem um vínculo social através de rituais sem sentido para qualquer estranho.

Esse lugar organiza-se em torno da enigmática senhora Chauchat. Ela não é russa nem francesa, aparece e desaparece, não está doente nem é saudável, concentrando em si todos os poderes desestabilizadores da paratopia literária. Digna contraparte do adolescente Tadzio de *Morte em Veneza*, ela é, como todo escritor, um ponto de passagem entre este mundo e aquele que o excede, um questionamento vivo da disjunção dos opostos. A embreagem nem por isso

---

[104] Sobre a figura da mulher fatal, ver nosso livro *Féminin fatal*, Paris, Descartes, 1999.

se faz unicamente entre a senhora Chauchat e o autor; ela envolve igualmente o jovem engenheiro por ela fascinado, o órfão da grande burguesia hanseática, Hans Castorp. De seu "exílio" na montanha mágica, esse jovem burguês não conseguirá aproveitar nada; tal como o jovem Hanno dos *Buddenbrooks*, ele está fadado a morrer. O autor precisa dessas duas figuras, a mulher misteriosa e o burguês órfão, para construir uma identidade enunciativa que se institui sobretudo mediante um lugar, a "montanha mágica".

Porém, o espaço paratópico mais evidente é a ilha, cujos recursos a literatura não cessa de explorar. Ela materializa na verdade o distanciamento constitutivo do autor com relação à sociedade. Tal como o sanatório, a prisão ou a fortaleza de *O deserto dos tártaros*, de Dino Buzzati, a ilha pertence ao mundo sem lhe pertencer. A tomada de posse do espaço geográfico pelo náufrago é indiscernível do assenhoreamento da obra por seu autor. A ficção pode nos mostrar um náufrago que reproduz o mundo perdido (*Robinson Crusoé* ou *A ilha misteriosa*, de Júlio Verne), tanto quanto um descobridor que inventa um outro (*Sexta-feira ou os limbos do Pacífico*, de Michel Tournier), variando o tipo de embreagem, portanto, em consequência disso. Em *Robinson Crusoé*, o herói volta à sociedade que se esforçou por reproduzir; em *Sexta-feira*, ele prefere permanecer em sua ilha, na paratopia dos "limbos".

Ao lado de lugares de paratopia marcada por um afastamento geográfico, há aqueles que se instalam no âmago da sociedade. É esse em particular o caso dos salões, cuja importância já examinamos. Também eles impõem seus ritmos a comunidades não afetadas pela pressão das necessidades vitais imediatas nem pela tirania do masculino. Essa semelhança confere toda a acuidade à denúncia dos mundanos pelos escritores: estes últimos não criticam um mundo que lhes seria estranho, dado ser através dele que a embreagem de sua obra opera. As relações do autor com o mundano ou com o cortesão são tão ambivalentes quanto as que ele mantém com a mulher. É justo isso que Deleuze mostra em seu estudo sobre Proust.[105]

Se "desmaterializarmos" um pouco mais a paratopia, encontraremos o modelo da sociedade secreta (a franco-maçonaria, a rede de espionagem, a máfia etc.), que alimenta constantemente a inspiração literária. Também esses são grupos parasitários que se insinuam entre as malhas da rede social.

---

[105] *Proust et les signes*, Paris, PUF, 1964 (edição brasileira: *Proust e os signos*, 2. ed.,Rio de Janeiro, Forense Universitária, 2006).

Os errantes

Seja qual for a modalidade de sua paratopia, o autor é alguém que perdeu seu lugar e deve, pelo desdobramento de sua obra, definir um outro, construir um território paradoxal através de sua própria errância. Excedendo as divisões sociais, os cavaleiros errantes que atravessam regiões de leis opacas, os detetives que circulam entre os meios sociais mais diversos, os pícaros de todos os gêneros são operadores que articulam o dizer do autor e a ficção, que materializam o nomadismo fundamental de uma enunciação que engana todo lugar para transformar em lugar sua errância.

Nesse sentido, o cavaleiro andante medieval, que do século XII ao século XVI exerceu uma espécie de monopólio sobre o romance europeu, não é apenas uma "personagem" dotada de um caráter e de um estado civil, mas também um embreante paratópico privilegiado: é ao mesmo tempo protagonista da história e aquilo que torna possível a narração. Tendo abandonado a clausura tranquilizadora da casa para "buscar aventura", atravessa fronteiras sem dizer de onde vem nem para onde vai, o cavaleiro pode contar com suas próprias forças. Conhece homens e comunidades vinculadas a uma "nossa casa", mas só pode parar em dois Lugares que excedem o espaço profano e que são os únicos a poderem se fechar sobre ele: a Távola Redonda e o santuário do Graal.

Pode-se saturar a figura do cavaleiro andante de interpretações sociológicas (sonho compensatório de uma aristocracia guerreira em declínio) ou espirituais (o cavaleiro como metáfora da viagem terrestre da alma humana rumo ao céu), mas é a partir da embreagem paratópica que essas interpretações podem se apresentar. O cavaleiro não serve apenas para unificar sequências de episódios ou de narrativas, para estabilizar com seu nome um material narrativo abundante: tal como o escritor, ele não é aquele que tem um estatuto advindo do nome que recebeu, mas o anônimo pelo qual ninguém responde e que constrói um nome para si através de seus atos, o produtor de lendas do qual se conhece o nome mas não o rosto.

Como não se deixa encerrar em nenhum grupo de produção ou de gestão das riquezas, ele pode dizer os valores que devem fundar todo grupo. Nessas narrativas, são trocadas muitas palavras e desenrolam-se muitos duelos sobre pontes porque a "posição" do escritor e do cavaleiro é um limite e um excedente de todo mundo fechado. Tal como o cavaleiro andante, o autor atravessa a variedade dos "costumes" locais para submetê-los à medida da sua variedade, a de sua obra. O "código" da cavalaria, assim como o da literatura, submete à sua regra intangível a variedade dos usos singulares. Trata-se de uma ética que opõe diretamente ao indivíduo uma exigência moral e estética que excede toda legislação local. À arrogância e à cupidez do cavaleiro comum, opõem-se o trabalho, o sofrimento paciente, o mérito e o desinteresse pelas riquezas materiais coextensivas à representação da condição de escritor e de cavaleiro errante.

O HOMEM DAS MIL ARTIMANHAS

O texto fundador da cultura ocidental, a *Odisseia*, organiza-se em torno de um errante de outro tipo, Ulisses, o "homem das mil artimanhas". Desde o primeiro verso, o poeta pretende cantar esse "homem das mil artimanhas" (*andra polytropon*), viajante e ardiloso. Mas os *tropos* são também os modos de dizer, os meandros da palavra, os *tropos* da retórica. O homem das mil artimanhas serve de embreante à enunciação do autor. A identificação é por outro lado tematizada na história: é o próprio Ulisses que, depois de um aedo, encarrega-se da narrativa de suas aventuras diante dos feácios (livros IX a CII).

Ulisses ilustra os poderes da *métis* grega, da inteligência ardilosa, o outro do *logos*,[106] que frustra as oposições simples. O episódio fundador do cavalo de Troia o mostra bem: Ulisses recorre a um ardil paratópico, transformando o inimigo externo num parasita mortal que Troia introduz voluntariamente em sua fortaleza. Não sem razão, a cultura grega associou a *métis* ao sofista e ao retórico, que, em vez de usarem o gládio heroico que despedaça, o julgamento que seus decretos pronunciam, tornam manifesto um tecido verbal sedutor. Dumézil[107] sublinhou a oposição dos indo-europeus entre os deuses guerreiros que despedaçam ou fulminam (como Indra na mitologia védica) e aqueles que, como Varuna, triunfam pelo *mâyâ*, a magia do véu, a ilusão, com todos os riscos que o manejo de forças ambivalentes implica. O poeta está por definição do lado das redes e dos tecidos. Sabe recorrer à *métis*, às palavras comoventes e matizadas que aprisionam o ouvinte nas malhas de seu texto.

Chega o momento em que a narrativa termina e, com ela, a errância do herói. Porém o rei de Ítaca, para recuperar seu trono, tem de fazer-se

---

[106] Remetemos aqui à obra clássica de Détienne e Vernant, *Les Ruses de l'intelligence, la Métis des Grecs*, Paris, Flammarion, 1974.

[107] *Mythes et Dieux des Germains*, Partis, PUF, 1953, pp. 21-17.

reconhecer: realizada a façanha que o qualifica, o herói mascarado revela que não era um pária, mas o legítimo titular do trono. Como nos contos maravilhosos, a narrativa inscreve-se no distanciamento entre a entrada em errância do príncipe legítimo e a recuperação de seu trono, transformando o elemento mínimo em elemento máximo, repetindo nisso o gesto que qualifica o criador como criador: o excluído torna-se rei, o autor de uma obra.

Disfarçado de mendigo, para castigar os maus parasitas que cobiçam seu trono e sua esposa, Ulisses torna-se parasita de sua própria casa. O poeta também vive dos subsídios dos poderosos, detendo a arte de transformar em abrigo e cobertor os cantos que contam a morte dos parasitas ilegítimos. Mas para alcançar através de sua obra uma realeza sem local, uma ítaca textual, ele deve aceitar perder todo lugar. Esse é um motivo bem conhecido que, num nível superior, nos leva à legitimação da própria obra. Contudo, diferentemente de Ulisses, rei e esposo legítimo que retoma seu lugar, o autor só pode qualificar-se por sua enunciação paratópica.

O final da *Odisseia* apresenta-se assim com duas faces. Numa delas, a da história, o mendigo do palácio se torna o legítimo rei, o elemento mínimo se torna o elemento máximo. Na outra, o da enunciação, as condições de mendigo e de rei se mesclam na paratopia do poeta. Quando se lê nos *Hinos* de Homero

> Cantemos primeiro as musas, Apolo e Zeus: é através das musas
> e do arqueiro Apolo que há na terra homens que cantam e tocam
> cítara – assim como por meio de Zeus há reis.[107]

a afirmação orgulhosa de uma igualdade entre reis e poetas se baseia na reversibilidade conflituosa de suas posições máxima e mínima.

---

[107] Trad. fr. J. Humbert. *Les Belles-lettres*, 1941, "Aux muses", p. 225.

Subjetivação, espaço canônico e espaço associado

A complexidade dos processos de subjetivação atuantes na criação literária não se deixa apreender por uma oposição tão grosseira e estática quanto a que distingue um "escritor", um ser de carne e osso dotado de um estado civil, e um "enunciador", correlato de um texto. Os esquemas tradicionais são inoperantes tanto por não levar em conta o caráter constitutivo da instituição literária como porque os modelos em termos de estratos são profundamente inadequados: não podem avaliar sistemas que são ao mesmo tempo dinâmicos, instáveis e paradoxais. Em consequência, para reservar um lugar à instituição literária não basta "folhear" a subjetividade, nela intercalando instâncias intermediárias.

A PESSOA, O ESCRITOR, O INSCRITOR

Não obstante, em inúmeras circunstâncias as distinções costumeiras parecem evidentes. Na explicação de texto escolar, por exemplo, o enunciador que o texto implica é em geral a única instância com que lida o comentador. Em contrapartida, se não nos contentarmos com interpretar os enunciados, buscando em vez disso refletir em termos de evento enunciativo, essa oposição mostra que não passa de um artefato do dispositivo de comentário. Naturalmente, o indivíduo Émile Zola não coincide com o narrador de *Nana* ou *Germinal*, mas nem por isso a compreensão do fato literário deixa de exigir que nos interroguemos sobre a enigmática diferença entre eles. A Igreja Católica é mais consequente quando considera a encarnação, a união de duas naturezas da pessoa de Cristo, como um "mistério": dizer que essa questão está além do entendimento humano não equivale a anulá-la.

O léxico corrente, é verdade, não propõe termos satisfatórios. "Escritor" é ao mesmo tempo tanto uma categoria, de resto imprecisa, do registro das profissões como uma figura associada a uma obra. Quanto a "autor", só marginalmente tem referência a uma condição social, remetendo antes ao indivíduo como fonte e garante da obra: quando os filólogos do século XIX se perguntavam se Homero era ou não o "autor" da *Odisseia*, a questão era na verdade a de saber o que, no caso de uma obra como essa, poderia significar ser o "autor". A noção de "enunciador", em contrapartida, não advém de um uso comum, tratando-se antes de um conceito linguístico recente[109] cujo valor permanece instável: oscila-se entre uma concepção do enunciador como instância interior ao enunciado (suporte das operações enunciativas) e uma concepção em que o enunciador é mais propriamente um locutor, o indivíduo que produz o discurso.

A problemática da enunciação, de qualquer maneira, desestabiliza as tópicas que opõem simplesmente aquilo que releva do texto e aquilo que releva de um "fora do texto". O sujeito que mantém a enunciação, e se mantém por meio dela, não é o nem o morfema "eu", sua marca no enunciado, nem algum ponto de consistência exterior à linguagem: "entre" o texto e o contexto, há a enunciação, "entre" o espaço de produção e o espaço textual, há a cena de enunciação, um "entre" que descarta toda exterioridade imediata. Não se podem dissociar as operações enunciativas mediante as quais *se institui* o discurso e o modo de organização *institucional* que ao mesmo tempo o pressupõe e estrutura. Na construção de uma cena de enunciação, a legitimação do dispositivo institucional, os conteúdos manifestos e a relação interlocutiva de entrelaçam e se sustentam mutuamente.

A coletânea de poemas *Os castigos*, de Victor Hugo, que denuncia o golpe de Estado de Napoleão III, convoca a história da humanidade para estabelecer a fala do profeta republicano que se julga enunciá-la; por meio disso, o texto institui seu enunciador como guia da caravana humana que ele ali representa. *Quem* fala então? Um profeta bíblico? O poeta Victor Hugo? Um republicano?

---

[109] Não a encontramos em Benveniste, que, no entanto, é tido como o principal fundador da problemática da enunciação.

E qual o lugar atribuído ao leitor de *Os castigos*? O de um membro do povo de Deus? De um consumidor de poesia? De um progressista da metade do século XIX? O enunciador dessa cena, ao mesmo tempo religiosa, poética e política, não é propriamente *nem* um profeta, *nem* um escritor romântico *ou* um homem político; o lugar de sua enunciação não é *nem* algum deserto bíblico, *nem* o campo literário *nem* a ilha anglo-normanda na qual se refugiou o escritor republicado no exílio, mas a instância e o lugar em que os três termos se entrelaçam sem, no entanto, se confundir uns com os outros, numa instabilidade irredutível que só pode ser apreendida no próprio movimento da leitura. Do mesmo modo, não se vai ler a cena de enunciação que contém o texto de que ela emerge como a projeção de uma situação histórica "real" que ela representaria de maneira mais ou menos oblíqua.

Como quer que se considerem as formas de subjetivação do discurso literário, não se pode justapor sujeito biográfico e sujeito enunciador como duas entidades sem comunicação, ligadas por alguma harmonia preestabelecida. Cumpre distinguir não duas, mas três instâncias, que propomos denominar *a pessoa, o escritor* e *o inscritor*.

A denominação "a pessoa" refere-se ao indivíduo dotado de um estado civil, de uma vida privada. "O escritor" designa o ator que define uma trajetória na instituição literária. Quanto ao neologismo "inscritor", ele subsume ao mesmo tempo as formas de subjetividade enunciativa da cena de fala implicada pelo texto (aquilo que vamos chamar adiante de "cenografia") e a cena imposta pelo gênero do discurso: romancista, dramaturgo, contista... O "inscritor" é, com efeito, tanto enunciador de um texto específico como, queira ou não, o ministro da instituição literária, que confere sentido aos contratos implicados pelas cenas genéricas e que delas se faz o garante. A noção de "inscritor", apesar de sua etimologia, pretende escapar, tal como a de "inscrição" (ver capítulo "O discurso literário como discurso constituinte"m, seção "As constituências literária e filosófica"), a toda oposição empírica entre escrito e oral: os enunciados da literatura oral também supõem "inscritores", ainda que sua estabilização se resuma à memória.

Essas três instâncias não se dispõem em sequência, seja em termos de cronologia ou de estratos. Não há em primeiro lugar "a pessoa", passível de uma biografia, em seguida "o escritor", ator do espaço literário, e depois "o inscritor", sujeito da enunciação: cada uma dessas instâncias é atravessada pelas outras, não sendo nenhuma delas o fundamento ou pivô. Claro que a análise por vezes requer que se considere apenas uma de cada vez, mas nem por isso a constituiremos abusivamente em fundamento. Cada uma das três sustenta as outras e é por elas sustentada, num processo de recobrimento recíproco que, num mesmo movimento, dispersa e concentra "o" criador.

Pensa-se aqui numa estrutura de nó borromeu; os três anéis deste se entrelaçam de modo que, se se rompe um dos três, os dois outros se separam. É-se sempre tentado a reduzir o nó a um de seus anéis: *a pessoa*, para a história literária, seja ela sociologizante ou psicologizante; *o escritor*, para as pesquisas sobre as instituições literárias; *o inscritor*, para os adeptos da obra ou do texto em detrimento de tudo mais. Mas não se pode isolar ou reduzir nenhuma dessas instâncias às outras; sua separação é a condição do desencadeamento do processo de criação. Através do inscritor, é também a pessoa e o escritor que enunciam; através da pessoa, é também o inscritor e o escritor que vivem; através do escritor, é também a pessoa e o inscritor que traçam uma trajetória no espaço literário. Se desfizermos sua junção, cada anel revela ser aquilo por meio de que os outros se sustinham: como viver se não se vive da maneira que convém para ser um dado escritor que vai ser o inscritor de uma dada obra? Como desenvolver estratégias no espaço literário se não se vive de modo a ser o inscritor de uma obra? Como ser o inscritor de uma obra se não se enuncia através de um certo posicionamento no campo literário e um certo modo de presença/ausência na sociedade?

A paratopia é o *clinamen** que torna possível o nó e que esse nó torna possível; não se trata de alguma separação "inaugural" que mais tarde se desfaria diante da obra, mas de uma diferença ativa, incessantemente retrabalhada, renegociada, diferença que o discurso está fadado tanto a conjurar como a aprofundar.

A "identidade" criadora, seja qual for o ângulo a partir do qual a apreendemos, não se restringe a uma posição, uma substância ou um suporte. Essa dificuldade traduz a dificuldade de responder à questão aparentemente mais banal: "*Quem* é o autor dessa obra?" Ao invocar um nome próprio, designam-se tão somente instáveis imbricações de instâncias que se recobrem: um estado civil, uma trajetória de escritor e um processo de enunciação cuja harmonia impossível só se mantém através de uma constante fuga para a frente. A inesgotável interrogação sobre o nome do criador é testemunha disso. A prática imemorial da pseudonímia não pode resolver-se numa oposição entre um nome "verdadeiro" e um "nome artístico". Aquilo que

---

* N.T.: *Clinamen* designa, na doutrina epicurista, um movimento aleatório relativo à trajetória de queda dos átomos.

encontramos ao longo das épocas e dos lugares é uma multiplicidade de regimes de pseudonímia que manifesta a coincidência impossível e a conjunção necessária do homem, do escritor e do inscritor.

Mas essa subjetividade irredutivelmente dispersa vê-se apanhada pela atração daquilo que poderíamos chamar de o "Autor", com maiúscula. Este último confere uma unidade imaginária a um criador fadado a um só tempo a ativar e conjurar sua coincidência impossível. Claro que, para criar, deve-se sobretudo não encontrar um lugar, agudizar a paratopia, mas a atividade criadora é apanhada pela atração de uma "topia" de outra ordem: a esperança de ocupar uma posição em algum Panteão, em alguma Memória, de ser plenamente reconhecido.

Os dois regimes da literatura

Essa complexificação da instância autoral leva à reavaliação de um considerável conjunto de obras que representam tradicionalmente um problema para os especialistas em literatura. A representação dominante do fato literário precisa privilegiar o inscritor e, com ele, as obras que ocultam o máximo possível a presença da pessoa e do escritor. Mas, nesse caso, que fazer com todos os textos de escritor que hesitamos em julgar literários e que, de uma maneira ou de outra, conduzem ao primeiro plano a pessoa ou o escritor? Pensamos aqui de modo particular nos múltiplos gêneros de textos autobiográficos, no sentido amplo, em especial os diários de escritores ou os relatos de viagem.

Tomemos um relato de vigem de escritor, por exemplo, a *Viagem à Itália*, de Chateaubriand. Trata-se tipicamente de um texto que traz à cena "a pessoa" sem por isso ocultar "o escritor" (evocado no texto sem cessar) nem "o inscritor", que dá uma demonstração de suas capacidades estilísticas:

> Tendo passado por Saint-Jean de Maurienne e chegado perto do pôr do sol a Saint-André, não encontrei nenhum cavalo e fui obrigado a me deter. Fui passear pelas cercanias da cidade. O ar fazia-se transparente no cume dos montes; suas escarpas se projetavam com extraordinária pureza no céu, enquanto uma grande noite saía aos poucos do sopé desses montes, elevando-se na direção de seu cimo. Escutei a voz do rouxinol e o grito da águia; contemplei alisos floridos no vale e neve na montanha. Um castelo, obra de cartagineses, ao que diz a tradição popular, mostrava seus escombros da extremidade de uma rocha. Tudo o que é obra do homem nesses lugares é mirrado e frágil; redis de ovelhas feitos de juncos entrelaçados, casas de barro

> construídas em dois dias: como se o pastor da Saboia, à feição das
> massas eternas que o circundam, não julgasse dever se fatigar em
> benefício das necessidades passageiras de sua curta vida! Como se a
> torre de Aníbal em ruínas o tivesse acautelado de quão pouco duram
> e como são inúteis os monumentos.[110]

É a "pessoa" de Chateaubriand que é considerada, numa carta a Joubert datada de 17 de junho de 1803, ao mesmo tempo o herói e o agente de escrita (*scripteur*) desse episódio de sua travessia da Saboia. É essa a condição de todo pacto autobiográfico. Mas o excerto citado nos mostra que esse fragmento da vida de Chateaubriand é também uma página típica da obra daquele que é na época célebre por ter publicado *O gênio do cristianismo*. O autor deve ao mesmo tempo mostrar seus talentos de estilista e trazer à cena o escritor romântico que ele encarna no campo literário: fazendo uma viagem pela Itália, vagando sozinho na natureza selvagem e meditando sobre as ruínas antigas.[111] Se bem que essa viagem é também um percurso do arquivo literário em sua dupla dimensão de intertexto e de lenda; aqui, Chateaubriand conta sua viagem, circula no espaço literário e faz obra – tudo ao mesmo tempo.

Mais do que traçar a impossível fronteira entre o que seria propriamente literário e o que estaria fora da literatura, é realista ao admitir que a literatura mescla dois regimes: um regime que se poderia dizer *delocutivo*, em que o autor se oculta diante dos mundos que instaura, e um regime *elocutivo* no qual "o inscritor", "o escritor" e "a pessoa", conjuntamente mobilizados, deslizam uns nos outros. Longe de ser independentes, esses dois regimes, o delocutivo e o elocutivo, alimentam-se um do outro segundo modalidades que variam a depender das conjunturas históricas e dos posicionamentos dos diferentes autores.

O regime delocutivo é necessariamente dominante, mas é constantemente afetado pelo regime elocutivo, cuja necessidade está ligada ao próprio funcionamento dos discursos constituintes. Como nos lembram as vidas de santos ou de filósofos, os locutores dos discursos constituintes, pelo próprio fato de sua existência alimentar uma criação que por sua vez a alimenta, vivem num espaço irrepresentável em que todo gesto, de escrita ou de comportamento, deve ser dotado de sentido, participar da construção de um exemplo que só se encerra com a morte.

---

[110] *Oeuvres choisies de M. de Chateaubriand, Voyages*, Paris, Pourrat, 1834, pp. 321-322.

[111] Veremos no último capítulo deste livro que o soneto de Heredia "L'oubli" ("O esquecimento") se constrói a partir desse mesmo *topos*.

Alguns criadores assumem a hierarquia entre os dois regimes: ao lado de textos delocutivos, criam eventualmente produções elocutivas: diários, relatos de viagem, lembranças da juventude... São inúmeros os exemplos disso. Outros operam sistematicamente com a fronteira entre os dois regimes, tornam imprecisa a hierarquia. Pensamos aqui no caso de Rousseau ou, mais recentemente, na autoficção de Céline.

Hoje, os textos que atestam a imprecisão dessa hierarquia são cada vez mais numerosos: as múltiplas formas de autoficção privilegiam "a pessoa" e "o escritor" a expensas de "o inscritor". Alguns livros, por exemplo, *Quitter la ville* [Deixar a cidade], de Christine Angot,[112] tendem até a tornar menor "a pessoa" em favor de "o escritor", o ator da instituição literária. A "trama" narrativa desse livro coincide na verdade com a colocação em cena de uma Christine Angot que, ao longo da narrativa, examina os números das vendas de seu livro e disserta sobre suas operações de promoção. Embora "Christine Angot" seja um pseudônimo de escritor, mantém-se certa cisão com a "pessoa":

> Os números estão em baixa hoje, quarta-feira, 18, cem mil. Mas com certeza os números serão enormes na quinta. Não resta mais do que 9 mil, 162 em Maurepas. Já se vendeu no total 23.230. Na semana que vem, sou matéria de capa da *L'Express*, estou na *Télérama* e saem quatro páginas na *Elle* de entrevista com Houellebecq. Jean-Marc me disse acho que existe em Pocket, Como fazer novos amigos? Por que na quinta os números serão enormes? Porque é a LDS, a grande distribuição, que se encarrega, os supermercados, os Carrefours, que até agora fizeram menos pedidos. Parece que pediram o livro à France Loisirs.[113]

No caso oposto, podemos ver numa obra como *Un voyageur solitaire est un diable* (1945), de Henry de Montherlant,[114] um exemplo de autor que assume a hierarquia entre os dois regimes.[115] Trata-se de uma coletânea de lembranças de uma viagem pelo Mediterrâneo que

---

[112] Paris, Stock, 2000.

[113] *Quitter la ville*, Livre de poche, 2002, p. 27.

[114] *Un voyageur solitaire est un diable*, reedição de 1955, Monaco, Éditions du Rocher (1ª ed. 1945, Henri Lefebvre).

[115] Isso é evidentemente relativo, porque Montherlant, em boa parte de sua obra (em particular seus romances), deixa entender que o herói de suas ficções é seu representante. Mas isso não vai ao ponto de pôr em questão o contrato ficcional.

permite reforçar o posicionamento do escritor Henry de Montherlant no campo literário. O título acentua a paratopia que o escritor autoriza para si. A viagem é, com efeito, uma das formas mais literais da condição paratópica do artista, e o "demônio", uma das figuras privilegiadas da embreagem paratópica. Um texto como esse, a exemplo da *Viagem à Itália*, de Chateaubriand, nos conta as viagens da "pessoa", mas nós só as lemos por terem elas sido escritas pelo "escritor" Henry de Montherlant, que mostra também por meio disso seu talento de "inscritor", seu estilo. Há, portanto, um trabalho de legitimação recíproca: o leitor só lê esse relato de viagens porque é uma narrativa do escritor Montherlant, mas esse relato de viagem permite legitimar o posicionamento deste último na instituição literária e o valor de sua obra. Mediante um processo retroativo, esse livro vem reforçar a representação que dele fizeram seus leitores a partir de seus textos do regime "delocutivo". A viagem é tanto um deslocamento geográfico como um deslocamento no interior de representações que ele impôs por sua obra, bem como por suas intervenções na vida pública e seus textos "elocutivos".

Eis um fragmento significativo:

> Numa trilha de montanha, banhada pelo ar mais puro, é-se de súbito surpreendido por um mau odor; e, de fato, numa curva da trilha, eis uma casa de homens. Quando se faz cabotagem, as aglomerações costeiras se anunciam pelas imundícies que lançam nas ondas. "Ah!", dir-me-á alguém, "afastai-vos da vida!" Não me afasto da vida; afasto-me da mediocridade, o que de modo algum é a mesma coisa. Uma bela garota é por certo uma medíocre, mas ela sabe compensar...
> Contemplo-os, saindo de suas vilas em busca de seus pequenos lugares sujos de prazer. Suas vilas recebem nomes como "Meu Sonho". Literatos, eis-nos imobilizados. Deixa-se de ter vontade de entrar no sonho dos homens quando se veem os objetos de que estão repletos.
>
> À beira-mar, mais salgadas que elas, magras virgens passeiam com vestidos de fitas suaves (suaves e sujas); dir-se-ia que são seguidas por uma de suas ideias. Vejo-me verdadeiramente fascinado por um ser de olhos de ameba, de jaqueta e de chapéu de palha; nas costas, condecorações acadêmicas, na mão, uma bengala de macieira branca. Com esse traje, banha os pés lívidos no mar, que se presta de bom grado a essa limpeza, entre as gaivotas de ar idiota.
> Porque o mar aceita tudo. Essa Cigana que vi dançar, ontem, diante de uma assembleia de brutos usando smoking, esse é o mar, um mar escravo, um mar circundado e sulcado de imbecis. (pp. 47-48).

Nesse excerto, o leitor familiarizado reencontra o estilo de "o inscritor", que em nada difere do que está presente em seus romances; por meio disso, o autor confirma sua "grife", a unidade de sua obra. Trata-se para ele de encenar uma representação do escritor que legitima o posicionamento que autorizam para si suas obras do regime elocutivo; trata-se de fazer convergir o *ethos* discursivo e o *ethos* não discursivo (ver a seguir, capítulo "O *ethos*"). O diálogo com um objetor imaginário ("Ah!", dir-me-á alguém, "afastai-vos da vida!") nos remete às querelas internas do campo literário, causando a interferência entre o universo de "a pessoa" e o de "o escritor", como é a regra no regime elocutivo.

Essa representação do escritor se constrói, no essencial, com base na tópica imposta pela estética romântica, que opõe artistas a burgueses, "sonho" estético a sonhos vulgares. Vemos igualmente aí a identificação do artista com a mulher e a boemia, através da figura da "Cigana", que, por meio da dança, mostra ao mundo tópico que ela não é parte dele. Remissões múltiplas da própria enunciação desse relato de viagens que não para de mostrar àqueles que o compraram à triunfante independência do escritor a seu respeito. Sobre esse repositório de clichês amplamente partilhado, Montherlant desenvolve a dimensão do *ethos* que cultiva, no caso, um desdém aristocrático com nuanças de dandismo, estereótipo já bem vívido na segunda metade do século XIX entre os autores que põem em destaque sua ascendência nobre (particularmente Villiers de L'Isle Adam e Barbey d'Aurevilly).

Mas não podemos ficar restritos ao fato de que um dado autor publicou certos textos que relevam do regime elocutivo, tendo de compreender ao mesmo tempo as relações que ligam numa obra singular os textos dos dois regimes. Um texto como *Un voyageur solitaire est un diable* [Um viajante solitário é um demônio]* não é um acréscimo contingente a uma obra independente dele; a obra participa dele. Montherlant é um dos autores cuja obra tem necessidade de trazer à cena "a pessoa" e "o escritor". Um texto como esse tem estreitos vínculos com aqueles que Montherlant produziu no âmbito do regime delocutivo. Com efeito, pode-se dizer que sua obra tem como única temática a inserção na intriga do *ethos* de sua própria enunciação: as intrigas de seus romances, de suas peças de teatro, as reflexões do narrador ou de certas personagens destinam-se antes de tudo a legitimar, por meio de um processo

---

* N. E.: O livro não foi publicado em língua portuguesa. No entanto, a fim de facilitar a leitura, daqui em diante será citado em português.

circular, a atitude diante da vida e à escrita que uma tal obra implica. Aquele que escreve e age, ator da enunciação e da intriga enunciada, é também a pessoa Montherlant, homem de letras e o narrador. Aquilo a que se espera a adesão do público mediante a leitura é a encenação incessantemente renovada do gesto através do qual o artista mostra que se desprende das restrições nas quais se acha preso um público condenado à "topia".

O ESPAÇO ASSOCIADO

Os textos autobiográficos no sentido amplo não são os únicos a trazer delicados problemas de fronteira. Que estatuto conferir aos tantos textos de autor que acompanham as obras: dedicatórias, prefácios, comentários, manifestos, debates, escritos sobre outras artes, entrevistas com jornalistas etc.? Tal como no caso da autobiografia, a fronteira entre o interior e o exterior da obra "canônica" não é definida de antemão, mas negociada a cada obra.

Por questões de clareza, vamos distinguir uma dimensão de *figuração* – a encenação do criador –, bem presente nos textos do regime elocutivo que acabamos de evocar, e uma dimensão de *regulação* por meio da qual o criador negocia a inserção de seu texto num certo estado do campo e no circuito da comunicação. De modo geral, um manifesto ou um prefácio têm como função principal pôr as obras em conformidade com normas, seja para mostrar que se seguem as normas existentes ou para propor soberanamente as do autor. Essa função de "regulação" também tem relação com colocar em perspectiva um texto, seu perfil com referência ao que poderíamos chamar de a *Opus*, isto é, a trajetória de conjunto em que cada obra singular assume um lugar. Com efeito, ser escritor é também gerar a memória interna dos próprios textos e atividades passadas e reorientá-la em função de um futuro. Quanto mais se enriquece a *Opus*, tanto mais importante se torna essa função de regulação.

Trata-se de duas dimensões inseparáveis: construir uma identidade criadora na cena do mundo (*figuração*) e conferir um estatuto às unidades que constituem a *Opus* (regulação). A primeira tem como manifestação privilegiada gêneros de texto relativamente "autônomos", como o diário íntimo, o relato de viagem, as lembranças de infância; a segunda vincula-se mais com os gêneros paratextuais, metatextuais etc., inseparáveis dos textos que eles acompanham.

Ampliando a distinção delocutivo/elocutivo, pode-se considerar que a produção de um autor associa na verdade dois espaços indissociáveis, mas que não estão no mesmo plano: *um espaço canônico* e um *espaço associado.*[116] O "espaço associado" não é um espaço contingente que se somaria a partir de fora ao espaço canônico: os espaços canônico e associado alimentam-se um do outro, sem contudo possuir a mesma natureza. Esse duplo espaço se mostra a si mesmo no conjunto mais amplo de *marcas* deixadas pelo autor, o que inclui também os cadernos escolares, a correspondência amorosa, cartas dirigidas à administração etc.

O "espaço canônico", que recobre quase todos os textos do regime elocutivo, é o espaço saliente; ele repousa numa dupla fronteira: entre os actantes do mundo ficcional e o autor, de um lado, e entre "inscritor" e "escritor"-"pessoa", do outro. Ele não se reduz a um espaço em que mundos ficcionais teriam um "eu" referencialmente ao do autor. Isso parece relativamente evidente no caso de textos narrativos homodiegéticos [um só mundo da obra], bem mais do que no caso de textos líricos, por exemplo. Se é verdade (diga o que disser o estruturalismo vulgar) que a poesia lírica explora a ambiguidade entre o "eu" das *Contemplações* e o indivíduo Victor Hugo, entre o "eu" dos *Arrependimentos* e Joachim du Bellay, isso não por isso a situa no espaço associado com o mesmo estatuto que têm o relato de viagem ou o diário do escritor. Com efeito, a incisão fundadora do espaço canônico é a de um *ritual*: a poesia lírica liga-se precisamente a uma convenção poética deveras forte (no nível das formas e maneiras de dizer) e a uma densa intertextualidade. O que importa é essa ritualização.

A natureza do espaço associado varia de acordo com o espaço canônico. O principal papel dos gêneros dedicatórios do século XVII, por exemplo, acompanha certo estatuto do escritor, ao passo que a importância dos manifestos nos séculos XIX e XX é indissociável da existência de um campo literário que tende à autonomia. A primeira edição das *Fábulas* de La Fontaine (1668) é precedida por uma longa epístola em prosa "Ao senhor Delfim", vindo depois um extenso prefácio que permite ao autor justificar sua obra; a isso se segue uma "Vida de Esopo, o Frígio", e por fim versos

---

[116] Apesar das aparências, esse "espaço associado" não tem muita relação com o "paratexto" de Genette, que é para ele a soma do "peritexto" com o "epitexto" (*Seuils*, 1987). Genette considera com efeito tudo o que cerca um livro, ao passo que nós pensamos aqui em textos cuja responsabilidade é atribuída ao autor. É, no entanto, verdade que alguns gêneros de textos figuram tanto no paratexto genettiano como em nosso "espaço associado", os prefácios, por exemplo.

dirigidos ao Delfim que resumem seu empreendimento imitando[117] a epopeia antiga ("Canto os heróis que têm Esopo por pai..."). Dois séculos depois, em 1857, Baudelaire precede as *Flores do mal* por uma dedicatória a Théophile Gautier[118] e de uma espécie de prefácio, "Ao leitor", constituído por dez quartetos, e que termina com o célebre verso:

> – Hipócrita leitor – meu semelhante, – meu irmão!

A comparação é eloquente. La Fontaine dedica seu texto a um poderoso, o filho do rei, justificando seu empreendimento perante os doutos mediante a reflexão sobre o gênero fábula à luz da cultura antiga. Baudelaire dedica a obra a um dos mais importantes escritores do campo literário e dirige-se diretamente ao leitor. Onde La Fontaine mostra um escritor que deve entrar em harmonia com os poderosos e os doutos, o escritor baudelairiano, em meados do século XIX, pretende só ter de conhecer senão outros escritores do campo e o leitor.

A configuração de que participa Baudelaire, na qual a literatura reivindica sua autonomia, é precisamente aquela que faz proliferar o espaço associado. De fato, a partir do romantismo, a literatura tende à obra absoluta, provocando paradoxalmente a proliferação de textos autobiográficos e comentários dos escritores sobre sua obra e a arte. Não há na verdade nada de surpreendente nisso: a partir do momento em que a concorrência entre posicionamentos se exacerba e se teatraliza, em que as definições da atividade literária são radicalmente incertas, o autor é levado a multiplicar os textos de acompanhamento. Opõe-se ao regime *tradicional* (estabelecido pela referencia a uma tradição), em que se espera que algumas normas se imponham aos escritores, um regime *problemático* no qual é preciso legitimar sem cessar o empreendimento criador deles. Mas tanto no mundo de La Fontaine como no de Baudelaire, a obra é ao mesmo tempo construção de um universo ficcional e legitimação dessa construção; o que varia são somente as modalidades da regulação.

Essa fronteira entre espaço canônico e espaço associado é indecidível, porque renegociada por cada posicionamento. No caso das *Confissões*, de Rousseau, por exemplo, é o posicionamento do autor, que não para de

---

[117] Falo aqui de "imitação" e não de "paródia", por não estar assegurada a possibilidade de distinguir entre captação e subversão.

[118] "Ao Poeta Impecável / Ao Mágico Perfeito das Letras Francesas / Ao Meu Caríssimo e Veneradíssimo / Mestre e Amigo /THÉOPHILE GAUTIER / Com os Sentimentos / Da Mais Profunda Humildade / Dedico /ESTAS FRÁGEIS FLORES / C. B."

instituir sua pessoa como *exemplum* vivo, que confere caráter canônico a uma autobiografia que, noutro autor, relevaria sem dúvida o espaço associado. Isso fica ainda mais claro no caso de Céline, cuja obra tende progressivamente a abolir a distinção entre os dois espaços.

Se o espaço canônico pretende separar o "inscritor", instância da cena de enunciação, da "pessoa" e do "escritor", o espaço associado implica uma indistinção das fronteiras que estruturam a instância enunciativa. É isso o que ocorre, por exemplo, numa dedicatória: *Quem* dedica o texto? A pessoa? O escritor? O inscritor? Isso também se aplica, como se viu, aos gêneros "elocutivos" como os relatos de viagem. Poderíamos esboçar aqui uma comparação com o sistema de pessoas em francês, que associa um sistema de oposições fundado na alteridade (*eu/tu*) e na ruptura (pessoa/não pessoa) e contém a forma *on* ("se", "a gente"), que flutua entre essas diversas posições, que faz as oposições oscilarem com diversos objetivos. Do mesmo modo, o espaço associado mobiliza uma subjetividade imprecisa com fenômenos de dominância em virtude dos quais num dado contexto associa-se o autor primordialmente ao inscritor, ao escritor ou a pessoa, mas com uma reserva irredutível que situa esse autor sempre além. Essa imprecisão e flutuação podem ser lidas na fórmula de Borges:

> Eu vivo para que Borges possa urdir sua literatura, e sua literatura me justifica. Eu não sei qual dos dois escreve esta página.
>
> ("O autor", 1960)

A estabilização da referência é, nesse caso, impossível. Pode-se pensar que o primeiro "eu", aquele que "vive", é primordialmente a *pessoa* e que "Borges" é primordialmente o nome que subsume os diversos *inscritores* de suas obras. Aquele que não sabe "qual dos dois" é ele; aquele que se mantém sem se manter na indecidível diferença entre os dois, seria primordialmente *o escritor*. Mas é fácil ver que essa fronteira só se propõe ao se desfazer: a segunda frase remete o movimento ao infinito. Pode-se mesmo dizer que Borges é um dos autores que constroem sua obra com base nessa imprecisão e flutuação.

O discurso literário não é um território compacto que gera simplesmente algumas dificuldades locais de estabelecimento de fronteiras, mas um espaço radicalmente duplo. Funciona com base num duplo movimento de *desconexão* (no espaço canônico) e de *conexão* (no espaço associado) das instâncias subjetivas. Alguns fixam assim sua atenção na desconexão (abordagem textualista) e outros na conexão (abordagem contextualista); aqueles privilegiam "o inscritor" e estes, "a pessoa" ou "o escritor". Os próprios criadores se dividem entre os posicionamentos que optam maciçamente pela desconexão (Mallarmé ou os parnasianos) e os que preferem a conexão (Rousseau ou Céline), com todas as posições de negociação e de compromisso imagináveis. Esses dois movimentos são a um só tempo contraditórios e complementares, sendo a impossibilidade de estabilizar suas relações um dos motores da produção literária.

O posicionamento

Posicionamento e "vida literária"

Refletir sobre a emergência das obras é considerar o espaço que lhes dá sentido, o campo em que se constroem os posicionamentos: doutrinas, escolas, movimentos... Trata-se da construção de uma identidade enunciativa que é tanto "tomada de posição" como recorte de um território cujas fronteiras devem ser incessantemente redefinidas. Esses posicionamentos não são apenas doutrinas estéticas mais ou menos elaboradas; são indissociáveis das modalidades de sua existência social, do estatuto de seus atores, dos lugares e práticas que eles investem e que os investem. Devemos contudo acautelar-nos de confundir os posicionamentos com os escritores. Quando escreve verbetes para *A enciclopédia*, Rousseau participa de um gênero característico das Luzes; não é esse o caso quando escreve suas *Confissões* ou seus *Devaneios de um caminhante solitário*.

AUTORIDADE E VOCAÇÃO ENUNCIATIVA

Em *Arqueologia do saber*, Foucault formula a propósito da fala médica uma questão que também é pertinente para o discurso literário:

> Quem fala? Quem, no conjunto de todos os indivíduos falantes,
> pode legitimamente ter esse tipo de linguagem? [...] A fala médica
> não pode vir de qualquer um; seu valor, sua eficácia, seus próprios

> poderes terapêuticos e, de modo geral, sua existência como fala
> médica não são dissociáveis da personagem, estatutariamente
> definida, que tem o direito de articulá-la.[119]

Mas, na literatura, ao contrário do que ocorre na medicina, não há diploma reconhecido que confira o direito à palavra. Para determinar quem tem o direito de enunciar, um posicionamento literário define à sua própria maneira o que é um autor legítimo. Cada autor se orienta em função da autoridade que tem condições de adquirir, dadas suas conquistas e a trajetória que concebe a partir delas num dado estado do campo.

Um posicionamento, portanto, não se limita a defender uma estética, definindo também, de modo implícito ou explícito, o tipo de qualificação exigida para se ter a autoridade enunciativa, desqualificando com isso os escritores contra os quais ela se constitui. Quem no século XVIII reivindicasse as Luzes deveria demonstrar variados conhecimentos científicos e interessar-se pela reforma do sistema político, enquanto um poeta lírico romântico deveria ser dotado de uma forte sensibilidade, ter passado por experiências dolorosas e assim por diante. Os diversos estados históricos da produção literária filtram dessa forma, em função dos posicionamentos que neles são dominantes, a população enunciativa potencial; definem certos perfis: frequentar ou não os ambientes mundanos, o teatro ou os cientistas, colecionar plantas ou praticar esportes, conhecer os bastidores da política etc.

Pode-se chamar de *vocação enunciativa* esse processo através do qual um sujeito se "sente" chamado a produzir literatura. Para que o duque de La Rochefoucauld na França de Luís XIV e Victor Hugo na Restauração tenham se sentido impelidos a tomar da pena da maneira que o fizeram, foi de fato necessário que a representação da instituição literária de sua época relativa a sua posição na sociedade lhes proporcionasse a convicção de que dispunham da autoridade requerida para se tornarem escritores. A autocensura permite um ajustamento espontâneo às condições de sucesso associadas com uma posição particular: a depender do estado do campo, não são os mesmos indivíduos que irão acreditar-se "chamados" a produzir literatura.

É bem mais do que uma questão estética o que está envolvido aqui. Cabe aos escritores produzir uma definição da literatura legítima que esteja em

---

[119] P. 68.

harmonia com suas próprias qualificações, tanto aquelas de que dispõem de início como aquelas que julgam necessário adquirir. Quando, tendo como alvo Zola, ataca o naturalismo, o escritor conservador Léon Daudet condena igualmente o tipo de formação na qual se apoia o autor de *A taberna*:

> [...] a pretexto de pintar "massas" e traçar o plano em relevo e em odor de seus Rougon, Macquart, Saccard e Cia, ele devorava indistintamente manuais, resumos científicos, ou pretensamente científicos, sobre a hereditariedade, as taras, as multidões, o indivíduo resumido da espécie e todas as invencionices do evolucionismo da moda.[120]

A isso Léon Daudet opõe o estudo do grego e do latim, único meio, a seu ver, de formar um verdadeiro escritor francês; Zola, a quem faltava uma sólida cultura humanista, não deveria ter se acreditado autorizado a se tornar escritor:

> Pois Zola – será preciso dizer? – detestava as humanidades. As abelhas, o que são? Aristocratas do mundo dos insetos. Têm rainhas, Deus me perdoe! Fale-me das moscas dos toaletes, que giram como boas democratas, na atmosfera dos canos de chumbo – ver *Pot-Bouille* –, e participam do amplo movimento de saneamento da sociedade.[121]

No manifesto da Plêiade, *Défense et illustration de la langue française* [Em defesa e ilustração da língua francesa],* de J. du Bellay (1549), essa relação entre vocação enunciativa, qualificação e autoridade é mostrada com rara clareza. Esse manifesto literário traça assim o retrato do poeta legítimo:

> Portanto, ó tu, dotado de uma excelente beatitude por natureza, instruído em todas as boas artes e ciências, principalmente naturais e matemáticas, versado em todos os gêneros de bons autores gregos e latinos, não ignorante das especialidades e ofícios da vida humana, não de condição demasiada elevada, nem chamado ao regime público, e tampouco abjeto e pobre, não perturbado por problemas domésticos, mas em repouso e tranquilidade de espírito, adquirida antes de tudo pela magnanimidade de tua coragem,

---

[120] *Souvenirs des milieux littéraires, politiques, artistiques et médicaux*, Paris, Nouvelle Librairie Nationale, 1920, p. 226.

[121] Op. cit., pp. 227-228.

* N. E.: O livro não foi publicado em língua portuguesa. No entanto, a fim de facilitar a leitura, daqui em diante será citado em português.

Discurso literário

> depois mantida por tua prudência e governo sensato, ó tu (digo),
> ornado de tantas graças e perfeições, se às vezes tiveres piedade de
> tua pobre linguagem, se te dignares enriquecê-la com teus tesouros,
> será realmente tu que a farás erguer a cabeça e, com uma honrada
> testa, se igualar às magníficas línguas grega e latina.[122]

Vemos aqui definidas a cultura do poeta e o modo de vida que legitimam sua enunciação poética. Sua cultura divide-se em dois conjuntos: as ciências e as humanidades. Quanto à sua condição social, no prolongamento da Antiguidade, ela implica uma sensata *mediocritas*.

Que estatuto atribuir a esse texto de du Bellay? Seria redutor ver nele um simples decalque da realidade biográfica dos membros da "Brigada" (núcleo da futura Plêiade), e em particular suas duas figuras de proa, Ronsard e du Bellay. Esse manifesto foi publicado no momento em que esse grupo ainda não havia escrito nenhuma obra importante. Com efeito, ele constitui ao mesmo tempo uma legitimação da existência que levam e a prescrição de um futuro. Definir no texto uma vocação enunciativa equivale a justificar as escolhas já feitas, mas também construir um esquema de vida que determina as escolhas ulteriores. Trata-se de uma aposta no futuro que só tem chance de ser coroada de êxito se os escritores do grupo conseguirem impor o tipo de qualificação ao qual vinculam sua produção, o que evidentemente implica que obras de qualidade venham atestar ser bem fundada essa qualificação teatralmente exibida.

A esse perfil renascentista do poeta legítimo contrapomos a do jovem Rimbaud, cujo posicionamento recusa o ideal humanista de "tranquilidade", de harmonia entre a alma e o cosmos:

> O primeiro estudo do homem que deseja ser poeta é o conhecimento
> de si, o pleno conhecimento; ele perscruta sua alma, inspeciona-a,
> tenta-a, apreende-a [...]. Digo que é necessário ser vidente, tornar-se
> vidente. O Poeta se torna vidente mediante um desregramento longo,
> imenso e racional de todos os sentidos. Todas as formas de amor, de
> sofrimento, de loucura; ele perscruta a si mesmo, esgota em si todos
> os venenos para deles só conservar as quintessências.[123]

---

[122] Início do capítulo v, Livro ii.

[123] Carta a Paul Demeny, 15 de maio de 1871. In: *Oeuvres*, Gallimard, "La Pléiade", 1954, p. 270. Sobre o posicionamento de Rimbaud, ver também o último capítulo deste livro.

Os ritos legítimos

A parcela da existência dos escritores que afeta mais diretamente sua criação são as atividades dedicadas especificamente à fabricação da obra. Falaremos de *ritos genéticos* para designar as atividades mais ou menos rotineiras através das quais se elabora um texto. A noção de "ritos genéticos" nada tem de peculiar à literatura e nem mesmo aos discursos constituintes. Em certos gêneros do discurso, as etapas dessa elaboração são objeto de normas (é o caso de um jornal diário ou da redação de um texto legal); noutros gêneros, há menos normas. Mas, seja como for, um gênero do discurso restringe "acima" seu modo de elaboração, assim como restringe "abaixo" seu modo de difusão.

A criação literária percorre, com efeito, diversos domínios: de elaboração (leituras, discussões...), de redação, de pré-difusão, de publicação. Mas esses domínios não se acham dispostos em sequência, formando antes um dispositivo composto por elementos solidários. O tipo de elaboração impõe restrições ao tipo de redação, de pré-difusão ou de publicação; em contrapartida, o tipo de publicação pretendido orienta por antecipação toda atividade ulterior: não se pode imaginar a poesia galante numa ilha deserta.

Um mesmo lugar pode muito bem integrar vários desses domínios. Um salão do século XVII é um lugar polivalente. Nele, pode-se discutir estética, encontrar os amigos, pôr-se ao corrente da atualidade literária (lugar de elaboração); pode-se ainda ler as próprias obras a um primeiro círculo (lugar de pré-difusão). A obra se modifica em função das reações desse primeiro público, antes de ser lida e representada diante de um público que vai além da restrita população dos frequentadores assíduos do salão. Eventualmente, essa obra será impressa. Do mesmo modo, num café de escritores do século XIX, pode-se escrever, encontrar o pessoal da própria tribo ou de outras tribos, conhecer os projetos em andamento, confiar manuscritos aos amigos ou ler para o grupo.

No âmbito da literatura, pode-se dizer que a invenção de ritos genéticos apropriados se confunde com a definição de uma identidade num campo conflitual. Deve-se igualmente evitar a abstração dos ritos genéticos dos posicionamentos estéticos. Dizer, por exemplo, que, ao privilegiar o trabalho formal em detrimento da inspiração, os parnasianos restabeleceram a ligação com as regras dos clássicos do século XVII é esquecer que a palavra de ordem "Arte pela Arte" só adquire sentido numa oposição constitutiva a um certo romantismo. Ao contrário de muitos escritores do século XVII, os parnasianos não visavam a uma formulação clara em que a representação do pensamento se submeteria por outro lado a um código de conveniência: pretendiam elaborar enunciados perfeitos, subtraídos à corrupção do mundo, textos minerais ("esmaltes"' "camafeus", "mármores"...) que mostrassem o trabalho que custaram, que incluíssem, por assim dizer, a gesta heroica que os tornou possíveis.

Um criador não pode tratar seus próprios ritos genéticos como quantidade desprezível. Esses ritos constituem, na verdade, o único aspecto da criação que ele pode controlar, a única maneira de conjurar o espectro do fracasso. Em matéria de criação, o êxito é profundamente incerto: como se assegurar de que se fez uma obra de valor quando nem mesmo a aprovação do público imediato não é um critério seguro? Não resta ao autor senão multiplicar os gestos conjuradores, mostrar a si mesmo e ao público os sinais de sua legitimidade. Isso implica a execução de gestos requeridos para escrever como convém com referência ao posicionamento que se reivindica no campo literário. Se se reivindica uma doutrina clássica que diz "faça e refaça até ficar perfeito", é preciso rasurar sem parar: não há na verdade uma única formulação correta, aquela que permita ao pensamento atravessar idealmente a língua.

Essa necessidade de o criador inventar ritos genéticos específicos e, para além deles, um modo de vida capaz de possibilitar uma obra singular assume uma inflexão quase religiosa em alguns deles, como é o caso de Proust:

> Quanto ao livro interior de signos desconhecidos... para cuja leitura ninguém podia me ajudar com regra alguma, essa leitura consistia num ato de criação em que ninguém pode nos substituir e tampouco colaborar conosco. E quantos esquivam-se por isso de escrevê-lo! [...] a todo momento o artista deve escutar seu instinto, o que faz da arte o que existe de mais real, a mais austera escola da vida e o verdadeiro Juízo Final.[124]

Para poder escrever, no final de *Em busca do tempo perdido*, que a única vida verdadeira é a arte, Proust teve de descobrir os ritos genéticos necessários, tecer em sua vida a tela de hábitos na medida do texto que dela devia surgir. Como a arte é a vida verdadeira, "a mais austera escola da vida", tem-se de deixar a criação ditar seus horários, trancar-se num quarto meticulosamente escuro e à prova de som, apartado do mundo exterior, livre da divisão do dia e da noite. De nada serve imaginar um Proust gozando de melhor saúde, levando uma vida "normal": esse Proust jamais poderia escrever *Em busca do tempo perdido*.

---

[124] *Le Temps retrouvé*, Livre de Poche, 1967, pp. 236-237 (edição brasileira: *O tempo redescoberto*, 12. ed., São Paulo, Globo, 1995).

Como só se escreve a vida dos grandes escritores sabendo-se que são grandes escritores, é difícil conceber a incerteza radical do trabalho criativo. Como imaginar um Flaubert nem um pouco seguro de que enterrando-se em Croisset, na Normandia, e burilando cada frase, vai escrever essa *Madame Bovary* que figura em todas as antologias da literatura francesa? A história literária tende a só conservar as inovações coroadas de êxito e a calar os inúmeros fracassos ou, mais simplesmente, a multidão dos escritores de valor que se contentaram em escrever em contextos já confirmados. O escritor original é de fato obrigado a inventar ritos genéticos na medida de sua necessidade.

Trata-se de um paradoxal processo de enlaçamento: a doutrina estética do autor constitui-se ao mesmo tempo que a obra que se julga ser seu produto. É preciso já ter encontrado os ritos genéticos pertinentes para elaborar as obras, mas é o êxito das obras realizadas que consagra a pertinência desses ritos. Para inovar, os criadores devem determinar que ritos genéticos são apropriados antes de o sucesso lhes confirmar o valor de seu empreendimento. Observa-se com frequência que a *Arte poética* de Boileau (1674) foi publicada depois da maioria das obras primas de Bossuet, Molière, Corneille, Racine... Mas esse é um descompasso perfeitamente normal: os ritos genéticos são codificados quando já não têm um verdadeiro poder criador.

A própria maneira como são assumidos os ritos genéticos varia segundo as configurações históricas. É sobretudo a partir do século xix que o autor passa a apresentá-los em espetáculo ou as sociedades a sonhar com eles: o "farol" de Guernesey em que Hugo trabalha, o quarto de Proust, túmulo e berço.[125] Tanto essa exibição como essa curiosidade estão ligadas precisamente a uma estética romântica que valorizou a gênese e quis reencontrar a *energeia* da produção no produto acabado. Isso vai da publicação de "rascunhos" pelo próprio autor (cf. *A fábrica do prado*, de Ponge) até a confusão entre a obra e a historia das condições de sua própria gênese (*Em busca do tempo perdido*). Antes do século xix, as obras evocam pouco os ritos genéticos que as tornaram possíveis; assim agindo, os autores pressupõem uma definição da literatura bem diferente da que prevaleceu em seguida.

Quando os escritores, em vez de buscar a originalidade a qualquer preço, buscam imitar modelos prestigiosos, os ritos genéticos têm uma natureza completamente distinta. É o caso da poesia neoclássica japonesa do período Edo:

---

[125] No caso de Proust, esse quarto tem ainda maior prestígio por não ter existência material, mas apenas lendária.

> A composição dos *kanshi*[126] não se realiza mediante um trabalho de escrita em sentido próprio, tal como a concebe o hábito moderno de retomar, corrigir, modificar progressivamente rascunhos sucessivos. A escrita só intervinha para transcrever um poema pronto, advindo a composição poética de um trabalho mental que consistia em recompor e trabalhar ao infinito com certo número de versos memorizados [...]. Chegaram até nós inúmeros indícios disso. O caso de Rantei[127] constitui uma prova, mas o mesmo ocorre com o regulamento dos concursos de poesia, que proibia os rascunhos ou então o hábito de reproduzir durante um passeio poemas compostos caminhando.[128]

Apreendemos aqui a estreita ligação entre uma estética da imitação e seus ritos genéticos: o passeio insere o autor no cosmos ao mesmo tempo que ativa sua memória intertextual. A harmonização entre os dois é realizada mediante a submissão do autor e de sua poesia a uma mesma ordem do mundo.

Os ritos genéticos são, por conseguinte, parte de posicionamentos estéticos que sustentam as obras. Conhecemos o caso de Flaubert "berrando" seus textos, penando a cada frase; conhecemos o de Zola tomando notas nas locomotivas, nas minas de carvão ou nas recepções mundanas:

> Ele se fazia convidar por ricos industriais para suas noitadas com o único intuito de se documentar. Era visto, gordo e sombrio, qual um filósofo de Couture, num canto do *buffet* examinando a plateia, povoando a memória, cada vez mais avolumada, de silhuetas recortadas e rápidas que sua imaginação doentia associava depois em dramas e orgias de carne e sangue. Ao redor, as pessoas murmuravam: "É Zola. Está aqui para tomar notas".[129]

Nessa polêmica descrição, capta-se um duplo movimento: de um lado, o romancista que observa os costumes submetendo-se aos ritos genéticos naturalistas; do outro, a sociedade que observa os ritos do observador. Por mais que se ponha a um canto, que confira a si todos os sinais da neutralidade, o romancista naturalista define por seu comportamento um certo posicionamento no campo literário, deixa que todos vejam os gestos que, a seu ver, o escritor legítimo deve fazer.

---

[126] Poemas escritos em ideogramas chineses, mas lidos em japonês.

[127] Esse grande poeta era cego.

[128] Marguerite-Marie Parvulesco, "Imitation et création littéraire, la poésie de lettrés à l'époque Edo", EBISU, *Études japonaises*, n. 19, Tóquio, 1997.

[129] Léon Daudet, *Souvernirs des milleux littéraires, artistiques et médicaux*, Paris, Nouvelle Librairie nationale, 1920, p. 226.

O escritório de Flaubert em Croisset e o quarto escuro e à prova de som em que Proust escreve à noite *Em busca do tempo perdido* são espaços a um só tempo dentro e fora do mundo que são apreendidos na atividade que se espera apenas que tornem possível.

A célebre "biblioteca" do terceiro andar da torre do castelo de Montaigne é ao mesmo tempo um gabinete de trabalho e uma biblioteca. Ele não é apenas o lugar em que o autor escreve seu livro, mas também, de certa maneira, um livro. Suas vigas e traves estão cobertas de sentenças gregas ou latinas, e a parede é ornada por uma inscrição em latim que marca a entrada de Montaigne na escrita:

> No ano de Cristo de 1571, aos trinta e oito anos, as vésperas das calendas de março, aniversário de seu nascimento, Michel de Montaigne, já há muito desgostoso da servidão do parlamento e dos cargos públicos, retirou-se, ainda de posse de suas forças, para o seio das doutas virgens em que, na calma e na segurança, passará o pouco de tempo que lhe resta de uma vida em grande parte já transcorrida. Esperando que o destino lhe conceda aprimorar essa habitação, doce retiro ancestral, ele a consagrou à sua liberdade, à sua tranquilidade e a seus lazeres (*otium*).

Recinto de um renascimento na companhia das musas, essa biblioteca é igualmente descrita no texto dos *Ensaios*, que evoca a existência que ali leva o escritor. Espaço redondo, no alto da torre, separada pelo pátio do corpo principal do castelo, permite abarcar com os olhos todos os livros, arrumados ao redor. Ele permite também supervisionar, de três ângulos distintos, as atividades das pessoas da propriedade: "De uma só vez, comando minha casa. Estou sobre a entrada e vejo sob mim meu jardim, meu galinheiro, meu pátio e a maioria dos membros de minha casa." É ao mesmo tempo um lugar de concentração em si e de abertura para o mundo, um lugar no exterior e no interior do castelo. Condição de possibilidade de uma escrita, também é uma materialização desta. Essa biblioteca, onde ele passa "a maior parte das horas do dia", dá corpo à paratopia de um escritor que associa reflexividade e observação do mundo.

SÊ-LO E NÃO SÊ-LO

Por conseguinte, a obra só pode surgir se, de uma ou de outra maneira, conseguir tomar forma numa existência que é ela mesma moldada para que essa obra nela advenha. Mediante seu modo de inserção (ainda que por autoexclusão)

Discurso literário

no espaço literário e na sociedade, o escritor atesta seu posicionamento, a convergência entre uma maneira de viver e de escrever e uma obra.

A partir do final do século XIX, ser um escritor engajado é assinar petições, tomar a palavra em reuniões, exprimir-se sobre os grandes problemas da sociedade, assumir o posto de sentinela do bem. A dificuldade consiste então em encontrar o improvável ponto de equilíbrio entre exigência e aquilo que confere a legitimidade estética: uma obra capaz de exceder as estratégias imediatas, as necessidades do momento, que transforme o potencial paratópico do intelectual engajado em paratopia criadora.

No extremo oposto, para poder assinar com o pseudônimo "Julien Gracq" e escrever livros que mostram um mundo marcado pela ausência, em que só vive a literatura, é preciso encerrar-se em sua solidão de província, manter-se longe das tribunas, dos cortejos e dos ambientes literários. Trata-se de um modo de vida compatível com narrativas que se passam em longínquas orlas (*Le Rivage des Syrtes* [O litoral de Sirtes]), promontórios (*Un Balcon en Forêt* [Um promontório na floresta]), praias bretãs (*Un Balcon en Forêt*)... Nesse caso, o único lugar em que é possível escrever é a orla de alguma extremidade do mundo, como o sugere o começo de *Un Balcon en Forêt*:

> Evoco, nesses dias escorregadios, fugidios, do fim de outono, com uma predileção particular, as trilhas dessa pequena praia no declínio da estação, de súbito singularmente invadida pelo silêncio. Ela mal vive, albergue da desocupação migratória, em que o fluxo de mulheres de roupa clara e de crianças de repente conquistadoras com as marés de equinócio vai fugir e descobrir repentinamente como as ressacas marinhas de setembro, essas grutas de tijolo e cimento, essas estalactites rococós, essas arquiteturas pueris e atraentes, esses canteiros demasiado protegidos que o vento do mar vai destruir como anêmonas desidratadas, e tudo o que, por ser deixado de repente em seu ocioso face a face com o mar, à falta de frivolidades por demais tranquilizadoras, vai retomar invencivelmente sua categoria mais elevada de fantasma em pleno dia.[130]

O romance começa mostrando o limite que separa a obra dos rumores do mundo. Tendo o mar e a multidão de turistas refluído, o escritor se mantém nesse entremeio incerto, em que ainda se percebe o vestígio dos homens, porém não mais sua presença ruidosa e pesada. Corresponde a esse

---

[130] *Un beau ténébreux*, Paris, José Corti, 1945, p. 11.

160

espaço um tempo entre dois tempos, a fronteira do "final de outono", entre o verão da agitação e o inverno da morte. Enunciação de uma *no man's land*, onde o distanciamento enunciativo se efetua para o autor através da escolha de um pseudônimo ("Julien Gracq"), do afastamento da vida parisiense, da publicação por um pequeno editor (José Corti), cuja divisa é "Nada de comum", e a entrada de sua obra nessa espécie de túmulo literário, a coleção de "La bibliothèque de la Pléiade", da Gallimard. Essa preocupação de distanciamento chega até a recusa de deixar reproduzir sua assinatura:

> Sua preocupação em não renunciar à reserva que manifesta desde sempre levou Julien Gracq a não nos autorizar a reproduzir sua assinatura na capa da série que lhe é consagrada, o que o singulariza com relação à nossa prática há trinta anos. Um retrato parcial por Jacques Degenne forneceu-nos os traços dessa presença/ausência.[131]

A assinatura imporia a presença maciça de uma individualidade num espaço em que só deve figurar a inapreensível "reserva" de um autor por intermédio de quem a literatura fala. Essa reserva a ser incessantemente reafirmada é ao mesmo tempo a determinação de um modo de vida, de ritos genéticos, e a dinâmica de uma enunciação. Por meio de suas obras, o autor restabelece indefinidamente a paratopia que as torna possíveis e que elas tornam possível: ele se recolhe para criar, mas, ao criar, adquire os meios de validar e preservar esse afastamento do mundo.

Pode-se contrastar essa gestão da paratopia criadora com a de um escritor antilhano como Chamoiseau. Enquanto Gracq se recolhe de certa maneira no recinto do tesouro da literatura, Chamoiseau deseja-se paratópico com relação ao campo literário francês porque, para seu posicionamento, esse tesouro inexiste:

> As pessoas se instalam tranquilamente na função de escritor... naquilo que isso representava, com a filiação literária escrita, bibliotecas milenares etc. Era preciso pelo contrário marcar a diferença. Não posso entrar na tradição literária ancestral, como um escritor francês, ou de algum país em que exista literatura. Porque para mim minha literatura não existe. Ou então é uma oralitura.[132]

---

[131] *Julien Gracq, Une écriture en abyme*. P. Marot (org.), Paris, Minard, 1991, p. IV.

[132] "Entrevista com Patrick Chamoiseau, in *L'auteur en souffrance*, D. Chancé, PUF, 2000, pp. 204-205.

Uma "oralitura" que permite validar um *código de linguagem* (ver a seguir, capítulo "Um posicionamento na interlíngua") original adequado àquele que se propõe como escritor que está tanto dentro como fora da literatura.

Num e noutro caso, a escrita não é tanto expressão da vivência de uma alma que foge dos homens ou mantém a metrópole à distância quanto um modo de inscrição no espaço literário em perfeita unidade com um trabalho ininterrupto de posicionamento. A "reserva" de Gracq ou a exposição ao "todo-mundo"[133] de Chamoiseau não são tanto os temas de suas obras quanto seu motor e seu produto, aquilo que elas estruturam e que as estrutura.

---

[133] Termo do escritor antilhano Glissant que Chamoiseau comenta da seguinte maneira: "o que acontece hoje é que o mundo está demasiado presente nos diferentes lugares, nos diferentes espaços que nos pertencem. As línguas estão demasiado presentes em nossa língua, as tradições em nossa tradição, as culinárias do mundo, os salvadores do mundo estão presentes em nosso salvador [...] hoje, para pensar nossa literatura, temos de nos expor ao todo-mundo. Para construir nosso lugar, temos de nos expor ao todo-mundo." (D. Chance, op. cit., p. 206).

Posicionamento, arquivo e gêneros

Como todo discurso constituinte, o discurso literário mantém uma relação essencial com a memória. Em consequência, todo ato de posicionamento implica um certo percurso do arquivo literário, a redistribuição implícita ou explícita dos valores vinculados com as marcas legadas por uma tradição. Para se posicionar, para construir para si uma identidade, o criador deve definir trajetórias próprias no intertexto. Mediante os percursos que ele traça no intertexto e aqueles que exclui, o criador indica qual é para ele o exercício legítimo da literatura. Ele não se opõe a todos os outros exercícios tomados em bloco, mas essencialmente a alguns deles: o Outro não é qualquer um, mas aquele que é primordial não ser.

Para além da biblioteca

Não é nova a preocupação com a "intertextualidade",[134] que data do final dos anos 1960.[135] Podemos por outro lado perguntar se não haverá uma estreita solidariedade entre o eclipse do autor e a voga da intertextualidade,

---

[134] Manifesta-se aqui um problema de terminologia: na análise do discurso, costuma-se distinguir "intertexto" de "interdiscurso". O intertexto é o conjunto de textos com os quais um texto particular entra em relação; o interdiscurso é o conjunto de gêneros e tipos de discurso que interagem numa dada conjuntura. No nível em que estamos aqui, não vamos fazer essa distinção.

[135] Mais exatamente, num artigo de Julia Kristeva publicado em *Critique* no ano de 1967, "Bakhtine, le mot, le dialogue et le roman"; Barthes o retomou em 1968 no artigo "Texte" de *l'Encyclopedia universalis*.

se esta última não teria a vantagem de proporcionar ao texto um quê de exterioridade, sem por isso ter de sair do círculo da textualidade. Porque privilegiar a intertextualidade não modifica necessariamente a apreensão "textualista" da literatura. Claro que se rompe com isso certo enfrentamento direto entre a consciência criadora e a obra, mas não se abandona necessariamente os quadros tradicionais: em vez de colocar no centro a obra singular, passa-se a considerar o conjunto da literatura, um gigantesco *corpus* em que cada obra revela ser composta por uma multiplicidade de outras, cada livro, manifestação de um Livro único. Trata-se de uma ideia cujo fundamento Genette atribui a Jorge Luis Borges:

> "A literatura é inesgotável pela razão suficiente de que um único livro o é." É preciso não somente reler esse livro, mas também reescrevê-lo, mesmo que à maneira de Ménard, literalmente. Realiza-se assim a utopia borgesiana de uma Literatura em perpétua transfusão (ou perfusão transtextual), constantemente presente a si mesma em sua totalidade e como Totalidade, em que todos os autores não passam de um só, e todos os livros, um vasto Livro, um único Livro infinito. Hipertextualidade é um dos nomes dessa circulação incessante de textos sem a qual a literatura não faria jus a uma só hora de esforço. E quando digo uma hora...[136]

As obras singulares vêm, assim, a se perder numa literatura que atravessa todas elas, uma literatura presente a si mesma em todo e qualquer texto, oferecida à classificação e ao comentário infinito, e que se reúne num museu imaginário. Sonho da totalidade dos livros classificados no recinto de uma só biblioteca, sonho da biblioteca contida num só livro. O sonho do professor conjuga-se aqui ao do esteta, para quem a obra só é obra de remeter a uma multiplicidade de outras. Mas um sonho ancorado com tamanha solidez ocupa muito menos os criadores, que se dedicam, pelo contrário, a pensar que falta alguma coisa ao arquivo literário: *sua* obra.

Nem por isso faltam escritores que endossam essa concepção "bibliotecária" da literatura, ou, como na poesia clássica chinesa, a ideia

---

[136] G. Genette, *Palimpsestes*, 1982, p. 453.

de que a obra vale em larga medida pelas alusões a outros que permite que se façam. É esse naturalmente o caso de Borges, mas é também um pouco o de Julien Gracq:

> Todo livro [...] se alimenta, como se sabe, não somente dos materiais que a vida lhe fornece, mas também, e talvez sobretudo, do espesso terreno da literatura que o precedeu. Todo livro recorre a outros livros, e é possível que o gênio não seja senão um aporte de bactérias específicas, uma delicada química individual por meio da qual um novo espírito absorve, transforma e por fim restitui, numa forma inédita, não somente o mundo bruto, mas sobretudo a enorme matéria literária que a ele preexiste.[137]

O autor de *O litoral de Sirtes* assinala aqui seu próprio posicionamento, o de um autor pseudônimo cujo afastamento da vida profana faz surgir uma obra que se alimenta de referências literárias consagradas. Gracq é um dos escritores cuja criação implica uma "autofagia" literária, que cria obras com o sonho de entrar por sua vez nesse tesouro.

Não surpreende, pois, que Julien Gracq evoque entre os letrados e universitários uma imagem da literatura que lhes parece mais "pura" do que a de um Voltaire, dado que em harmonia com suas categorias e seus gestos de leitura mais arraigados. Porém uma análise do discurso tem de levar em conta tanto a criação voltairiana como a gracquiana: a literatura nutre-se de todas as energias, tanto a de um afastamento do mundo como a que transforma a literatura em máquina de guerra política.

Quando se consideram as condições de surgimento das obras, o essencial não é a afirmação de uma intertextualidade radical – tese de resto indiscutível e que se aplica a todo discurso constituinte –, mas o modo como cada posicionamento gera essa intertextualidade. Quando acede ao tesouro, e seu autor ao Panteão dos grandes autores, mesmo uma obra que pretendia romper com a literatura canônica passa a só ser percebida através de sua condição de monumento. É enganosa a geometria elementar que, em alguma biblioteca ideal, justapõe as obras; na realidade, a obra forma unidade com a gestão de sua identidade no intertexto; estrutura-se através

---

[137] "Pourquoi la littérature respire mal" (1960), retomado em *Préférences*, Paris, José Corti, 1961.

das tensões que a tornam possível; sua enunciação nunca cessa de legitimar aquilo que a produz e que ela produz. O exercício do discurso literário não é a entrada num mundo em que as obras responderiam a si mesmas num diálogo irênico:* o criador só pode atribuir um lugar a si mesmo por efração e pela modificação das hierarquias. A criação vive de gestos por meio dos quais se rompe um fio, sai-se do território esperado, desloca-se, subverte-se ou se desvia, exclui-se, ignora-se, fazem-se alianças, fazem-se reavaliações.

Por outro lado, quando se fala do intertexto de uma obra literária, pensa-se em geral primordialmente em outros textos literários. Contudo, as obras se alimentam não só de outras obras como também de relações com enunciados que, numa dada conjuntura, não vêm da literatura, sem que com isso possamos nos contentar com a oposição entre literatura e aquilo que não seria literatura. Porque o discurso literário não dispõe de um território pré-demarcado, estável: toda obra se divide *a priori* entre a imersão no *corpus* então reconhecido como literário e a receptividade a uma multiplicidade de outras práticas verbais. A relação com o "não literário" é redefinida sem parar, e a delimitação daquilo que pode ou não alimentar a literatura, mas também advir da literatura, se confunde com cada posicionamento e cada gênero no interior de um certo regime de produção discursiva. É um trabalho incessante sobre as fronteiras, uma necessidade de ultrapassá-las e uma necessidade de reforçá-las, uma profunda instabilidade o próprio motor de um discurso "literário" que não poderia permanecer em "seu" lugar.

Há inclusive, em cada conjuntura, práticas discursivas "não literárias" que mantêm com a literatura uma relação privilegiada. Para a segunda metade do século XVII, por exemplo, as obras que tratam das conversações dos homens distintos, do sentido de certas palavras ("galante", "distinto"), que discutem as normas do teatro ou da poesia etc., podem ser consideradas um "espaço conexo" da literatura sem o qual ela não existiria como tal. No século XIX, a imprensa desempenha sem dúvida um papel não menos essencial, embora muito distinto, para a produção literária; é a um só tempo

---

* N.T.: "Irênico" refere-se à doutrina cristã, condenada pela corrente principal da Igreja Católica, conhecida como "irenismo", que propõe uma solução de compromisso entre tendências opostas a fim de evitar conflitos.

um suporte de publicação e um modo de formatação para inúmeras obras narrativas (folhetins, novelas), um tema privilegiado da literatura, de *Ilusões perdidas* (Balzac) a *Bel ami* (Maupassant), mas também um lugar em que os escritores gerem seu "espaço associado" (cf. Proust e *o Figaro,* Zola e *Aurore*). Podem-se fazer afirmações semelhantes acerca de tudo aquilo que em nossos dias participa da instituição literária: no espaço escolar (livros didáticos, cursos de literatura, comentários...) ou midiático (programas de rádio ou de televisão sobre livros, crônicas literárias, biografias de escritores), e assim por diante.

Corresponde a cada configuração um conjunto de práticas que estão simultaneamente fora e dentro do espaço de produção, mas que não se pode ignorar se se quiser alcançar o fato literário em sua complexidade.

O POSICIONAMENTO PELO INVESTIMENTO GENÉRICO

Retomaremos adiante (ver a seguir, capítulo "O quadro genérico") a questão dos gêneros em literatura, mas podemos já agora chamar a atenção para a estreita relação existente entre o posicionamento, a memória intertextual e o investimento de algum gênero, relação que acentua a noção de "classe genealógica" (J.-M. Schaeffer[138]). Ao escrever "baladas", Victor Hugo pretende dar de si a imagem de "romântico": ele retorna, refutando os defensores do classicismo, a um gênero medieval. Quando escreve um *pantum*,[139] gênero poético considerado de origem malaia que foi revelado por *Os orientais*, de Victor Hugo, Baudelaire torna sua poesia receptiva ao alhures do exótico sonhado, dando de si a imagem de poeta simbolista assombrado pela nostalgia de alguma "vida anterior". Não obstante, como o *pantum* já fora usado pelo mestre dos poetas românticos, essa escolha marca igualmente uma filiação.

Mesmo quando a obra parece ignorar a existência de posições concorrentes à sua, seu fechamento só pode na realidade realizar-se graças a tudo aquilo do qual que ela se afasta. Para dizer quem é, a obra deve intervir num certo estado da hierarquia dos gêneros, *A arte poética*, de Doileau, longe de constituir um quadro fiel do espaço literário de sua época, deve ser lida antes como uma distribuição dos gêneros de acordo com o

---

[138] *Qu'est-ce qu'un genre littéraire?*, Paris, Seuil, 1989.

[139] "Harmonie du soir", em "Spleen et Idéal", op. cit.

posicionamento reivindicado por seu autor, como o mostra por exemplo a separação entre gêneros menores (canto II) e "grandes gêneros" herdados da Antiguidade (canto III). Logo, defender um certo posicionamento vai ser, portanto, determinar que as obras devem investir em determinados gêneros e não em outros. Essa exclusão pode ser explícita, como em Du Bellay, que desqualifica os gêneros que o romantismo vai revalorizar três séculos mais tarde:

> Lê, pois, e antes de mais nada relê (ó poeta futuro), folheia com mãos noturnas e olha todos os dias os exemplares gregos e latinos; depois, deixa-me todas essas velhas poesias francesas aos Jogos Florais de Toulouse e ao Puy de Rouen: como rondós, baladas, virelais,* cantos reais, canções e outras especiarias como essas, que corrompem o gosto de nossa língua e servem tão só de testemunhas de nossa ignorância.[140]

Assim, a condenação deste ou daquele gênero não é uma decisão exterior à criação propriamente dita. Os escritores naturalistas, por exemplo, não escrevem romances de maneira contingente; seu posicionamento é, na verdade, indissociável do emprego desse gênero. É preciso, portanto, mais do que isolar as doutrinas ("o classicismo", "o naturalismo" etc.), vinculá-las aos gêneros que elas investem. Mediante os gêneros mobilizados e excluídos, um dado posicionamento indica qual é para o escritor o exercício legítimo da literatura ou de algum de seus setores.

Em *Preciosas ridículas* ou *O misantropo*, a desqualificação do posicionamento supõe a desqualificação em cena de gêneros galantes: o improviso de Mascarille ou o soneto de Oronte. Trata-se da manifestação de um fato constitutivo: um posicionamento não opõe seu(s) gênero(s) a todos os outros em bloco, mas se define essencialmente com relação a certos outros que privilegia, aqueles de que lhe é essencial distinguir-se a fim de estabelecer sua própria identidade. Em *O misantropo*, a disputa entre Oronte e Alceste permite, por conseguinte, alicerçar o posicionamento que a peça autoriza para si mesma: trata-se de dizer qual é o tipo legítimo de literatura, aquele que "melhor representa a natureza". O texto não traz explicitamente a doutrina

---

* N.T.: Poema medieval formado por duas rimas, com refrão.

[140] Livro IV, capítulo II.

do autor sobre a matéria, mas a mostra mediante sua própria enunciação: o discurso literário legítimo é justo aquele que sustenta a peça, que dá a palavra a duas estéticas opostas para melhor desqualificá-las, adotando uma posição de equilíbrio entre os dois excessos encarnados por Oronte e por Alceste. O primeiro, defensor dos gêneros galantes, é condenado porque suas expressões "não são nada naturais":

> Esse estilo figurado que com toda vaidade
> Diz vir do bom caráter e da pura verdade;
> É só jogo de palavras; nada põe na mesa,
> Jamais se mostra assim a voz da natureza.
> (I, 2)

Trata-se de um excesso de "figuras", uma linguagem enviesada que se fecha sobre si mesma ("jogo de palavras"), em vez de representar a "natureza". Mas Alceste também é desqualificado, por defender o excesso contrário: ele exalta os méritos de uma canção popular que "vale bem mais/Do que as ninharias que o bom-senso murmura". Assim, *O misantropo* se legitima a si mesmo por meio da destruição recíproca das duas estéticas que dá a ver. Entre uma literatura de salão em que a linguagem se volta sobre si mesma e uma literatura aberta e pouco elaborada, a da gentinha, da rua, ele define a legitimidade de uma literatura destinada aos "homens distintos" cuja ornamentação não se afasta do "bom-senso" nem da "natureza". Nessa estética, as normas do discurso literário não devem apartar-se em demasia das da conversação. Um dos fundamentos do classicismo francês é essa submissão a uma arte de dizer que seja comum à literatura e à vida mundana.

Mas essa estética é datada: o romantismo vai se encarregar de separar a obra literária da conversação, o mesmo de opor uma à outra, ao privilegiar os gêneros mais afastados de todo intercâmbio interacional. O hermetismo da poesia de Mallarmé no final do século XIX é um dos resultados dessa tendência: a poesia, forma superior da literatura, se exclui de toda norma comunicacional, tendendo a confundir enunciação literária com a reflexão sobre essa enunciação.

Os gêneros galantes que Oronte mobiliza não saem do espaço de salão; alusões e jogos de palavras são sinais de conivência para um círculo de frequentadores assíduos; longe de afastar-se da conversação mundana, eles a prolongam e a estimulam. Ao romper com o intercâmbio conversacional, o hermetismo substitui os "frequentadores assíduos" que povoam esses mesmos salões pelos "iniciados" em mistérios sagrados. O hermetismo leva, assim, ao paroxismo o trabalho de redução hermenêutica (ver anteriormente, capítulo "Quadro hermenêutico e máximas conversacionais": a "obscuridade", a "preciosidade" prescrevem ao intérprete a busca de uma "hermeneia" de tipo quase religioso). Seja literatura ou discurso religioso, não se sai da órbita dos discursos constituintes:

> Tudo o que há de sagrado e que deseja tornar-se sagrado fica envolto em mistério. As religiões entrincheiram-se sob a proteção de arcanos que só são revelados ao predestinado: a arte tem os seus [...]. Os primeiros a chegar entram por completo numa obra prima, e, com o surgimento dos poetas, inventou-se, para afastar os importunos, uma língua imaculada, fórmulas hieráticas cujo estudo árido cega o profano.(Mallarmé, 1862, artigo publicado em *l'Artiste*.)

A IMITAÇÃO DOS ANTIGOS

Vê-se com particular nitidez que, no classicismo do século XVII, que fizera da "imitação dos antigos" um dos critérios essenciais da legitimidade literária, as obras só podem propor-se a si mesma confrontando-se com os gêneros existentes. No tocante a isso, deve-se desconfiar de todo anacronismo e não considerar, ao contrário dos românticos, que os doutos obrigaram os escritores a uma imitação esterilizante. Na realidade, toda a sutileza consistia em imitar sem imitar.

O que define a singularidade dos clássicos é esse jogo duplo de uma submissão transgressiva aos gêneros antigos. O classicismo vai se extenuar quando esse jogo duplo se degradar em simples repetição: enquanto um Voltaire acreditava estar imitando os antigos em suas tragédias, e limitava-se de fato a repetir os clássicos do século XVII, um Racine só "imitava" Eurípides entre aspas.

Por conseguinte, essa literatura clássica era produzida e consumida num espaço profundamente intertextual. Ela não existia "em si mesma", mas em seu confronto com o *corpus* greco-romano, que de certa maneira era contemporâneo para esse público impregnado de humanidades. Para ser "autorizado", o escritor devia adaptar-se a duas fontes principais de legitimação: de um lado os doutos, com relação aos quais era preciso mostrar a conformidade aos antigos; do outro, o público das "pessoas de bem", que com frequência não era o último a exigir o respeito aos cânones da literatura antiga. No prefácio da primeira edição das *Fábulas*, que já evocamos, vemos assim La Fontaine minimizar sua originalidade ao apresentar suas inovações como uma maneira de compensar sua inferioridade com relação aos antigos:

> Não se encontrará aqui a elegância nem a extrema brevidade que tornam Fedro recomendável; trata-se de qualidades fora do meu alcance. Como me era impossível imitá-lo nisso, achei que deveria, como compensação, alegrar a obra mais do que ele o fez. Não que eu o reprove por ter permanecido nesses termos: a língua não exigia mais do que isso; e se prestarmos atenção, reconheceremos nesse autor o verdadeiro caráter e o gênio de Terêncio. É magnífica a simplicidade nesses grandes homens; eu, que não detenho as perfeições da linguagem como eles, não consigo erguê-la a um ponto tão elevado. Foi preciso, portanto, compensar de outro modo; é o que fiz com ainda mais ousadia porquanto Quintiliano diz que nunca se consegue alegrar em demasia narrativas [...]. Considerei contudo que, sendo essas fábulas conhecidas por todos, nada faria se não as tornasse novas mediante alguns elementos que lhes ampliassem o gosto. É isso que se pede hoje. Desejam-se a novidade e a alegria. Não chamo de alegria aquilo que desperta o riso, mas um certo encanto, um ar agradável que se pode imprimir a todo tipo de assuntos, inclusive os mais sérios.

São evocados aqui, ao mesmo tempo, o patronato de Fedro e a "alegria" tão apreciada pelos mundanos, isto é, as duas instâncias de legitimação reconhecidas por esse posicionamento literário. La Fontaine apresenta sua obra como a aliança entre um gênero consagrado pela Antiguidade e as restrições impostas pela literatura mundana, aliança que é ela mesma avalizada pela autoridade de um antigo, Quintiliano. Mas o autor das *Fábulas* não se limita a adaptar-se às instâncias de legitimação: a própria maneira como o faz não é independente em nenhum aspecto do universo instituído pelas *Fábulas*. Como bem mostrou Leo Spitzer,[141] esse universo recusa as rupturas, tecido que é de "transições" de todos os tipos: entre o animal e o humano, entre o humano e a natureza, o familiar e o nobre, o fútil e o sério, mas igualmente o Antigo e o Moderno.

CRIAÇÃO, REEMPREGO, SUBVERSÃO DE GÊNEROS

A necessidade de afirmar a legitimidade de um posicionamento mediante a recusa de outros gêneros é tão forte que se veem aparecer simulacros de gêneros de estatuto polêmico. Assim, certos defensores do *Nouveau Roman* definiram um suposto ''romance balzaquiano'' para dele se diferenciarem, quando se pode suspeitar que jamais existiu na história da literatura um conjunto realmente consistente de produções romanescas às quais se pudesse aplicar a noção de "romance balzaquiano". Essa expressão diz mais sobre aqueles que a constroem do que sobre seu suposto referente.

No século XVIII, a definição de um novo tipo de teatro coincide com a reivindicação de legitimidade de um gênero que se situaria entre os dois gêneros teatrais predominantes, a tragédia e a comédia. Seja a "comédia lacrimosa", o "drama" ou a "comédia séria", o objetivo é instaurar uma "tragédia doméstica e burguesa" segundo a fórmula de Diderot. Para além das disputas de doutrina, o decisivo é a legitimação do gênero: fazer que se reconheça a legitimidade do drama é modificar as relações de força no campo literário, lançar em desgraça uma hierarquia de gêneros na qual predominam os valores aristocráticos.

Mais tarde, a vontade do drama romântico de substituir a tragédia vai passar pela reivindicação da "mescla do sublime e do grotesco", isto é, por um questionamento da separação entre tragédia e comédia. Mas enquanto os adeptos do drama burguês tentavam impor personagens de condição média, o drama romântico visava unir os extremos: o louco dando lições ao rei, o lacaio tornando-se um grande de Espanha... O romantismo e o drama burguês instituem assim um mundo que recusa tanto a hierarquia das "ordens" sociais como a dos gêneros. Quando se leem os românticos, é difícil determinar se a

---

[141] "La Fontaine et l'art de la transition", retomado em *Études de style*, trad. fr., 1970, Paris, Gallimard.

introdução do "drama" constitui uma verdadeira criação genérica ou é apenas o prolongamento do teatro shakespeariano ou da comédia espanhola. Essa ambiguidade se explica: os escritores estão divididos entre a necessidade de maximizar sua ruptura, a fim de transtornar o campo literário em seu próprio benefício, e a de minimizá-la, para fazer que sua subversão não pareça um ato de violência passageiro, mas o retorno a uma norma que teria sido indevidamente ocultada pelos clássicos. Dado esse objetivo, faz-se necessária a reavaliação de algumas zonas do arquivo literário.

É possível também estarmos diante de reempregos, num ambiente bem diferente, de gêneros pouco produtivos e até que caíram em desuso. Este é o caso da balada entre os românticos (ver anteriormente, seção "O posicionamento pelo investimento genérico"). É também o da epopeia, que, entre os séculos XVI e XVIII, a despeito de múltiplas tentativas, nunca constituiu um gênero realmente vivo. Ora, com o romantismo, esse gênero vai se beneficiar de uma revalorização em virtude do papel capital que a História desempenha então: julga-se que a epopeia expõe o encaminhamento do Homem ou do Povo que alcança aos poucos a luz (cf. *Jocelyn* ou *A queda de um anjo*, de Lamartine, e *A lenda dos séculos*, de Victor Hugo). Essa reatualização da epopeia coincide com a instituição de um narrador, ao mesmo tempo porta-voz e guia espiritual da humanidade bem marcha.

Se o gênero não é um contexto contingente, mas um legítimo componente da obra, deve-se levar em conta a maneira como se efetua esse investimento genérico. O importante não é o fato de *Mitridatos* ser uma tragédia clássica canônica e *Os cantos de maldoror* uma obra que não pertence a gêneros tradicionais, mas sobretudo a relação essencial existente entre o universo trágico de Racine e sua conformidade genérica, entre a revolta maldororiana e a transgressão dos gêneros estabelecidos. Racine não tem uma "mensagem" que poderia ter expressado através das tragédias, das máximas ou dos poemas líricos: o fato de investir de um certo modo a tragédia clássica é uma legítima dimensão da "mensagem" de sua obra. Mais do que examinar o que Racine diz em suas tragédias, deve-se considerar aquilo que esse tipo de tragédia enquanto tal diz pela própria maneira como realiza seus investimentos genéricos. De igual forma, um poeta não é um homem que exprime sentimentos através de um poema, mas um homem para quem "os sentimentos a exprimir" são indissociáveis do investimento de certos gêneros poéticos.

Uma obra como *Lorenzaccio*, de Musset, é construída com base num distanciamento genérico: diferentemente de outros dramas românticos, não foi escrita para o palco, mas para a leitura. A peça só foi montada no final do século XIX. Seria errôneo ver nesse distanciamento apenas um acidente biográfico, desvinculado da peça propriamente dita; na verdade, essa renúncia à ação teatral é o agir de uma peça que tem precisamente por eixo principal o problema da inutilidade da ação política. O que o texto diz e o que faz em sua enunciação estão, portanto, ligados: não levar ao palco uma peça que mostra a inutilidade dos "atos", e ao mesmo tempo publicá-la, é de certa forma fazer a aposta de Lorenzo coincidir com a do autor. Tal como Lorenzo, que age com a certeza de que sua ação será inútil, Musset faz um gesto ambíguo: ao publicar seu texto como drama que não é possível representar, drama para ser lido, ele o livra do risco do fracasso no teatro do mundo, mas, publicando-o assim mesmo como drama, proporciona-lhe a possibilidade de encontrar um público. Tal como Lorenzo, Musset faz tudo para que seu ato tenha uma chance de sucesso, ao mesmo tempo em que anuncia ser ele, de qualquer modo, inútil.

Também o caso de Flaubert mostra bem o vínculo que um posicionamento impõe entre modo de vida, doutrina estética e investimento genérico. "O idiota da família", que se mantém distante da vida literária parisiense, acadêmica ou boêmia, o recluso que vive numa província que detesta, que não acredita nem nas doutrinas conservadoras nem nas liberais ou nos ideais socialistas, defende precisamente uma estética que recusa tanto o realismo social como o romantismo:

> Acreditam-me apaixonado pelo real, quando o execro. Pois foi com ódio do realismo que escrevi esse romance. Mas não detesto menos a falsa idealidade, pela qual somos todos enganados pelos tempos que correm.[142]

Essas "duplas recusas" (Bourdieu) que encontramos em todos os domínios da existência de Flaubert caminham lado a lado com um empreendimento

---

[142] Carta a Edma Roger des Genettes, 10 out. 1856, citada por Pierre Bourdieu, *Les règles de l'art*, p. 117.

literário que subverte a hierarquia dos gêneros então dominante, hierarquia que situava a poesia ou o teatro antes do romance. O autor de *Madame Bovary* pretende, com efeito, "escrever bem o romance":

> Ele vai impor às formas mais baixas e mais triviais de um gênero literário considerado inferior – isto é, aos temas comumente tratados pelos realistas [...] – as mais elevadas exigências, que jamais foram afirmadas no gênero nobre por excelência, como a distância descritiva e o culto da forma, que Théophile Gautier e, depois dele, os parnasianos impuseram na poesia contra a efusão sentimental e as facilidades estilísticas do romantismo.[143]

Para além disso, a própria relação que um posicionamento mantém com a genericidade é característica desse posicionamento. A vontade de fugir a todo pertencimento genérico previamente codificado é bem típica da estética romântica. Mesmo que uma obra que se queria liberta de todo e qualquer gênero se revelar retrospectivamente bem restrita quanto a isso, cabe levar em conta sua pretensão de transcender todo gênero, porque essa pretensão é parte de seu sentido, tanto quanto a de certos clássicos no que diz respeito a não inovar, a produzir obras nos termos de gêneros já consagrados e, se possível, antigos. Seja como for, a inovação genérica só pode ter alcance relativo. O teatro de Victor Hugo suaviza o alexandrino, mas o conserva; rompe a unidade de tempo ou de lugar, mas permanece no espaço do teatro à italiana. Há de todo modo um nível que dificilmente pode ser questionado: o pertencimento ao dispositivo enunciativo da literatura ou, num nível inferior, as restrições ligadas à teatralidade ou à leitura.

O POSICIONAMENTO NA LENDA

O arquivo de um discurso constituinte não é mera biblioteca ou coletânea de textos, mas também um tesouro de *lendas*, de histórias edificantes e exemplares que acompanham gestos criadores já consagrados. Posicionar-se não é somente transformar obras conservadas numa memória, mas também definir uma trajetória própria na sombra projetada de lendas criadoras anteriores.

---

[143] *Les règles de l'art*, p. 140.

Antes mesmo de ser de fato escritor, Proust, na obra preparatória *Contra Sainte-Beuve*, constrói um panteão no qual figuram em lugar de destaque Nerval e Baudelaire, cuja trajetória biográfica supõe justamente a rejeição dessa literatura de conversação que Proust associa ao nome de Sainte-Beuve. Ao assim agir, Proust não se limita a criticar ideias sobre a crítica literária ou a arte, mas também define obliquamente o modo de vida do legítimo escritor, mostrando com isso quais são os gestos requeridos para ser o autor de sua própria obra, ainda por vir:

> É consenso em nossos dias que Gérard de Nerval foi um escritor ultrapassado do século XVIII [...]. Eis a que reduzimos esse homem que aos 20 anos traduziu o *Fausto*, foi visitar Goethe em Weimar, despojou o romantismo de toda a sua inspiração estrangeira, esteve desde a juventude sujeito a ataques de loucura, acabando por ser internado, com a nostalgia do Oriente, para o qual finalmente partiu, tendo sido encontrado enforcado no portão de um pátio imundo, sem que, na estranheza das companhias e atrações a que o haviam levado a excentricidade de sua natureza e a perturbação de seu cérebro, se tenha podido decidir se foi vítima de suicídio num acesso de loucura ou assassinado por um de seus companheiros habituais, afigurando-se essas duas hipóteses igualmente plausíveis.[144]

Na pena do futuro autor de *Em busca do tempo perdido*, a vida de Nerval é representada como um conjunto de sinais convergentes que o põem em conformidade com o protótipo do artista romântico. O escritor que busca a si mesmo percorre o arquivo literário para nele selecionar os sinais que devem legitimar sua própria obra. Constrói uma versão da lenda nervaliana de que ele, que está em busca de sua própria lenda, é na verdade a personagem central, mas invisível.

Com efeito, para o criador, a literatura é também um murmúrio de "lendas", de histórias, sombrias ou luminosas, mas sempre edificantes: a vida dos grandes escritores e das grandes obras acentua a dimensão da literatura em vias de constituir-se. Há lendas heroicas que contam a vitória, e outras, mais raras, que contam a derrota, que dizem o que não se deve fazer.

---

[144] *Contre Sainte-Beuve*, cap. IX, pp. 148-149.

Tenha ou não existido o indivíduo Homero, conta-se sua vida, e nada demorou para que as cidades gregas concorressem para lhe oferecer lugar de nascimento e túmulo. Por mais que se esforcem os defensores do texto pelo texto, a obra de Rimbaud não se encerra numa *opus*, construindo-se antes em torno do enigmático vínculo entre a produção febril de uma obra e silêncio brutal, entre uma boemia fulgurante e um desaparecimento, e é antes de tudo esse enigma que o inscreve na lenda literária. E devemos tomar "lenda" aqui, portanto, em sua ambiguidade de palavra que *é preciso* dizer, ou melhor, redizer, porque memorável, e palavra de acompanhamento de imagens. Ligadas à criação que ela torna possível e que a tornou possível, a fútil existência de Proust, bem como sua reclusão no quarto revestido de cortiça, *inscrevem* dessa maneira algo na lenda da literatura.

Quando, embora ainda jovem, empenha-se em escrever memórias que supostamente redige "do além túmulo", um Chateaubriand põe em evidência uma dimensão constitutiva de toda criação: a vida do criador é percorrida por certa representação da posteridade, quando os gestos, imobilizados pela morte, se terão tornado emblemáticos. A lenda pessoal que é preciso construir ao criar uma obra assombra sua vida, e é à sua sombra que se tramam suas decisões. Quer siga os caminhos já percorridos ou deles se desvie, ele inscreve posturas, percursos que traçam uma linha identificável e exemplar num território simbólico protegido. Constrói às apalpadelas sua própria lenda, que se alimente inevitavelmente de lendas já existentes, e só se torna criador ao buscar dar acesso à lenda literária uma identidade de criador que alimenta com sua própria existência.

Pode-se reavaliar dessa perspectiva alguns textos que participam da encenação da vida criadora. É o que ocorre com textos do regime a que demos o nome de "elocutivo" ("diários íntimos", "lembranças", "relatos de viagem"...) que acompanham a obra dos autores; a eles se somam múltiplas narrativas de vidas e comentários de escritores elaborados por outros escritores que os julgam ilustres. La Fontaine precedendo suas *Fábulas* de uma "Vida de Esopo, o Frígio" e La Bruyère seu *Caracteres* de um "Discurso sobre Teofrasto"; Bossuet escrevendo um *Panegírico do apóstolo São Paulo*, Hugo um *William Shakespeare*... – esses autores tornam manifesta a "duplicidade" fundamental de obras elaboradas à sombra de lendas do arquivo literário.

A homenagem aos precursores eleitos permite fundar a obra em vias de ser escrita em lendas nas quais se traz à cena o advento dessa obra:

> No tocante ao nascimento de Homero e de Esopo, de nada garantido se dispõe. Mal se sabe o que lhes aconteceu de mais notável [...]. Compendiamos verdadeiramente a vida desses dois grandes nomes; porém a maioria dos sábios considera tanto a de um como a do outro fabulosa, particularmente a escrita por Planúdio.* Quanto a mim, não desejei ser solidário a essa crítica.[145]

Pouco importa que os sábios incluam a vida de Esopo no plano do "fabuloso"; para instaurar as *Fábulas*, importa apenas a lenda, que não é tecida senão de significantes. Pouco importa igualmente que a prédica de Bossuet se alimente de teologia e de retórica; a lenda que ele constrói por sobre sua própria obra faz brilhar o inegável prestígio de uma fala sem ciência nem meticulosa preparação:

> Se ele [São Paulo] ignora a retórica, se despreza a filosofia, nem por isso deixa Jesus Cristo de o ter em alta conta; e seu nome, que ele tem sempre na boca; seus mistérios, de que ele trata tão divinamente, tornam sua simplicidade todo-poderosa. Ele vai, esse ignorante da arte do bem dizer, com essa rude locução, com essa frase que denuncia o estrangeiro, ele vai a essa Grécia polida, a mãe dos filósofos e oradores; e apesar da resistência do mundo, estabelece ali mais igrejas do que Platão obteve de discípulos com a eloquência que se acredita divina.[146]

Seja como for, o escritor é obrigado, em seu trabalho de "regulação" (ver capítulo "Subjetivação, espaço canônico e espaço associado", seção "O espaço associado"), a gerir constantemente sua própria lenda em vir a ser. Com o primeiro texto oferecido ao público, nasce uma instância que duplica seu criador (ele é agora "autor da obra x") e começa a existir no arquivo literário mediante os comentários feitos a seu respeito e de seu

---

* N.T.: Autor grego bizantino da Constantinopla do século XIV.

[145] La Fontaine, "Vie d'Ésope le Phrygien", início.

[146] Bossuet, *Panégyrique de l'apôtre Saint Paul*, citado por Emmanuel Bury (em *Littérature française du XVIᵉ siècle*, organizado por R. Zuber, L. Picciola, D. Lopez, E. Bury, PUF, 1992, p. 337).

autor. Quanto mais o escritor publica, tanto mais o "autor" se enriquece de uma obra que aumenta. Até o momento em que, devido a sua morte, "o autor de x, y, z..." alcança plena autonomia, garante de um conjunto de marcas significantes, mescla de gestos e de textos: "Tal qual é em si mesmo enfim a eternidade o torna."*

---

* N.T.: Verso do poema de Mallarmé "O túmulo de Edgar Allan Poe": *"Tel qu'en lui-même enfin l'éternité le change."*

Um posicionamento na interlíngua

De que modo podemos envolver a língua no trabalho de posicionamento? Não é precisamente a língua que se impõe ao escritor? Na verdade, ela também é parte integrante do movimento por meio do qual uma obra se institui, ainda que para isso ocorra um deslocamento da problemática da língua para a *interlíngua*.

INTERLÍNGUA E CÓDIGO DE LINGUAGEM

O autor não situa sua obra numa *língua* ou num *gênero*. Não há, de um lado, conteúdos e, do outro, uma língua já dada que permitiria transmiti-los; em vez disso, a maneira como a obra gera a "interlíngua" é uma dimensão constitutiva dessa obra.

Nenhuma língua é mobilizada numa obra pela simples razão de ser a língua materna do autor. O escritor, precisamente por ser escritor, é obrigado a escolher a língua que sua obra investe, língua que, de todo modo, não pode ser *sua* língua: "O trabalho de escrita consiste sempre em transformar nossa própria língua em língua estrangeira, em convocar outra língua na língua, língua outra, língua do outro, outra língua. Operamos sempre no afastamento, na não coincidência, na clivagem."[147] É conhecida a fórmula de Mallarmé: "Falta às línguas imperfeitas, porque várias, a suprema: sendo pensar escrever sem acessórios, sem cochicho, permanecendo tácita a imortal palavra, a diversidade na terra dos idiomas impede o indivíduo de proferir as palavras que, se assim não fosse, encontrariam, por um caráter único, materialmente a verdade."[148] Uma constatação de "imperfeição" que o autor de "Crise do verso" reverte em benefício da literatura, de sua literatura: "Sem isso, reconheçamos, o verso não existiria: ele remunera filosoficamente o defeito das línguas, é seu complemento superior."[149] Logo, não é *em francês*, na plenitude de alguma língua materna, que Mallarmé pretende escrever, mas na "remuneração" de um "defeito", de uma falta constitutiva do francês advinda do fato de ser este último, de qualquer maneira, não mais que um idioma entre outros. Sua obra pretende se dizer num idioma estranho que não é nem "a língua suprema", miragem inacessível, nem o francês dos intercâmbios verbais, a "reportagem universal", "função de numerário fácil e representativo, como o trata antes de tudo a massa".[150] Isso não impede que os poemas de Mallarmé exerçam um papel privilegiado no *corpus* da literatura "francesa". Mas ler esses poemas de Mallarmé em sua justa grandeza, à maneira como eles *pretendem* ser lidos, não é reduzi-los à banalidade de um pertencimento à língua francesa, porém manter uma tensão entre "língua suprema" e língua francesa.

A contestação do preconceito segundo o qual o escritor, por sua obra, pertence plenamente à *sua* língua materna requer que tomemos distância das representações impostas pela estética romântica, preocupada em afirmar o pertencimento orgânico das obras a uma língua. Em vez de viver *sua* língua em termos imediatos, o escritor teria o destino de se reapropriar dela mediante o trabalho criador. Não obstante, em muitas outras configurações da literatura, o escritor não fabrica *seu* estilo a partir de *sua* língua, mas antes impõe a si, quando deseja produzir literatura, uma língua e códigos coletivos apropriados a gêneros de texto determinados. Nesse caso, há usos

---

[147] Régine Robin, "La brume-langue", *Le gré des langues*, n. 4, 1992, p. 132.

[148] "Crise de vers" (1895), *Oeuvres*, Classiques Garnier, p. 273.

[149] S. Mallarmé, "Crise de vers", pp. 273-274.

[150] S. Mallarmé, "Crise de vers", pp. 278-279, passim.

específicos da língua (uma "língua literária"), ou mesmo uma língua que não a de uso, que são reservados à literatura. A partir disso, não há conflito, bem ao contrário, entre enunciação literária e submissão a um ritual linguístico preestabelecido, sendo a cisão entre o escritor e "sua" língua de certo modo codificada.

O escritor não enfrenta a língua, mas uma interação de línguas e usos, aquilo que denominamos *interlíngua*. Vamos entender por isso as relações que entretêm, numa dada conjuntura, as variedades da mesma língua, mas também entre essa língua e as outras, passadas ou contemporâneas. É a partir do jogo dessa heteroglossia profunda, dessa forma de "dialogismo" (Bakhtin), que se pode instituir uma obra.

A depender do estado do campo literário e da posição que ele ocupa, o escritor negocia por meio da interlíngua um *código de linguagem* que lhe é próprio. Associam-se estreitamente nessa noção as acepções de "código" como sistema de regras e de signos que permite uma comunicação e de "código" como conjunto de prescrições: por definição, o uso da língua que a obra implica se apresenta como a maneira pela qual se tem de enunciar, por ser esta a única maneira compatível com o universo que ela instaura. Quando, em *Viagem ao fim da noite*, produz o entrechoque entre francês "popular" e narração literária, Céline mostra com isso que só esse código de linguagem é legítimo, só ele é adequado ao mundo caótico que sua narrativa apresenta.

Essa gestão da interlíngua pode ser concebida em seu aspecto de *plurilinguismo exterior*, isto é, na relação das obras com "outras" línguas, ou em seu aspecto de *plurilinguismo interno*, em sua relação com a diversidade de uma mesma língua. Essa distinção, de resto, tem apenas uma validade limitada, uma vez que, em última análise, são as obras que decidem em que ponto passa a fronteira entre o interior e o exterior de "sua" língua.

PLURILINGUISMO EXTERIOR

Se tem acesso a várias línguas, o escritor pode reparti-las nos termos de uma economia que lhe é própria. Robin evoca o caso de Berdichevski (1865-1921), que escreve ao mesmo tempo em hebraico, iídiche e alemão:

> O hebraico é para ele a língua do pai. As historietas do *shtetl*,* como ele mesmo diz, os adágios, provérbios, coletâneas de histórias c(h)assídicas, são construídas em iídiche, a língua da mãe, e seu diário íntimo é mantido por ele em alemão.[151]

Outro escritor judeu, Elias Canetti – criado na Bulgária numa família falante de espanhol, e que mais emigrou para a Inglaterra, a Áustria e a Suíça – decidiu escrever sua obra em alemão.

Alguns podem até escrever numa língua que não a materna. Samuel Beckett, irlandês, escreveu em inglês e francês. Mediante a manutenção desse bilinguismo literário, ele assinala um distanciamento ascético com relação à "sua" língua, correlato de um afastamento geográfico: ele viveu na França. Apesar disso, nada há do *pathos* de exilado, pois o autor também escreve em sua língua materna. Sua enunciação mantém-se, assim, entre duas línguas solitárias, apartada de qualquer lugar original. Desse modo, dá acesso ao inominável da linguagem, recusando a plenitude imaginária dessa ou daquela língua específica.

Uma mesma obra pode promover a coexistência de fragmentos de diversas línguas. *As flores do mal*, por exemplo, contêm um poema em latim ("*Franciscae meae laudes*", I, LXIII) que vem romper a homogeneidade do livro. No segundo ato de uma obra escrita em alemão, *A caixa de Pandora* (uma das duas peças que compõem *Lulu*, de Wedekind), assiste-se a longas conversas em francês: transformando Alwa Schön num proscrito e exilado, arrastando-o para o ambiente mundano cosmopolita de Paris, Lulu, a mulher fatal sem linhagem nem pátria, retirou-o do enraizamento da língua materna. De igual forma, em *A montanha mágica*, Thomas Mann faz o herói Hans Castorp e a senhora Chauchat, a russa enigmática (cap. 5, "Walpurgisnacht"), dialogarem longamente em francês: o francês é apresentado ali como a língua de Eros numa noite entre parênteses, noite de carnaval. À pergunta "em que língua foi escrita *A montanha mágica*", responderemos então: "em alemão"; mas num alemão rompido por esse parêntese de alteridade linguística que o impede de se fechar.

---

* N.T.: *Shtetl* designa comunidades judaicas europeias; os c(h)assidim são membros de um movimento místico judaico que busca servir a Deus em todo ato e toda palavra.

[151] "Le yiddish, langue fantasmatique?", in *La linguistique fantastique*, S. Auroux et al. (orgs.), Paris, J. Clims et Denoël, 1985, p. 234.

Num universo bem diferente, quando, ao lado de poemas neoclássicos em francês, escreve textos em provençal, Charles Maurras, o fundador de "Ação Francesa",* pretende mostrar que francês e provençal participam de um espaço cultural comum, a romanidade. Trata-se de um gesto indissoluvelmente político e literário: escrever em provençal, na língua de Oc** de seus ancestrais, é aproximar-se da origem que o legitima, a latinidade que ele opõe todo o tempo à "barbárie" germânica. Língua dos antigos romanos e da Igreja Católica, o latim deixa-se tocar melhor por meio do provençal do que do francês. Essa escolha representa também um ato político de reação ao centralismo do Estado republicano: francês e provençal devem coexistir como Paris e as províncias.

Essa relação privilegiada com o latim não é um fenômeno isolado. Até a Segunda Guerra Mundial, havia entre a maioria dos escritores e no público culto um profundo plurilinguismo. O essencial da literatura francesa foi produzido por pessoas que escreviam numa relação constante com o latim e, em menor medida, com o grego, línguas que têm a particularidade de coincidir com corpora literários. A sintaxe de um Bossuet, por exemplo, é imantada pelo modelo da frase ciceroniana.

Léon Daudet, companheiro militante de Maurras, chegou a fazer desse plurilinguismo uma das condições de sobrevivência da literatura francesa:

> Caso se prolongasse, acentuando-se, a decadência dos estudos latinos e gregos colocaria a literatura francesa em perigo [...]. A força e o alcance de uma literatura e de uma filosofia são avaliados pela frequentação, ou melhor, pela consubstanciação das letras latinas e gregas.[152]

A crer nele, para a literatura francesa o grego e o latim seriam "riquezas indispensáveis, que se podem comparar, em certa medida, com a reserva de ouro, com os valores em metais preciosos do Banco de França".[153] Por exemplo, "o ataque, o ritmo e a inspiração baudelairianas derivam diretamente da poética latina, sobretudo de Juvenal, quanto ao movimento, e de Pérsio, quanto à busca da intensidade."[154]

---

* N.T.: Jornal monarquista e direitista (1908-1944) que apoiou durante a Segunda Guerra Mundial o governo colaboracionista de Vichy.

** N.T.: "Língua de Oc" designa os dialetos franceses do Sul, como o provençal; faz par com "Língua de Oil", que designa os dialetos franceses do Norte.

[152] *Études et milieux littéraires*, Grasset, 1927, pp. 11 e 32.

[153] Op. cit., p. 3.

[154] Op. cit., p. 37.

A reivindicação desse vínculo com o latim ou com o grego tem um significado bem diferente para os humanistas do Renascimento, mas insere-se no mesmo espaço cultural, o de um posicionamento para o qual só é verdadeira a obra fundada nas literaturas antigas. Em *Defesa e ilustração da língua francesa*, a necessidade de calcar o francês literário no latim e no grego é afirmada da seguinte maneira:

> E assim como entre os autores latinos são considerados os melhores os que imitaram mais de perto os gregos, quero também que te esforces por reproduzir, o mais próximo do natural que puderes, a frase e maneira de falar latinas, na medida em que a propriedade de uma e outra língua o permitirem. O mesmo digo-te da grega, cujas maneiras de falar muito se aproximam de nossa língua comum. [155]

Logo, cada obra-prima escrita em francês virá atestar por sua própria existência que é justo "ilustrar" desse modo a língua materna. O que há de exemplar nesse esforço é a relação que estabelece entre a criação literária e a elaboração de um código de linguagem que extrai sua legitimidade do fato de se desenrolar numa espécie de imersão do francês nas línguas antigas.

Os humanistas da Plêiade tinham, contudo, uma concepção de ambivalente, pois desejavam ao mesmo tempo reforçar seus vínculos com o latim e o grego e suplantá-los. Essa ambivalência irredutível alimenta uma enunciação negociada entre essas duas exigências contraditórias de dependência e autonomia, de respeito e de violência usurpadora:

> Ide a essa Grécia mentirosa e nela semeai mais uma vez a famosa nação dos galogregos. Pilhai sem piedade os tesouros sagrados desse templo délfico, como o fizestes outrora; e que esse mudo Apolo, seus falsos oráculos, ou suas flechas obturadas não mais vos amedrontem. [156]

No tocante à literatura, a distinção entre língua "estrangeira" e língua "vernácula" se mostra assim bastante insuficiente. Isso se evidencia ainda mais em situações de plurilinguismo, como a Inglaterra do século XIV, em

---

[155] J. du Bellay, *Poésies*, Livre de Poche, 1967, p. 251.

[156] J. du Bellay, *Poésies*, Livre de Poche, 1967, p. 264.

que coexistiam três línguas de escrita (inglês, francês e latim). E que dizer de escritores americanos contemporâneos – tanto no norte como no sul do continente – que podem escrever numa maior proximidade com a língua do ex-colonizador ou, ao contrário, acentuar as características linguísticas que cavam um fosso com relação a essa língua? Em última análise, são as obras (em dois níveis, o de cada *texto* e o da diversidade de textos no âmbito da *opus* de um autor) e as condições de exercício da literatura num momento dado que decidem onde se traça a fronteira entre o "interior" e o "exterior".

PLURILINGUISMO INTERIOR

O escritor não enfrenta apenas a diversidade das línguas, mas também com a pluriglossia "interior" de uma mesma língua. Essa variedade pode ser de ordem geográfica (dialetal), ligada a zonas de comunicação (médica, jurídica...), a registros (familiar, formal...).

Desse ponto de vista, a obra de Rabelais é exemplar, como bem mostrou Bakhtin;[157] é um local de confronto privilegiado dos falares de uma língua. Desse modo, o célebre "estudante do Limousin" de *Pantagruel* se exprime num híbrido de francês e latim tido por característico do meio estudantil parisiense ("*Nous transfretons la Sequane au dilucule*" = atravessamos o Sena pela manhã), mas volta de imediato ao dialeto do Limousin quando *Pantagruel* o ameaça.

Noutra obra "carnavalesca", *Viagem ao fim da noite*, a mescla conflitual do registro julgado mais elevado (o literário) e o considerado mais baixo (o popular urbano) realiza verbalmente o deslocamento do mundo percorrido pelo herói-narrador. Inversamente, quando, em *A taberna*, integra o modo de falar dos operários parisienses à narração literária, Zola pretende atestar a autenticidade documentária de seu romance. Ele se esforça por legitimar sua fala ao mesmo tempo como romancista e como naturalista: o observador da sociedade que, de caderninho na mão, percorre os pardieiros e as oficinas, sonda as profundezas ocultas do corpo social, mostra que também é um verdadeiro escritor. O recurso ao discurso indireto livre deixa que a palavra

---

[157] *L'oeuvre de François Rabelais et la culture populaire au Moyen Age et sous la Renaissance*, trad. fr., Paris, Gallimard, 1970 (edição brasileira: *A cultura popular na Idade Média e no Renascimento:* o contexto de François Rabelais, 5. ed., São Paulo, Hucitec/Annablume, 2002).

popular seja ouvida, mas dominada por um discurso narrativo que se propõe como neutro, capaz de absorver a diversidade social.

Em contrapartida, nos romances "camponeses" de Jean Giono (*Colline* [Colina], *Regain* [Restolho], *Un de Baumugnes* [Alguém de Baumugnes]...), a enunciação é inteiramente permeada por uma oralidade camponesa que se julga recuperar a ligação com uma natureza perdida. Nos termos da palavra de ordem implicada pelo título, "Restolho", a narração pretende regenerar-se no contato com uma palavra o mais próxima possível da natureza.

> As lavouras de outono começaram hoje de manhã. Desde o primeiro corte do arado, a terra começou a fumegar. Era como um fogo que se descobriu lá embaixo. Agora que já há seis sulcos longos alinhados lado a lado, paira sobre o campo um vapor como o de um braseiro de relva. Subiu no dia claro e pôs-se a luzir ao sol como uma coluna de neve. E isso disse aos grandes corvos que dormiam voando no vento do platô: "Estão lavrando ali; há minhocas"...[158]

Não se pode falar aqui de regionalismo; ao fazer aflorar outro falar, essa escritura entra num sutil debate com as formas escritas da narração literária tradicional para produzir um efeito de ruralidade. O ritmo lento, sereno, do trabalho que recomeça é tomado pelo mesmo *ethos* (ver a seguir, capítulo "O *ethos*") que a enunciação, a qual, em contato com o labor da terra, pretende renovar a narração literária. Essa exploração do falar rural está fundada na condição marginal do camponês da montanha, personagem potencialmente paratópica que oferece um ponto de identificação ao escritor que se posiciona contra os ambientes literários parisienses.

Confrontemos esse código de linguagem impregnado de ruralidade com os usos de gíria essencialmente urbanos que o linguista britânico Halliday propõe denominar "antilíngua".[159] Eles permitem que um grupo indique seu conflito com a sociedade oficial (bandidos, escroques) ou simplesmente sua marginalidade (soldados, estudantes...). Prática de solidariedade baseada ao mesmo tempo no prazer do jogo verbal e na vontade de segredo, a antilíngua negocia com a língua recorrendo em particular a deformações léxicas. Por sua condição paratópica, os escritores

---

[158] *Regain*, Livre de Poche, p. 170.

[159] "Anti-language", in *Language as Social Semiotic*, London, E. Arnold, 1978, pp. 164-182.

mantêm uma relação com a língua em certos aspectos comparável a esses usos. Isso explica porque alguns exploram essas "antilínguas". *Laranja mecânica*, de Burgess, por exemplo, é narrada na primeira pessoa pelo chefe de um bando de jovens delinquentes que inventou um vocabulário próprio. Um glossário de cerca de 250 termos é acrescentado à narrativa com o fito de facilitar a leitura. Seja como for, a literatura não visa fazer que um grupo se volte sobre si mesmo. O código de linguagem de uma obra não é a antilíngua de uma comunidade existente, mas o de uma comunidade futura, os leitores, convidados a compartilhar seu universo: o romance de Burgess não se destina mais aos delinquentes do que o de Giono aos camponeses; seus respectivos códigos de linguagem não são a linguagem de nenhuma comunidade sociologicamente atestada.

A ILUSÃO DO NEUTRO

Seria possível objetar que essa negociação com a interlíngua só vale para um conjunto restrito de obras, que grande número de escritores se contenta em usar "a" língua de todo mundo, a língua comum, sem se preocupar com sua diversidade. Isso, porém, é esquecer que a literatura não tem relação natural com nenhum uso linguístico; mesmo quando a obra parece usar a língua mais "comum", há um confronto com a alteridade da linguagem, vinculada a um determinado posicionamento no campo literário.

Os escritores clássicos, que parecem contudo escrever "o" francês comum da elite culta, inscrevem-se na realidade num código particular, aquele em que, sob a égide da mundanidade e do centralismo monárquico, se associam desde o século XVII a clareza e a elegância:

> Jamais houve língua em que se escrevesse com mais pureza e com mais nitidez do que a nossa, que fosse mais inimiga dos equívocos e de todos os tipos de obscuridade, mais grave e mais doce ao mesmo tempo, mais própria para todos os tipos de estilo, mais casta em suas locuções, mais judiciosa em suas figuras, que mais amasse a elegância e o ornamento e que mais temesse a afetação.[160]

---

[160] Vaugelas, *Remarques sur la langue française*, Paris, Nyon fils, 1738, pp. 91-92 (1ª ed. 1647).

Longe de ser neutro, esse código é portador de uma dinâmica e de valores historicamente situáveis, estando associado à promoção da Razão, que se representaria idealmente numa língua francesa que se busca tornar homogênea, purificar de quaisquer formas de alteridade (regionalismos, arcaísmos, termos vulgares...). Trata-se de um tema constantemente retomado nos séculos XVII e XVIII até o célebre *Discurso sobre a universalidade da língua francesa* (1783), de Rivarol, que respondia ao tópico proposto pela Academia de Berlim: "O que tornou universal a língua francesa? Por que ela merece essa prerrogativa? Pode-se presumir que a conserva?"

É nessa dinâmica que vai se inscrever o projeto das Luzes: fazer recuar "as obscuridades" na língua, atualizar as articulações do pensamento e também fazer recuar o "obscurantismo" na sociedade. Esses "filósofos" colocam-se paradoxalmente na continuidade de *As provinciais*, de Pascal, que não inovam pelos assuntos que abordam, mas pelo fato de recorrerem a um código de linguagem não habitual em matéria de debate teológico: o francês das pessoas de bem. O extremo prazer sentido pelo público de Pascal resulta em larga medida dessa superioridade sobre o "jargão" dos teólogos. Da mesma forma, o sucesso das *Preciosas ridículas*, de Molière, assinala a condenação encenada de um uso da língua oposto ao que o autor defende através de sua própria enunciação teatral. Na condição de clássico, Molière recusa todo uso linguístico privado. Sua denúncia da corporação médica passa igualmente por isso: o médico é um utilizador de jargão que se recusa a usar uma língua transparente para o pensamento daqueles que são dotados de "bom-senso". Tal como em *As provinciais*, denuncia-se o jargão de uma comunidade fechada: médicos ou teólogos tiram seu poder ilusório dos obstáculos que opõem a um "bom uso" que se propõe como código universal.

La Bruyère não diz outra coisa:

> A cidade está dividida em diversas sociedades, que são como pequenas repúblicas, que têm suas próprias leis, seus usos, seu jargão e suas frases engraçadas. Enquanto esse agrupamento goza de força e a obstinação subsiste, nada se encontra de bem dito ou de benfeito além daquilo que vem dos seus, e é-se incapaz de usufruir o que vem de outra parte; isso chega até ao desprezo dos que não são iniciados em seus mistérios. O homem distinto dotado de grande inteligência que o acaso levou para o seu meio

> é considerado estrangeiro: encontra-se ali como num país distante, do qual não conhece nem as estradas, nem língua, nem os usos, nem os costumes [...]. Dois anos no entanto não passam num mesmo grupelho [...].[161]

À fragmentação da linguagem da "cidade" em fugazes grupelhos, o autor dos *Caracteres* opõe seu próprio código, o do "homem distinto dotado de grande inteligência", que fala a língua de todos, aquela que não está sujeita aos caprichos da moda, a da "parte mais saudável da corte", para retomar a fórmula de Vaugelas.

Pode-se evocar aqui um caso extremo, o de um código de linguagem que não é elaborado numa relação com outras línguas ou com "dialetos" sociais ou geográficos, mas na restrição da língua ao que seria o Código por excelência, o *corpus* literário. Um autor como Julien Gracq visa, desse modo, à pureza de um uso não profano da língua, a quintessência do bem escrever. Disso por certo vem a estranha impressão que se sente ao se ler essa obra em que a língua parece destinada apenas ao exercício da literatura. Enquanto um Rabelais ou um Zola exibem a heterogeneidade dos registros de linguagem, Gracq oferece textos que exibem a plenitude da literatura, textos que propõem de imediato sua pertinência ao *corpus* de obras consagradas. Essa "neutralidade" linguística não tem, portanto, nada que ver com a de um Pascal ou de um Voltaire, cujo código de linguagem define ao mesmo tempo uma exigência de expressão do pensamento e a submissão às normas de uma elite. Em Gracq, a pureza pretende-se solitária, sem exterior, excetuando-se de tudo. A enunciação duplica-se por seu reflexo no espelho da literatura.

O confronto criativo do escritor com a interlíngua pode operar-se sem diferença visível, como se a obra, em sua própria enunciação, se destacasse da própria língua que apresenta. Esse é o caso de um de um poeta judeu como Paul Celan, que se exprime em alemão depois do Holocausto, na língua dos carrascos. O escritor deve então transformar em ouro "sua" língua irremediavelmente conspurcada, recusar uma presença que ele contudo

---

[161] *Les Caractères*, Classiques Garnier, 1962, p. 207.

impõe através de sua enunciação. Hiato invisível que é ele próprio agravado pela condição paratópica do judeu da diáspora, para quem "sua" língua jamais é de fato "sua" língua, sem por isso ser uma língua emprestada.

SUPRALÍNGUA E INFRALÍNGUA

O código de linguagem de uma obra não é elaborado apenas numa relação com línguas ou usos da língua. Pode ver-se atravessado por um corpo a corpo com o que se poderia chamar de *perilínguas*, no limite inferior da língua natural (*infralíngua*) ou em seu limite superior (*supralíngua*).[162] O escritor não pode fixar-se nem em um nem no outro, mas pode deixar entrever sua indizível presença, nutrir seu texto com o fascínio delas. A infralíngua está voltada para uma origem que seria uma ambivalente proximidade do corpo, pura emoção: ora inocência perdida ou paraíso das infâncias, ora confusão primitiva, caos de que é necessário se desprender. Do lado oposto, a supralíngua acena com a perfeição luminosa de uma representação idealmente transparente ao pensamento. Um e outra, por caminhos opostos, sonham com um sentido que seria imediato, que se daria sem qualquer reserva. Deve-se, contudo, evitar reificar a infralíngua e a supralíngua, que são funções. Não se pode excluir que nessa ou naquela obra essas duas funções sejam cumpridas pela mesma entidade, que a língua do corpo seja igualmente a dos anjos.

A dramaturgia de Diderot nos oferece um bom exemplo de infralíngua. Nele, a linguagem dramática é obsedada pelo desejo de mostrar o espetáculo da emoção sem artifício, a expressão imediatamente decifrável do corpo:

> O que nos afeta no espetáculo do homem estimulado por alguma grande paixão? São os discursos? Às vezes. Mas o que sempre comove são os gritos, as palavras desarticuladas, as vozes quebradas, alguns monossílabos que escapam a intervalos, não sei que murmúrio na garganta, entre os dentes. A violência do sentimento corta a respiração e traz a perturbação ao espírito, e as sílabas e palavras se separam, o homem passa de uma ideia a outra, começa uma multiplicidade de discursos e não termina nenhum.[163]

---

[162] Em algumas publicações anteriores, usei a oposição *infralíngua/hiperlíngua*, mas ocorre que a noção de "hiperlíngua" já era utilizada com outro valor, em particular por S. Auroux. Para não suscitar inúteis confusões, falo doravante de "supralíngua".

[163] *Entretiens sur le fils naturel* (1757), *Œuvres complètes*, Paris, Garnier, 1875, vol. VII, p. 105.

Como a peça teatral deve imitar a "natureza", é nessa zona incerta entre palavra e expressão direta do corpo que circula a língua. Interjeições e gesticulações ("pantomimas") afloram em alguns momentos para interromper o curso das personagens, fazer entrever em cena o quadro vivo de uma emoção desprovida de todo artifício.

Diderot arrisca-se até a "traduzir" alguns versos de *Ifigênia* (v, iv), de Racine, na esperança de aproximá-las dessa infralíngua. Eis o texto de Racine:

> [...] Bárbaros! Detende-vos...
> É o puro sangue do deus que faz troar o trovão...
> Ouço bramir o raio e sinto tremer a terra...
> Um deus vingador, um deus vibra todos esses golpes...

e sua transposição por Diderot:

> Bárbaros: bárbaros, detende-vos, detende-vos, detende-vos...
> é o puro sangue do deus que faz troar o trovão... Esse deus vos
> vê... vos ouve... vos ameaça, bárbaros... detende-vos!... ouço
> bramir o raio... sinto tremer a terra... detende-vos... Um deus
> vingador vibra todos esses golpes... detende-vos, bárbaros...
> Mas nada os detém... Ah! minha filha!... ah, mãe desgraçada!...
> Eu a vejo... vejo seu sangue correr... tá morrendo... ah,
> bárbaros! ó céus!...[164]

A música muitas vezes permite dar um rosto à infralíngua. Por isso, Diderot sonha com que sua transposição seja explorada por um compositor de ópera (italiano).

Ocorre com facilidade uma contaminação entre a infralíngua e certas formas de plurilinguismo interior. Quando, não satisfeitos em recolher nos campos as canções e os cantos populares, insinuam em seus textos arcaísmos ou reinvestem gêneros literários tradicionais (baladas, contos...), os românticos alemães empregam ao mesmo tempo o plurilinguismo interior e a infralíngua; para eles, a literatura tradicional é tanto dialeto em vias de desaparecimento como palavra próxima das forças da natureza, da vitalidade e do gênio do povo. Da mesma maneira, nos romances de Jean Giono, a fala

---

[164] Op. cit., p. 163.

camponesa orienta-se para a infralíngua, deixando entrever um discurso o mais próximo possível de um corpo enraizado nos ritmos naturais.

Inversamente, a supralíngua atrai o código de linguagem para o sonho de uma escrita "matemática" com elementos e relações necessárias. Para além das palavras, a grafia tende ao gráfico do esquema ou das operações do cálculo. Um Poe, um Mallarmé, um Valéry se compraziam em acenar com essa utopia, que aliás só concerne aos adeptos da poesia normal. Conhecemos as sutis maquinarias narrativas das quais Raymond Roussel fala em *Como escrevi alguns de meus livros*. Pode-se evocar igualmente alguns romances de George Perec ou Michel Butor, construídos com base em *patterns* invisíveis, verdadeiros criptogramas. Companheiro de viagem do estruturalismo, Michel Butor concebia assim o romance em termos do modelo da poesia regular:

> Servindo-se de estruturas fortes o suficiente, comparáveis às do verso, comparáveis a estruturas geométricas ou musicais, fazendo os elementos brincarem sistematicamente uns com os outros até resultarem na revelação que o poeta espera de sua prosódia, pode-se integrar em totalidade, no âmbito de uma descrição que parte da mais tola banalidade, os poderes da poesia.[165]

Diferentemente de Diderot, que percebe a música como fluxo de emoção, o devaneio musical de Butor, mais sensível às ofuscantes geometrias da partitura, orienta-se para Bach. Disso resulta um empreendimento criador particular:

> Só consigo começar a redigir um romance depois de ter estudado durante meses sua organização, a partir do momento em que me vejo de posse de esquemas cuja eficácia expressiva com relação àquela região que me chamava no princípio me parece suficiente.[166]

Naturalmente, não é possível reduzir os romances de Butor, como *A modificação* ou *O emprego do tempo*, aos esquemas que permitem sua construção, mas tais esquemas participam tanto da história como da trama do texto que a traz.

---

[165] "Intervention à Royaumont", in *Essais sur le roman*, Paris, Galimmard, col. "Idées", 1969, p. 16.

[166] Op. cit., p. 119.

INTERLÍNGUA E INTERTEXTO

Entre "intertexto" e "interlíngua" há em ação uma continuidade toda natural. Há de fato outro tipo de "atração" que não o exercido pela *infralíngua* ou pela *supralíngua*, a que liga o código de linguagem de um escritor não a uma perilíngua, mas à utopia de outra língua ou de outro uso da língua na medida em que estes já tenham sido investidos pela literatura.

É o que ocorre com Ronsard e, de modo mais amplo, com os escritores da Plêiade, que, ao elaborar um francês literário helenizado, entendiam que com isso beneficiavam suas obras do prestígio do pertencimento ao *corpus* antigo. No final do século XIX, os poetas franceses da "escola romana" – particularmente Jean Moréas – reivindicavam um posicionamento que os fazia escrever não "em francês", mas no código de linguagem de um francês que sofre a atração do *corpus* greco-latino. Esse já era o caso dos poetas parnasianos, que recorriam intensamente aos latinismos e aos helenismos lexicais, sintáticos e retóricos, inseridos numa forma métrica impecavelmente clássica. Essa duplicidade está inscrita por exemplo no próprio nome da revista guia desse movimento: "O Parnasso/contemporâneo".[167]

Num contexto completamente distinto, os poetas japoneses do período Edo escreviam impecáveis poemas em ideogramas "chineses" que liam... em japonês, mas que um chinês poderia ler em seu idioma. Os letrados aprendiam a literatura clássica chinesa e ignoravam a língua falada: "O chinês clássico não era sentido como língua estrangeira. Era aprendido por impregnação, por imersão na leitura dos clássicos, que eram decorados e cujas frases se tornavam naturalmente modelos de composição."[168] Eis um exemplo notável de código de linguagem coletivo elaborado *entre* duas línguas; na realidade, menos entre duas línguas que entre o japonês e o *corpus* da poesia chinesa clássica. Esses poetas, na verdade, não escreviam nem "em chinês" nem "em japonês", mas "em poesia clássica chinesa", considerada *a* "língua" digna da poesia. Essa prática de escrita não era uma escolha individual,

---

[167] Abordaremos mais longamente o Parnasso no último capítulo deste livro, quando vamos estudar um soneto de José Maria de Heredia.

[168] M.-M. Parvulesco, "Imitation et création littéraire, la poésie de lettrés à l'époque Edo", EBISU, *Études japonaises*, n. 19, Tóquio, 1997, p. 80.

mas inseparável de uma comunidade discursiva de letrados que liam uns aos outros e davam cursos para um público que julgava o domínio desse tipo de poesia um sinal de distinção social. Uma relação tão singular com a interlíngua permitia que a comunidade de poetas afirmasse sua própria legitimidade e dava acesso a um alhures prestigioso que encarnava na época e nesse ambiente geográfico a tradição literária chinesa.

A questão da "língua literária"

Quando, para denunciar o código literário neoclássico, Victor Hugo escreveu "Eu disse ao longo fruto de ouro: *Mas não passas de uma pera!*",[169] sua rejeição das perífrases do "estilo elevado" testemunhava uma profunda transformação. Era a própria ideia de um código literário especializado que caía em desgraça. A partir do começo do século XIX, a estética dominante via no "estilo" não um registro de língua, o que ocorrera na época clássica, mas a expressão de uma subjetividade absoluta. Admitir pelo contrário que uma obra possa ser enunciada numa língua "estrangeira", ou que existem recursos de linguagem específicos para a comunicação letrada, é tomar certa distância dessa concepção das relações entre o escritor e a língua, entre a literatura e a língua.

TER QUALIDADE DE LÍNGUA

Na concepção comum, a língua francesa precede a literatura tal como as pedras precedem a edificação que se vai erigir eventualmente com elas. Uma língua é um conjunto de materiais que estão à disposição de todos, e

---

[169] *Les Contemplations*, "Réponse à um acte d'accusation".

A literatura um suplemento, um "ornamento" que se soma a uma língua, que está por natureza voltada a tarefas de comunicação mais elementares. Trata-se de uma concepção cômoda, porém inadequada: longe de ser um "ornamento" contingente, a literatura participa da própria constituição da língua, contribui para lhe conferir qualidade de língua, estatuto de língua. Com efeito, não há uma definição estritamente linguística do caráter de uma língua.

Como lembra Milner:

> Exceção feita a dados maciços e grosseiros, não se sabe determinar de maneira certa e sutil quando é possível dizer que duas línguas são a mesma ou são diferentes [...]. De modo geral, seria até possível sustentar que as representações generalizantes da linguística têm justamente por efeito apagar e até esvaziar de seu sentido certas diferenças, aparentemente evidentes, entre as línguas [...]. Essa questão é puramente sociológica e não tem em linguística um estatuto preciso.[170]

A literatura desempenha um papel capital nesse processo de delimitação das línguas. Para surgir uma língua como totalidade, para que se tracem as fronteiras de um espaço estabilizado, vinculado com uma comunidade, é necessária a referência a um *corpus*, um ambiente de uso restrito e prestigioso, particularmente uma literatura. A produção de *enunciados de qualidade* confere *qualidade de língua* ao que, na ausência disso, não passaria de um simples ambiente de comunicação verbal de fronteiras indecidíveis e sujeita a uma infinita variação. A comunidade linguística se institui a partir dos ritos de linguagem de uma minoria. Nesse sentido, só passa a haver de fato *língua* a partir do momento em que a "massa falante" passa a ser acompanhada por uma comunidade de ausentes, um tesouro de falas mortas. Apoiada num *corpus* literário, a língua se mantém com base em enunciados de qualidade que de certo modo lhe escapam. Paradoxalmente, o que permite a existência de *uma* língua é, por conseguinte, um uso restrito cujo pertencimento à língua é problemático e de que os linguistas com toda a razão desconfiam. Há assim uma relação essencial entre a definição da

---

[170] *Introduction à une science du langage*, Paris, Seuil, 1989, pp. 45-46.

identidade de uma língua e a existência de uma literatura no sentido amplo, de um *corpus* de enunciados estabilizados, valorizados esteticamente e reconhecidos como fundadores por uma dada sociedade. O Um imaginário da língua se apoia na existência de um *corpus* de obras. Os escritores, longe de vir depois dele, participam de sua definição.

É o que evidenciam pesquisas recentes sobre a constituição da língua francesa. Retomando a fórmula da linguística histórica, "o francês é latim falado", para Cerquiglini:

> [...] o francês nacional, nosso francês, não provêm de um território, mas da literatura. Dessa *scripta* essencialmente poética, quase nacional nos *Juramentos de Estrasburgo* (que devem anunciar um Estado), inter-regional de *oil* nos textos literários que se seguem.[171]

É, portanto, através da literatura que se ela elabora "uma língua francesa que ultrapassa a diversidade dos falares, inscrita no projeto de uma forma comum que escapa, por razões políticas ou estéticas, ao intercâmbio local e cotidiano".[172]

Estudando de modo mais específico a *Cantilena a Santa Eulália*, primeiro texto conhecido da literatura francesa, Renée Balibar destaca que esse francês literário constitui "uma língua híbrida", que "associa características fonéticas e gráficas localmente incompatíveis", apesar de "a composição 'suprarregional' não deixar dúvidas".[173] Nesse caso, a heterogeneidade das marcas dialetais no texto, longe de refletir o pertencimento de seu autor a algum território, pretende pelo contrário conjurar a variação infinita dos usos. Por conseguinte, não há na base um sistema ou ainda enunciados que a atualizam, mas a língua como sistema se constitui e se mantém através do aparelho que torna possível um conjunto privilegiado de enunciados subtraídos ao intercâmbio cotidiano. A literatura não pode ser considerada o supérfluo de uma língua já existente, identificada e autossuficiente, mas uma dimensão constitutiva da identidade dessa língua. O bem dizer duplica o dizer, como seu duplo invisível que não se pode mandar embora.

---

[171] *La naissance du français*, Paris, PUF, 1991, p. 120.

[172] B. Cerquiglini, op. cit., p. 124.

[173] "Eulalie et Ludwig: le génie littéraire", in *Le gré des langues*, n. 3, 1992, p. 184.

A questão da "língua literária"

Na mesma perspectiva, pode-se igualmente evocar os trabalhos sociolinguísticos já antigos sobre a diglossia, na linha de Ferguson.[174] A separação funcional dos usos entre uma variedade *de prestígio* [*haute*] e uma variedade *sem prestígio* [*basse*] implica uma espécie de fragmentação originária daquilo que se considera uma língua:

- De um lado, um uso prestigioso, relativamente rígido, associado à aprendizagem escolar, a um *corpus* literário que vai além da comunidade de locutores nativos e dos limites de uma sincronia; essa variedade *de prestígio* desempenha o papel de ideal normativo, associado com frequência ao preconceito segundo o qual só ela teria plena qualidade de língua.
- De outro lado, uma pluralidade de usos de menor prestígio, aprendida fora da situação escolar e que se acha em atividade nos intercâmbios comuns.

Essa divisão em duas variedades não é um lamentável acidente – como se a língua fosse chamada a reunificar-se, ao final de uma ação política apropriada –, mas algo irredutível.

Quando desejam "ilustrar a língua francesa", aumentar seu valor e renome, Ronsard e seus amigos da Plêiade traçam um círculo: aumentam através de sua escrita o valor de uma língua que, valorizada dessa maneira, deve aumentar o valor de sua escrita. Ao fundar a Academia Francesa, o cardeal Richelieu, por sua vez, conferia uma consistência institucional a essa sustentação mútua entre a unidade imaginária da língua e a do corpo político. Sustentação tanto mais forte quando os textos fundadores se concentram num único livro: é conhecido o caso do árabe clássico, que coincide com o árabe do Alcorão, ou do alemão de prestígio (*Hochdeutsch*: "alto alemão"), consagrado pela tradução da Bíblia em língua vernácula por Lutero.

As obras não se limitam, pois, a passar pelo canal da língua; em vez disso, cada ato de enunciação literária, por mais insignificante que possa parecer, vem fortalecer a língua que mobiliza em seu papel de língua digna

---

[174] "Diglossia", *Word*, n. 15, 1959.

de literatura e, para além disso, de língua propriamente dita. Longe de levar em conta uma hierarquia intangível, a literatura contribui para constituí-la, reforçá-la ou enfraquecê-la. Ao escrever em catalão, e não em espanhol, alguns romances cuja intriga, em lugar de descrever um mundo rural desaparecido, desenvolve-se na Barcelona ou na Valência do século XXI, um escritor recusa por sua opção a ideia de que o catalão não passaria de um dialeto reservado a intercâmbios linguísticos de pouco prestígio. Quando, no século XIX, militaram em favor do renascimento do provençal, alguns escritores, agrupados em torno de Frédéric Mistral (1830-1914), apressaram-se em fundar um movimento literário (o Félibrige), em produzir obras (cf. *Mireille*, 1867) e em redigir um dicionário: não existe língua verdadeira sem instituição literária.

A LINGUÍSTICA MODERNA

A estética pós-romântica desqualificou a um só tempo a literatura de gênero e os códigos especificamente literários. Nesse quadro, a própria ideia de um *código*, de uma espécie de discurso especializado específico da literatura (o estilo "nobre", "elevado"...), ou a ideia de uma *língua-corpus* postulada como eminentemente literária (o chinês para os japoneses ou coreanos outrora, o latim para os ocidentais), constituem um problema, pois equivalem a colocar a instituição em segundo plano, a dela descentrar a instância autoral, a interpor alguns obstáculos à apropriação da língua pela subjetividade absoluta do escritor. Os autores que, no início do século XX, rejeitaram a ideia de uma "língua literária" levaram esses pressupostos ao extremo: a relação do escritor com a língua deve ser singular, alheia às convenções; cada escritor define soberanamente por meio de *seu* estilo o que há de literário numa língua.

De igual forma, busca-se com frequência questionar a autonomia relativa de uma "língua literária" afirmando-se que essa língua exploraria para seus próprios fins os mesmos fenômenos que os mais espontâneos usos orais. Essa vontade de vincular os usos literários ao mais espontâneo, ao mais "profundo" da língua assinala uma atitude que associa estreitamente o "eu profundo" (Proust) do escritor e *sua* língua. Além disso, converge com os pressupostos dominantes da linguística moderna, que suspeita da literatura. Michel Bréal resumiu essa atitude, no final do século XIX, da seguinte maneira:

> Para a linguística moderna, todas as formas, a partir do momento em que são empregadas, têm direito à existência. Mais do que isso, quanto maior sua alteração, tanto mais interessante elas são... A verdadeira vida da linguagem concentra-se nos dialetos: a língua literária, interrompida artificialmente em seu desenvolvimento, nem de longe tem o mesmo valor.[175]

A linguística estrutural não podia reverter essa condenação da literatura, acusada de levar ao extremo os efeitos nocivos do escrito. Para Saussure, a filologia "é falha num particular: apega-se muito servilmente à língua escrita e esquece a língua falada".[176] O apego à literatura leva com efeito o linguista a analisar fatos da língua fossilizados e a ignorar novos fatos da língua. A afirmação da primazia do oral, a recusa de toda contaminação do descritivo pelo prescritivo, implica o descarte de um uso literário que oferece uma visão deformada da realidade do sistema linguístico, da "língua viva". Além disso, nos anos 1960, as gramáticas escolares inspiradas pela linguística renunciaram a buscar seus exemplos nos grandes autores e em certos dicionários *por suprimirem todos os exemplos literários*.

Em matéria de dados "autênticos", a literatura de fato acumula deficiências. Ela supõe uma enunciação *diferida* entre sua fonte e sua recepção; introduz um terceiro termo no intercâmbio entre os locutores: as instituições literárias, os *corpora* de obras prestigiosas...; desestabiliza a homogeneidade das sincronias ao conservar através da memória a presença de estruturas moribundas e mortas; privilegia usos marginais em detrimento dos advindos da "massa falante". Em consequência, o linguista não cessa de cortar as cabeças sempre renascentes do preconceito literário e tem *a fortiori* de suprimir o interesse por uma suposta dimensão estética da língua. Como escreveu Martinet em 1965:

---

[175] *Essai de sémantique*, Paris, 1897, p. 276.

[175] *Cours de linguistique générale*, Paris, Payot, 1973, p. 14 (edição brasileira: *Curso de linguística geral*, trad. A. Chelini, J. P. Paes e I. Blikstein, São Paulo, Cultrix, 1970, p. 8.

Discurso literário

> Nada mais estranho às preocupações do linguista contemporâneo, quando se empenha em identificar os aspectos característicos de uma língua, que a questão de saber se essa língua é bela ou feia. E ele está coberto de razão ao assim agir, porque qualquer apreciação estética poderia envolvê-lo em organizar e hierarquizar os fatos observados não mais em função de seu papel na comunicação, mas segundo preferências pessoais, que no caso não teriam nenhuma relevância.[177]

A posse ou não de uma literatura por uma dada língua é uma questão de contingências históricas e não concerne ao sistema linguístico propriamente dito:

> Pode-se ser tentado a designar como línguas belas as que tenham servido de meios de expressão a escritores e poetas que buscavam o belo tal como nossos "Filósofos" a clareza. Em ambos os casos, seria errôneo atribuir à língua aquilo que não passa de realização pessoal a partir de materiais que se acham à disposição de todos. Não se atribui nenhuma beleza de uma vez por todas a uma língua devido à existência de obras literárias que dela fizeram uso.[178]

O elemento complicador da questão da "língua literária" são as relações privilegiadas que esta mantém com usos socialmente valorizados, "corretos", ainda que esses dois registros não se equivalham. Na verdade, em todas as épocas o *corpus* literário contém textos conformes à correção e outros que implicam, por diversas razões, usos "desviantes": Rabelais, Mallarmé ou Céline convivem com André Gide e Voltaire, isto é, escritores que buscam alguma pureza de linguagem. Estamos assim diante de uma situação delicada, pois, ao que parece, o *corpus* que atesta a qualidade da língua – as obras literárias – não segue necessariamente o bem dizer: o Um da língua se constrói ao redor de uma literatura, de um uso restrito associado aos ritos de uma comunidade de escritores, mas essa literatura possibilita, e por vezes chega a exigir, uma desestabilização da variedade "alta" que confere a essa língua sua unidade imaginária.

---

[177] *Le français sans fard*, Paris, PUF, 1969, p. 46.
[178] A. Martinet, op. cit., p. 61

A estética romântica resolve a dificuldade de maneira drástica, porque postula que cada escritor constrói *sua* língua, independentemente da língua de todos. A inscrição do escritor na língua comum ocorre, portanto, num nível mais profundo, sendo os escritores considerados não locutores modelo – que se conformam ao bom uso –, mas perfeitos conhecedores dos recursos oferecidos por sua língua. Trata-se de ideia constantemente defendida pelos estilistas:

> Os grandes escritores são sutis praticantes e por vezes também teóricos da língua (é esse notadamente o caso de Corneille, Voltaire e Baudelaire, que refletiram, todos eles, sobre a língua) [...]. Pode-se mesmo dizer que o que caracteriza os grandes estilistas é uma interiorização superior dos valores de sentido dos elementos da língua.[179]

Embora essa ideia dificilmente seja contestável, nem por isso se resolve o problema representado pela "língua literária". Se cada escritor constrói seu próprio idioleto, como pode haver numa sociedade usos que se percebem imediatamente como "literários"?

FATOS DE LÍNGUA E PADRÕES DISCURSIVOS

A primeira precaução a tomar é não privar a questão de seu caráter histórico, não formulá-la apenas no âmbito da *doxa* hoje dominante, que vê no criador aquele que recusa toda convenção. Se consideramos a diversidade histórica e geográfica das manifestações do discurso literário, constatamos forçosamente que, na maioria dos lugares e momentos, só se reconhecem como literárias obras sujeitas aos códigos reconhecidos como tais, seja a submissão a outro idioma associado a um *corpus* literário prestigioso (o chinês, o grego...) ou a um uso especializado da língua vernácula.

Se se pretende que a noção de "código de linguagem" (ver capítulo "Um posicionamento na interlíngua", seção "Interlíngua e código de linguagem") tenha validade para a diversidade das manifestações do discurso literário,

---

[179] F. Berlan e A. Sancier, *Rapport d'agrégation de Lettres classiques, concours interne*, 1989, pp. 44-45.

não se pode por conseguinte restringi-la ao estilo individual. Quando há a codificação de usos literários, há código de linguagem, mas a concordância entre um dado código de linguagem e o mundo que a obra constrói não é da mesma ordem. A existência de um código literário partilhado, reconhecido como tal, caminha lado a lado com a apresentação de mundos ficcionais, eles mesmos previamente estabilizados: o gênero pastoral nos séculos XVI e XVII caracteriza-se a um só tempo por um certo código de linguagem e um certo tipo de tema, de personagens, de situações. O código de linguagem altamente convencional da tragédia clássica é correlativo de intrigas "pré-formatadas" que envolvem grandes personagens.

A primeira evidência é que as línguas dispõem de marcadores especializados na apreensão, se não literária, ao menos estética do mundo. Em francês, além do emprego de certos tempos (o pretérito perfeito) ou de certos valores de tempos (imperfeito conclusivo, *maintenant* [agora, já + imperfeito], há um diversificado conjunto de fenômenos linguísticos que Milner, por exemplo, estuda em termos de "não classificância" [*non-classifiance*]: grupos nominais com artigo indefinido associados a um substantivo não contável (*uma água límpida, um óleo perfumado, uma carne branca...*), diversas séries de adjetivos (*róseo, encarnado, rubro, azulado...*) ou grupos preposicionais cristalizados (*de jade, de ébano*) "que designam cores marcadas subjetivamente, seja por constituir uma nuança não situável no espectro ou por advir antes de uma impressão do observador do que de uma propriedade do objeto".[180] Milner nota que "em certos casos, esses elementos têm o valor de signos convencionais da escrita literária: tudo se passa como se – dadas certas condições na sociedade – o literário pudesse ser alcançado sem o uso de certos termos, sendo esse próprio uso suficiente para produzir de fato o literário."[181]

O mesmo ocorre com alguns plurais (*as areias do deserto, os segundos planos/as lonjuras, as ondas...*). No caso de *as areias*, por exemplo, a interação entre o nome "areia" e o plural modifica profundamente o referente de "areia" ao orientá-lo para usos literários. Como a areia não possui em si

---

[180] *De la syntaxe à l'interprétation*, Paris, Seuil, 1978, p. 322.
[181] Op. cit., p. 330.

forma, sua quantificação enseja diversos efeitos de sentido, particularmente o de uma quantidade indeterminada, de uma entidade de contornos completamente imprecisos:

> [...] a ausência de delimitação quantitativa envolve a interpretação em termos de 'impreciso', 'infinito', 'imensidão' [...]. Isso justifica o aparecimento de *as areias** em enunciados literários em que se privilegiam as descrições panorâmicas de paisagens, a ideia de busca eterna, de desnorteamento ou da apresentação de impressões perturbadoras das personagens.[182]

Não que esses fatos de linguagem sejam reservados à literatura (a publicidade não se abstém deles), mas entretêm relações privilegiadas com elas. Quem emprega esses marcadores não pretende necessariamente fazer obra literária, mas está claro que esta última não se desenvolve num língua que lhe seja indiferente.

Outro tipo de fenômeno que permite explicar o fato de não nos ser dado prescindir por completo da consideração de uma "língua literária" é que a produção literária, queira ou não, tende a produzir, ao se acumular, feixes de marcas linguísticas que marcam o pertencimento à literatura, a determinados gêneros literários ou posicionamentos. Nos dois fragmentos de romance a seguir, em outros aspectos diferentes entre si, além de separados por um século, são facilmente perceptíveis essas marcas de pertencimento:

> (1)
> Nas pastagens recobertas por uma bruma líquida, via-se o rápido desfile dos caçadores. De súbito, no céu de pérola, uma faixa alaranjada estriou o horizonte e ouviu-se um só grito:
> – O sol!
> No mesmo instante, todos se puseram a tagarelar; o sorriso veio substituir nas bocas femininas o triste ricto que a úmida aurora de setembro lhes imprimira.[183]

---

* N.T.: Um exemplo desse uso de "areias" está no poema "Navio Negreiro", de Castro Alves: "Lá nas areias infindas...". Certo uso moderno, vinculado   com o vôlei de praia, contudo, é mais propriamente referencial: "Jackie volta às areias...".

[182] Maria Jarrega Jomeer, *Le rôle du pluriel dans la construction du sens des syntagmes nominaux en français contemporain*, tese de linguística, Universidade de Paris x, 2000, p. 235.

[183] Eugène Joliclerc, *L'Ève*, Paris, Alphonse Lemerre, 1908, p. 59.

(2)

As duas Marias eram viúvas. O marido de Maria A morreu uns dez anos antes de chegar a vez de ela morrer. Da noite para o dia, simplesmente. Do pulmão. Um fumante inveterado. Seu sobrinho dissera – titio começou a contar histórias estranhas. E no dia seguinte tudo acabou. O calvário de Maria A começou naquele dia. De tanto ficar de pé servindo os convidados como se fossem bodas ela ficou com rachaduras nos pés que jamais cicatrizaram por causa da diabete. Naquele dia a criança que já não o era cometeu todas as transgressões [...].[184]

Trata-se de dois trechos iniciais de capítulo; o primeiro, extraído de um romance mundano do começo do século XX, é exemplar da literatura de consumo; o outro é de um romance contemporâneo que Bourdieu julgaria exemplar da produção "restrita", não comercial. O primeiro foi publicado por uma grande editora parisiense, o outro, por uma pequena casa editorial suíça. Claro que os dois fragmentos não mobilizam as mesmas marcas de pertencimento à literatura: o pretérito perfeito e o imperfeito, a anteposição de adjetivos, um dado léxico ("de pérola", "estriar"...) etc., no caso do primeiro; frases nominais, a ausência de pontuação, o sobrenome com inicial maiúscula ("Maria A"), o emprego do travessão para o discurso direto, a mistura de pretérito perfeito com pretérito perfeito composto... para o segundo. Não obstante, para toda pessoa familiarizada com o mundo da escrita, esses dois textos são imediatamente percebidos como "literários".

No caso do trecho inicial de *Libéra*, de R. Pinget (ver capítulo "Quadro hermenêutico e máximas conversacionais"), Gilles Philippe[185] fala precisamente de "padrões discursivos" que interviriam na leitura de obras literárias:

[...] as representações imaginárias de vários tipos precisos de produção de linguagem, cujas especificidades a tradição literária cristalizou numa espécie de estereótipo. Com efeito, a decifração de textos romanescos repousa primordialmente no reconhecimento desses "padrões", exigindo uma competência de interpretação específica.[186]

---

[184] Esther Orner, *Petite biographie pour um Rève*, Genebra, Métropolis, 2003, p. 20.

[185] D. Maingueneau e G. Philippe, "Les conditions d'exercice du discours littéraire", in E. Roulet e M. Burger (orgs.), *Les modèles du discours au défie d'un "dialogue romanesque"*, Nancy, Presses universitaires de Nancy, 2002, pp. 351-378.

[186] Pp. 366-367.

O leitor é capaz de reconhecer um conjunto de elementos de linguagem como estando coorientados para um mesmo padrão discursivo. No começo de *Libéra*, haveria assim três padrões mesclados: o do discurso falado, o do escrito narrativo e o do monólogo interior; para decifrar semelhante texto, "o leitor distribui as marcas de linguagem a depender da associação que faz com um desses padrões, isto é, de acordo com uma competência partícula, mas também de acordo com opções interpretativas pontuais: uma dada marca no começo de *Libéra* será percebida por alguns como sendo mais 'falada' e por outros como sendo antes 'endofásica', em função do feixe de fatos que a ela tenham associado". Por exemplo, a hipótese da existência de monólogo interior nesse começo estaria ligada ao fato de se reconhecerem nela marcas "usadas conversacionalmente para apresentar o discurso endofásico"[187] no romance a partir do final do século XIX. Essa competência, na verdade, "vem essencialmente da familiaridade com as formas mobilizadas, ao longo da história da literatura, pelas codificações estereotipadas das diferentes modalidades e tipos de discurso. Pode-se a longo prazo estabelecer como programa de pesquisa, a par do papel dessa competência no processo de leitura, a análise e a história dos estereótipos discursivos na prosa romanesca".[188]

Em outras palavras:

> [...] os textos só são completamente legíveis se *já* se tiverem lido outros textos, se encontrarmos neles convenções já encontradas alhures. Um texto literário funciona quando se reconhece nele a ação dos tipos de escrita que ele convocou. Em suma, uma descrição linguística pertinente de um texto romanesco não pode prescindir da história das codificações literárias, dado ser esta que justifica uma parte das características linguísticas observáveis. Ocorre de o autor de um texto ter plena consciência de que as marcas específicas que usa para representar a fala interior, por exemplo, ou o discurso falado, são em parte construções da tradição literária e de que são, por conseguinte, convencionais e sujeitas a variações. Na maioria das vezes, o autor conserva sua saudável ingenuidade e avalia, em parte com razão, que é pela comparação direta com sua experiência

---

[187] P. 368.

[188] P. 367.

> pessoal com a fala interior ou com o discurso falado que o leitor
> decifra as marcas propostas à sua interpretação. Em todos os casos,
> ele manipula o "horizonte de expectativa" linguístico que constitui
> o padrão discursivo.[189]

Não vamos entrar nos detalhes desse programa de pesquisa, mas destaca-se a existência de "uma série limitada de modos de dizer que servem de sinais da natureza 'literária' do discurso que os contém (modos de dizer de cunho lexical, é claro, mas também discursivos – como o recurso frequente a diversas figuras ou ao estilo indireto livre – e gramaticais, como sequências temporais inusitadas da língua oral ou os empregos inusitados de certas sequências verbais vivazes, como o imperfeito ou o presente)". Dessa perspectiva, a estabilização de determinadas marcações num âmbito de um mesmo padrão literário "faz que, para todo leitor informado, enunciados como 'Ela descobriu então um terrível segredo' ou 'Sol pescoço sem cabeça'* parecem pertencer imediatamente aos padrões literários narrativo e poético".[190] Esses padrões não são da mesma ordem que a codificação de registros, de "estilos" da idade clássica, mas constituem sem dúvida uma versão moderna de um processo constante, processo que distingue perpetuamente certo número de usos como "literários".

Trata-se de um campo considerável aberto à pesquisa, uma vez que não se levam em conta apenas aquilo que os escritores pretendem fazer, mas a realidade dos funcionamentos discursivos. No século XIX, a legitimação da criação literária exigia, no que se refere ao contexto histórico, que o indivíduo criador fosse o pivô do empreendimento estético, que cada escritor, na singularidade de seu estilo, reinventasse de alguma maneira, a cada vez, as relações entre língua e literatura. Na verdade, tudo se passa como se restrições de diversas ordens, que é necessário analisar com precisão, levassem os produtores literários a exibir marcas de pertencimento: pertencimento do texto ao corpus *literário* e pertencimento dos parceiros da comunicação (escritor e público) à instituição literária, tendo como terceiros os diversos tipos de avaliadores que esta implica. Isso resulta com certeza de um ajuste entre restrições de ordem social e restrições de ordem cognitiva.

---

* N.T.: "Sol pescoço sem cabeça" é o verso final de "Zona", de Apollinaire.

[189] P. 368.

[190] P. 370.

Mídium e gêneros do discurso

Problemas de mídium*

Abordar a literatura em termos de discurso literário é igualmente distanciar-se das representações impostas subrepticiamente pelas antologias literárias, que justapõem excertos de obras sem vinculá-las aos lugares que as tornaram possíveis:

> A poesia cantada da Idade Média ou do século XVI: uma página; o teatro do século XVII clássico: um texto recortável à vontade. Extirpado no mesmo movimento tudo o que se refere ao funcionamento dos enunciados no âmbito de práticas discursivas heterogêneas: a *Ilíada* é tratada como se pertencesse à mesma formação discursiva de *Decamerão*, ele mesmo associado, sem outra forma de processo, ao romance naturalista ou ao conto cabila. No espaço abstrato definido pela noção de texto literário, tudo é "do texto", e o manual escolar, que apresenta em suas divisões as páginas imortais de todos os tempos, realiza apenas uma operação de museificação cuja responsabilidade cabe à crítica inteira.[191]

Deve-se, contudo, relativizar o alcance dessa censura: é da essência da literatura negar os fatores que a tornaram possível, circunscrever *corpus* e panteões. Não há musas sem museu. Claro que as obras aparecem em algum

---

* N.T.: "Mídium" é termo neológico de uso corrente na área, tendo sido usado, por exemplo, no livro do mesmo autor, *Análise de textos de comunicação* (São Paulo, Cortez, 2001), para traduzir *médium*, usado por Maingueneau a partir da obra de R. Debray, *Curso de midiologia geral* (Petrópolis, Vozes, 1993). O uso se justifica porque o termo se refere às mediações que concretizam uma ideia e por analogia com midiologia, além de evitar a ambiguidade que médium traria.

[191] *Sociocritique*, C. Duchet (org.), Nathan, 1979, p. 212.

lugar, mas deve-se levar em consideração sua pretensão constitutiva de não se encerrar num território.

A história literária tradicional interessava-se menos pelo campo literário do que pelos detalhes biográficos e pela expressão das mentalidades coletivas nas obras, mas nunca negligenciou totalmente as condições institucionais da literatura. Em contrapartida, o interesse pelos suportes materiais da enunciação é recente. Sem dúvida não faltaram eruditos para estudar as técnicas de imprensa, mas os literatos "puros", aqueles que se encarregam da interpretação das obras, consideravam mais as narrativas do que as técnicas tipográficas, mais os romances por cartas do que os sinetes de cera ou os modos de envio pelo correio. Não obstante, para tornar pensável o surgimento de uma obra, sua relação com o mundo no qual surge, não podemos separá-la de seus modos de transmissão e de suas redes de comunicação. Essa é uma das constantes da "midiologia" de Régis Debray:

> É sempre útil correlacionar uma forma literária com o estado das transmissões materiais. No caso da França, a arte epistolar, de Madame de Sévigné a Marcel Jouhandeau, nasce com o correio e morre com o telefone. O romance folhetinesco, de Eugène Sue a Simenon, nasce com o jornal, casa-se com a rotativa e torna-se periclitante com a imagem-som.[192]

A transmissão do texto não vem depois de sua produção; a maneira como o texto se institui materialmente é parte integrante de seu sentido.

No prolongamento de suas pesquisas sobre a história das ideias, foi em 1991 que Régis Debray introduziu sua midiologia:[193]

> A midiologia tem por objetivo ajudar, através de uma logística das operações de pensamento, a esclarecer a questão lancinante, indecidível e decisiva, declinada aqui como "o poder das palavras", acolá como "a eficácia simbólica" ou ainda como "o papel das ideias na história", a depender do que se é: escritor, etnólogo ou moralista... Ela gostaria de ser o estudo das mediações através das quais "uma ideia se toma força material".[194]

---

[192] R. Debray, *Vie et mort de l'image*, Paris, Gallimard, 1991.
[193] *Cours de médiologie générale*, Paris, Gallimard, 1991.
[194] Op. cit., p.14.

Estudar o "pensamento", dessa perspectiva, traduz-se como considerar "o conjunto material, tecnicamente determinado, dos suportes, relações e meios de transporte que lhe asseguram, em cada época, sua existência social".[195] Trata-se, portanto, de "devolver ao ato do discurso seus materiais", de "voltar a introduzir o suporte por sob a impressão, assim como a rede por sob a mensagem e como o corpo constituído por sob o corpo textual", de modo a "instalar a heteronomia no cerne dos acontecimentos discursivos".[196] A midiologia é levada, assim, a considerar elementos sobremodo diversos:

> Uma mesa de refeição, um sistema de educação, um café, um púlpito de igreja, uma sala de biblioteca, um tinteiro, uma máquina de escrever, um circuito integrado, um cabaré, um parlamento não são produzidos para "difundir informação"; eles não são "mídia". Ainda assim, entram no campo da midiologia como locais e contextos de difusão, vetores de sensibilidade e matrizes de sociabilidades. Sem algum desses "canais", sem esta ou aquela "ideologia", não haveria a existência social tal como a conhecemos.[197]

Ao ler semelhante texto, percebe-se o deslizamento que se produz: do problema do mídium, deslizamos para o dos lugares associados a certos gêneros do discurso. Uma vez que todo gênero do discurso implica um dado dispositivo material de comunicação, o que parece implicado aqui é o conjunto de configurações de gestão da fala; não nos achamos longe de uma problemática de análise do discurso.

Nem por isso se têm garantias de que a midiologia possa se tornar uma disciplina autônoma, mas é inegável que as mediações materiais não vêm acrescentar-se ao texto como circunstâncias contingentes, mas em vez disso intervêm na própria constituição de sua "mensagem".

ORAL E ESCRITO: UMA OPOSIÇÃO DEMASIADO SIMPLES

Como a própria palavra "literatura" remete a um mídium, o alfabeto fonético, o domínio sobre o qual se volta o olhar midiológico de modo privilegiado é a

---

[195] Op. cit., p. 17.
[196] Op. cit., p. 18.
[197] Op. cit., p. 15.

tradicional oposição entre oral e escrito. Mas esta é uma fonte de equívocos, na medida em que mistura distinções que se situam em planos distintos:

– entre os enunciados *orais* e os enunciados *gráficos*: aqui opomos dois mídiums de transmissão, as ondas sonoras e os signos gráficos (em papiro, pergaminho, papel...). A literatura não passa necessariamente pelo código gráfico. Mas, na literatura dita "oral", distinguimos o caso das literaturas das sociedades ágrafas (cf. os índios da Amazônia) do caso das literaturas que associam o oral e o gráfico (a Idade Média, por exemplo);

– entre os enunciados *dependentes do contexto não verbal* e os enunciados *independentes* dele. Trata-se da distinção clássica entre os enunciados proferidos para um destinatário que se acha no mesmo entorno físico que o enunciador e os enunciados diferidos, concebidos em função de um coenunciador para quem é impossível o acesso ao contexto do enunciador. De um lado, os enunciados em que são abundantes os indicadores paraverbais (a gesticulação em particular), as redundâncias e as elipses, as referências à situação de enunciação (embreagem linguística), aqueles com relação aos quais o co enunciador pode a qualquer momento interferir na enunciação em curso; do outro, os enunciados que se pretendem autossuficientes, que tendem a construir um sistema de referências intratextual. Em suas formas dominantes, a literatura é hoje associada aos enunciados independentes do contexto: o leitor ou o espectador não têm nenhuma influência sobre obras que foram produzidas num entorno completamente diferente do da sua recepção;

– entre os enunciados de *estilo escrito* e os de *estilo falado*. Tende-se a identificar enunciado oral com enunciado desconexo, redundante ou elíptico. Ora, um texto literário impresso, independente do contexto, pode muito bem apresentar as características do enunciado oral dependente de contexto (estilo "falado"). Pensamos em certos romances de Giono, de Céline ou, noutro registro, em San Antonio,* que exibem um narrador não distanciado justo quando inexiste contato direto entre autor e leitor. Nesse caso, o efeito buscado resulta justamente da tensão entre a distância que o mídium implica e a proximidade entre narrador e leitor que esse tipo de narração implica;

---

* N.T.: Autor francês de romances policiais.

– entre os enunciados *midiatizados* e os enunciados *não midiatizados*. Mesmo quando orais, os enunciados literários são fortemente condicionados do ponto de vista institucional. Isso se manifesta no caráter midiatizado de sua enunciação. O indivíduo que os profere não intervém neles em seu próprio nome, mas como escritor investido dos papéis sociais vinculados ao exercício dos diversos rituais da literatura. Esse fenômeno consagra a possibilidade de uma pseudonímia: o leitor não está diante de Henri Beyle, mas do autor que assina "Stendhal";

– entre os enunciados *estáveis* e os enunciados *instáveis*: nem todo enunciado oral é necessariamente instável, pois isso depende de seu estatuto pragmático. A literatura, oral ou gráfica, está crucialmente ligada à estabilização. Mas esta pode ser garantida de diversas maneiras. Nesse sentido, uma corporação de poetas pode desenvolver sofisticados procedimentos mnemotécnicos. A versificação desempenha um papel essencial nesse trabalho de estabilização dos enunciados. O importante não é, pois, tanto o caráter oral ou gráfico dos enunciados quanto sua inserção num espaço simbólico protegido. O enunciado literário é garantido em sua materialidade pela comunidade que o gera; reivindica uma filiação e abre para uma série ilimitada de repetições. Capturado na memória, aquela de que vem e aquela em que está destinado a entrar, pertence de direito a um *corpus* de textos consagrados. Enquanto na literatura oral as gravações revelam ponderáveis variações nas diversas recitações de um poema pelo mesmo cantor, este último julga que recita todas as vezes a "mesma" obra.[198] Ele por certo não tem a mesma concepção da identidade de uma obra que um escritor europeu do século xxi, mas associa de fato sua enunciação à exigência de estabilidade.

O "DESEMPENHO" ORAL

Considera-se espontaneamente a escrita fonética como simples representação do oral. Na realidade, como muitos trabalhos demonstraram,[199]

---

[198] Albert B. Lord, *The Singer of Tales*, Cambridge, Harvard University Press, 1960, pp. 20-29.

[199] Ver em particular Jack Goody, *La Raison graphique*, trad. fr., Paris, Minuit, 1979.

há uma lógica própria da escrita que modificou radicalmente o funcionamento do discurso, do pensamento e da sociedade. Cabe ainda distinguir aqui duas etapas, a escrita e a imprensa, tendo a segunda aumentado consideravelmente os efeitos da primeira.

Em vez de considerar a literatura escrita como simples fixação da literatura oral, deve-se, portanto, admitir a heterogeneidade de seus regimes. Múltiplas formas da enunciação literária escapam a nossas categorias modernas, modeladas por vários séculos de domínio do texto impresso. Por exemplo, a recitação das epopeias na sociedade grega ou na Idade Média não se vincula nem ao teatro nem à leitura propriamente dita. Os trabalhos de Milman Parry nos anos 1920 estabeleceram que as epopeias tradicionais (*Ilíada* e *Odisseia* em primeiro lugar) repousavam na repetição de padrões ao mesmo rítmicos e semânticos (o "estilo formulário"). Essas "fórmulas", bem como o caráter estereotipado de inúmeros fragmentos (narrativas de batalhas, perfis de heróis, catálogos de objetos...), estão estreitamente ligadas às restrições mnemotécnicas: só é possível recordar textos longos se certas estruturas se repetirem constantemente.

Diferentemente da oral, a narração escrita conseguiu libertar-se das fórmulas e dos versos porque o texto não mais tinha de ser memorizado para ser recitado. Podia-se lê-lo sozinho, interromper a leitura a qualquer momento. Para P. Zumthor:

> A escrita torna possível (e muitas vezes comporta) jogos de máscara, uma dissimulação, senão uma mentira, mas também (ou justamente por meio disso) propõe, ao menos ficticiamente, uma globalidade textual [...]. A performance oral implica uma travessia do discurso pela memória, sempre aleatória e enganosa, de certo modo desviante; daí advêm as variações, as modulações improvisadas, a recriação do já dito, a repetitividade: nenhuma globalidade é perceptível, a não ser que a mensagem seja muito breve. A representação, mais que a leitura, é uma situação real: as circunstâncias que a acompanham a constituem. A recepção da mensagem mobiliza em maior ou menor grau todos os registros sensoriais.[200]

---

[200] "Pour une poétique de la voix", in *Poétique*, n. 40, 1979, pp. 520-521.

Por conseguinte, a literatura oral só produz sentido se transportada por um ritmo: a voz tem nela uma dada espessura, atinge todos os registros sensoriais dos ouvintes para suscitar a comunhão. Estamos bem distantes da literatura impressa. Ainda no século XVII, quando fazia o panegírico de Madame ou do grande Conde, Bossuet dirigia-se à família e à corte, isto é, ao ambiente que o desaparecido frequentara, e voltava a fundir imaginariamente a comunidade dos familiares em torno da homenagem ao morto. Quando recitava uma epopeia, um aedo grego dirigia-se a um grupo social que supostamente compartilhava dos valores do herói. Através de seu proferimento, ele confirmava cada um em sua condição social. Reivindicando certa autoridade pelo seu dizer, atribuía autoridade a seus ouvintes.

Acabamos de evocar os sermões do século XVII, que foram, contudo, enunciados numa sociedade que conhecia o impresso. Com efeito, não é possível opor de maneira simples sociedades de literatura oral e sociedades de literatura escrita. Devem-se distinguir quatro tipos de situações:

— as sociedades de literatura puramente oral;
— as sociedades em que o oral coexiste com a escrita (a Idade Média, por exemplo);
— as sociedades em que domina a literatura escrita, mas em que o oral desempenha ainda um papel importante (a Europa clássica, por exemplo);
— as sociedades em que o próprio oral, graças à tecnologia apropriada (discos, cassetes, cinema...), pode igualmente ser diferido; portanto, também ele é apreendido por uma forma de "escrita". Mas fenômenos como o teatro ou os espetáculos musicais atestam a permanência de formas de performance oral num contexto bem diferente.

ORALIDADE, NARRAÇÃO, AUTOR

O próprio modo de composição das obras depende do caráter oral ou escrito de sua enunciação. Numa epopeia tradicional, o coenunciador não tem a possibilidade de percorrer a arquitetura do texto com um olhar soberano, tem da estrutura de conjunto uma consciência muito vaga. Daí uma composição que hoje em dia pode nos parecer frouxa, uma tendência a organizar a narrativa em torno de uma sucessão de episódios marcantes.

Mais próximo de nós, o romance em folhetim do século xix, que era oferecido em fragmentos curtos nos jornais, implica uma estrutura narrativa fragmentada com um suspense sempre renovado: só se exigia do leitor uma lembrança bem vaga dos episódios precedentes.

Na Antiguidade, o modelo de uma ação linear cuja tensão se eleva até um clímax, antes de um desenlace, impôs-se por meio das peças escritas para o teatro. No caso da epopeia, é impossível construir, na ausência da escrita, uma estrutura centrada, proceder a uma unificação estilística e temática mais rigorosa, encadear cronologicamente múltiplos episódios. A presença de personagens bem tipificadas é necessária para garantir a continuidade da narrativa para além da heterogeneidade dos episódios: uma composição frouxa não tolera sutilezas psicológicas demasiado grandes. Ao contrário, personagens como Emma Bovary ou a Princesa de Clèves são inseparáveis de uma história singular, não podendo inscrever-se em vastos ciclos narrativos. A literatura oral nutre, portanto, uma predileção por personagens maciças, que protagonizam atos memoráveis: atos ao mesmo tempo dignos de serem narrados e facilmente memorizáveis, capazes de estruturar de modo intenso a experiência da comunidade e entrar em estruturas textuais envolventes.

Uma vez que a história contada é, em suas linhas gerais, conhecida do público, não pode ser remetida a uma fonte única e identificável, já que existem esquemas formulares que toleram variações em função das circunstâncias do desempenho, não é possível esperar encontrar uma "obra" e um "autor" no sentido em que os entendemos em nossos dias. Num universo dominado pela oralidade, o autor reatualiza, em função de circunstâncias particulares, algo que ouviu outros recitarem, costura pedaços (fórmulas, listas, episódios...) preexistentes. Prevalece nesse caso a necessidade de estabelecer um contato com o público de ouvintes e não de desenvolver um texto autônomo, uma rede de remissões intratextuais. Cada recitação constitui uma interação entre o recitante, sua memória, seu público imediato e a memória desse público. A noção de "originalidade" ou a de "criação" adquirem um sentido muito diferente. O ato de narração não pode, portanto, ser separado da história narrada. Não existem, de um lado, batalhas e, do outro, uma maneira de narrá-las, mas duas faces de um mesmo processo. A batalha assinala o conflito entre dois universos de valores; o entusiasmo ou a lamentação do recitante são carregados desses valores, que contribuem para unir a comunidade. O discurso apoia-se neles e, ao mesmo tempo, vem fortalecê-los, move-se na órbita de uma sabedoria imemorial: provérbios, lugares-comuns de todos os gêneros embelezam o texto para concentrar sua moral.

Mais próximo de nós, um dramaturgo como Lope de Vega (1562-1635), que teria escrito cerca de 1.500 peças (das quais menos de 500 chegaram até nós), ainda está próximo do menestrel medieval. Uma parte essencial de seu trabalho consiste em costurar de mil maneiras sequências de versos mais ou menos pré-fabricadas. Essa necessidade está ligada ela mesma às restrições da memorização entre autores cujo repertório mudava com frequência.

O ESCRITO

A passagem a uma literatura escrita modifica esse sistema. Cria-se no público uma nova clivagem entre os que sabem e os que não sabem ler. O escrito permite a leitura individual e, no outro polo, ao liberar a memória, uma criação mais individualizada, menos submetida a modelos coletivos. Libera ainda uma concepção diferente do texto que, em vez de ter de suscitar uma adesão imediata, pode ser apreendido de modo global e confrontado consigo mesmo. A distância assim estabelecida dá ensejo ao comentário crítico. A essas obras, que se tornaram relativamente autônomas em relação à sua fonte, o leitor pode impor seu modo de consumo, seu ritmo de apropriação.

Como o texto pode a partir desse momento circular longe de sua fonte, encontrar públicos imprevisíveis sem por isso ser toda vez modificado, vai-se tender mais a voltá-lo para si mesmo, a estruturá-lo melhor. É possível dispensar um corpo de profissionais da memorização e da recitação. Em contrapartida, surgem outras comunidades, ligadas a outras instituições: os que arquivam, os que comentam, os que copiam, os que fazem circular...). O armazenamento permite igualmente o confronto de diversas obras, o estabelecimento de princípios de classificação (por temas, gêneros, autores...), a definição de um *corpus*, de um patrimônio de obras consideradas canônicas.

É necessário, contudo, distinguir os vários tipos de escrita: o hieróglifo ou o ideograma implicam outro tipo de sociedade, outro modo de circulação dos enunciados, outra distribuição dos poderes e outra concepção do signo que não o alfabeto fonético. A dependência de uma comunidade de escribas encerrada no recinto do palácio é menor quando se dispõe de uma escrita fonética. Com esta última, o sentido tende a autonomizar-se, a ser percebido como a pura expressão do pensamento. Em compensação, num ideograma ou num hieróglifo, o sentido permanece em parte imerso na imagem, a qual difunde todo um conjunto de significações transversais. Há nesse caso um conflito latente entre o fechamento do signo gráfico, sua perfeição evocatória e a dinâmica do enunciado, que conserva parte de seu poder evocador e não separa completamente o signo do mundo. Ao contrário, a escrita fonética aspira de certa maneira na direção do sentido, ela pretende apagar sua própria materialidade.

A literatura manteve relações difíceis com a escrita fonética que a sustentava. O radical desligamento entre pensamento e mundo, a elisão do corpo falante e cantante, a rejeição dos valores mágicos da enunciação opõem-se às tendências da literatura, que muitas vezes confere um poder quase religioso à sua enunciação e que visa reconciliar as palavras e as coisas, converter os signos em fragmentos do mundo. Apesar de ter se constituído através da escrita fonética, a literatura ocidental preservou até o século XIX o prestígio da retórica, isto é, da palavra viva, endereçada a um público presente. Por outro lado, as formas literárias mais "escritas" não pararam de voltar os olhos nostalgicamente para esse Outro que seria uma escrita de presença e não somente de representação do pensamento. Disso decorrem inúmeras tentativas de aumentar o valor estético e o poder de sugestão da escrita: pela variedade de grafias (escrita uncial, gótica, capital...) ou pela imagem (basta pensar nas iluminuras dos manuscritos ou em experiências singulares como os caligramas de Apollinaire).

A IMPRENSA

A imprensa acentuou com vigor os efeitos da escrita.[201] Ao oferecer a possibilidade de imprimir um número considerável de textos perfeitamente idênticos, proporcionou aos leitores uma autonomia ainda maior, libertando-os

---

[201] Sobre a imprensa, podemos nos referir à obra de H.-J. Martin e R Chartier (orgs.), *L'Historie de l'édition française*, Paris, Promodis, 3v., 1982.

das oficinas dos copistas. Ao reduzir os custos de fabricação e encurtar os prazos de difusão, permitiu o surgimento de um verdadeiro mercado da produção literária. Propiciou igualmente o ideal de uma educação universal mediante o acesso de todos a um mesmo *corpus* de obras.

Como a autoridade política submete o impresso a uma regulamentação estrita, a obra é relacionada a um editor que tem nome e endereço, a um escritor que deve servir de caução a seu conteúdo, mas que, em compensação, se considera proprietário de um texto legalmente invariável. À variedade dos manuscritos opõe-se a fixidez de um texto inteiramente calibrado, uniforme, no qual cabe ao leitor traçar seus caminhos particulares. E nem mesmo existe, como no manuscrito, o vestígio da mão escrita do copista que individualiza o texto (seus erros, seus momentos de desatenção, de cansaço, o afloramento de suas origens geográficas...). Em vez de uma variação contínua, está-se diante de um objeto inalterável e fechado sobre si, tal como o autor que ele pressupõe.

Mas é também no plano dos temas que a imprensa acentua os efeitos da escrita. As personagens individualizadas, a análise psicológica mais profunda, caminham lado a lado com um autor que escreve em algum retiro, apartado de um leitor igualmente isolado. O leitor que lê em seu ritmo, que circula pelo texto para comparar episódios, tem condições de interpretar os comportamentos das personagens para além do presente imediato. Compreende-se que o romance tenha desabrochado através da imprensa; graças a ela, ele pode tocar em múltiplos registros, distribuir vozes e pontos de vista no espaço textual.

Na poesia ocorre uma autonomização progressiva das sonoridades, uma submissão menor à narratividade. Quando a enunciação de referência do poema é a leitura em voz alta para um grupo de eleitos (salão, círculo de íntimos...), a atenção recai sobre os equívocos, os jogos de palavras engenhosos, os "concetti". A partir do momento em que o poema se destina, em primeiro lugar, aos olhos, em que tende a ser o "bloco calmo aqui embaixo caído de um obscuro desastre", de que fala Mallarmé, os elementos tipográficos podem jogar uns com os outros com liberdade. Com a imprensa, estamos portanto longe dos versos do aedo grego ou do bardo celta: o fantasma da morte do autor, de seu desaparecimento por trás do acabamento de seu texto, pode ter livre curso. O triunfo da figura do autor é, na verdade, correlativo do desaparecimento de sua voz:

> A obra pura implica o desaparecimento elocutório do poeta, que
> cede a iniciativa às palavras, pelo choque de suas desigualdades
> mobilizadas; elas se iluminam com reflexos recíprocos, como uma
> esteira virtual de fogos sobre pedrarias, substituindo a respiração
> perceptível pelo antigo sopro lírico ou pela direção pessoal
> entusiasta da frase.[202]

Esse distanciamento do texto em relação à oralidade incide igualmente sobre as teorias literárias. Não se pode imaginar o estruturalismo numa sociedade em que predominasse a literatura oral. O acontecimento sonoro que constitui uma performance oral torna improvável a ideia de uma dissociação entre texto e contexto, uma apreensão espacial da obra. A própria ideia de uma concepção puramente estética da literatura se ajusta mal à oralidade, que cria um contato, educa e fortalece a identidade do grupo, reatualizando um patrimônio de lendas e saberes. Dispondo de signos que não variam no espaço branco de uma página idêntica às outras, a imprensa parece abstrair o texto de qualquer processo de comunicação imediata e permite a reivindicação de uma literatura "pura".

EFEITOS GRÁFICOS NO TEXTO

No início do século XVI, imprimiam-se em caracteres italianos (sobretudo romanos e itálicos) as obras clássicas latinas. Para os outros tipos de textos, usavam-se variedades do caractere gótico: letra "de forma" para as obras religiosas, letra "bastarda" para as obras em francês. Variava-se, portanto, o caractere em função do tipo de enunciado. Mas aos poucos vai se impor um mesmo caractere (*Gargantua* é publicado em 1534 com caracteres góticos bastardos, e depois reimpresso em romano em 1542). Essa evolução torna tangível a universalização do discurso com relação ao pensamento: a partir de então, quaisquer que sejam os conteúdos, o caractere tipográfico permanece invariável. Ao se imprimirem os textos em francês com os caracteres utilizados para a literatura latina, antecipa-se o edito de Villers-Cotteret (1539), que faz do francês a língua dos usos oficiais. A mutação tipográfica manifesta na

---

[202] S. Mallarmé, *Oeuvres*, Gallimard, "La Pléiade", 1945, p. 366.

materialidade do texto uma transformação política e ideológica. A ambição universalista da cultura francesa vai ter por suporte uma imprensa homogênea que invade a Europa. Esse movimento é inseparável da normalização da ortografia, condição da universalização da difusão e da constituição de um público homogêneo. Com efeito, foram os tipógrafos que introduziram a cedilha, os acentos, o apóstrofo. Reciprocamente, os escritores intervêm na ortografia: em nome da "defesa e ilustração da língua francesa", Ronsard pretende reformá-la e aplica seu programa em suas publicações, sendo seguido nisso por outros escritores.

Seria errôneo ver aí apenas uma circunstância "exterior" às doutrinas literárias propriamente ditas: trata-se das duas faces de uma mesma realidade. As técnicas de impressão, bem como os modelos do estilo formular oral, a transformação em texto dos manuscritos são mais do que um "suporte", participam por seu próprio emprego das significações que o texto pretende impor. Logo, o livro impresso encarna, se assim se pode dizer, as exigências impostas por sua fabricação: é um objeto racional, com normas rígidas, produzido em série por máquinas de alto desempenho; implica a existência de uma corporação de técnicos que têm seus ritos, sua ética e muitas vezes impõe suas exigências. Há uma "racionalidade tipográfica" que dá corpo à afirmação da racionalidade.

Isso se manifesta na paginação, ela própria participante da transformação em texto. Apenas o fato de se colocar as notas no rodapé, em vez de cercar o texto de glosas, envolve uma certa definição do autor: a partir de então, hierarquiza-se claramente o texto do autor propriamente dito e a intervenção do comentador. Ao lado do caractere romano, forma de certo modo não marcada, a partir de meados do século XVI reserva-se o itálico a determinados usos: às notas e aos comentários, mas também à poesia. Materializa-se, desse modo, a diferenciação entre prosa e poesia e, mais amplamente, entre a palavra "direta", a do autor, e a palavra "indireta".

O livro como objeto oferece igualmente um volume passível de ser investido pelos escritores. Michel Butor bem destacou as possibilidades oferecidas dessa maneira à literatura:[203] é possível explorar as verticais para

---

[203] *Essai sur le roman*, Gallimard, col. "Idées", 1969, pp. 130-157.

Discurso literário

traçar colunas como faz Rabelais nas enumerações de Gargantua, ou então as oblíquas, os dípticos de duas páginas abertas, as margens. Pode-se até imprimir uma página numa outra: é esse, por exemplo, o caso de *A musa do departamento*, de Balzac, onde são reproduzidas algumas páginas de um romance *noir* imaginário, *Olympia ou as vinganças romanas*.

PONTUAÇÃO E LEITURA

Seria possível fazer observações da mesma ordem a respeito da pontuação, que é inseparável da escrita. O atual sistema só se estabelece no século XVI, com a imprensa, sendo necessário esperar a época carolíngia para que se separem as palavras nos manuscritos. A ausência de separação na escrita vincula-se com um tipo de leitura lenta, na maioria das vezes em voz alta, que implica um conhecimento muito bom da língua em que se lê.

Essa solidariedade entre a prática de leitura e o estado da pontuação é essencial. Quando se consultam manuscritos de canções de gesta do século XIII, não se está na mesma posição que um leitor moderno diante de um romance. Trata-se muitas vezes de textos com uma pontuação indigente, que serviam de suporte ao desempenho oral dos profissionais. Em contrapartida, precisa-se de uma pontuação unívoca e sutil quando o leitor não compartilha do universo do autor: como não passa pela mediação de alguém que recita, o texto deve conter tudo o que é preciso para sua decifração. A pontuação permite introduzir numa narrativa diálogos rápidos com vários interlocutores em vez de sequências compactas relacionadas com um único enunciador. Permite igualmente assinalar toda uma gama de emoções e modalizações (indignação, surpresa, ironia...).

Deve-se todavia ter cuidado com esquemas demasiado simples: enquanto a imprensa torna possível uma divisão do texto de acordo com as exigências da compreensão imediata, a maior parte do tempo prevalece ainda a tipografia compacta. Os grandes romances preciosos do século XVII ou os *Ensaios* de Montaigne não têm parágrafos. A oralidade continua a ser a norma da leitura, e ainda é frequente considerar o escrito o suporte de uma reprodução oral: a leitura em voz alta diante de um auditório permanece

---

[204] Sobre esse complexo problema, ver R. Chartier, "Loisir et sociabilité: lire à haute voix dans l'Europe moderne", *Littératures classiques*, n. 12, 1990, pp. 127-147.

bem ativa.[204] A retórica, encenação da fala, constitui o modelo de referência: "O falar de que gosto é um falar simples e ingênuo, tanto no papel quanto na boca", declara Montaigne (I, XXVI).

Entre os séculos XVI e XVIII, produziu-se contudo um arejamento da página graças à multiplicação dos parágrafos. Isso autoriza "uma leitura que encontra na articulação visual da página a articulação, intelectual ou discursiva do argumento".[205] Esse contraste é resumido da seguinte maneira por Michel de Certeau:

> Em outros tempos, o leitor interiorizava o texto, fazia de sua voz o corpo da obra; era seu ator. Em nossos dias, o texto não se manifesta pela voz do leitor. Essa retirada do corpo, condição de sua autonomia, é um distanciamento do texto.[206]

Por conseguinte, a leitura nada tem de atividade intemporal. Está ligada às restrições midiológicas. Ler não tem o mesmo valor quando se desenrola um longo rolo de pergaminho (*volumen*) ou, a partir do século IV, quando se folheia um manuscrito em cadernos, um *códex*. A passagem do *volumen* ao *códex* teve consequências importantes, pois permitiu folhear o texto, estabelecer índices ou concordâncias, mas também facilitar uma leitura silenciosa:

> Tornada possível pela instauração de separações entre as palavras, essa nova maneira de ler conquista em primeiro lugar, entre os séculos IX e XI, os *scriptoria* monásticos e depois se espalha no século XIII pelo mundo universitário, antes de conquistar, um século e meio mais tarde, as aristocracias leigas. Os efeitos desse novo uso são imensos. Revoluciona o trabalho dos escribas, a partir de então silenciosos, e os hábitos dos autores, que redigem eles próprios seus textos, deixando de ditá-los. Permite, portanto, uma leitura mais rápida de mais livros – o que aumenta a demanda de manuscritos. Torna decifráveis e manejáveis as relações analíticas existentes entre os discursos e as glosas, entre as citações e os comentários, entre os índices e os textos. Faz da leitura e da escrita um ato do foro íntimo, subtraído aos controles coletivos e, por conseguinte, possíveis refúgios para a intimidade, assim como para os pensamentos ou prazeres proibidos.[207]

---

[205] R. Chartier. *L'Ordre des livres*, Paris, Alinéa, 1990, p. 22.

[206] *L'invention du quotidien*, nova ed., Gallimard, 1990, p. 254 (edição brasileira: *A invenção do cotidiano*, 4. ed., Petrópolis, Vozes, 2002).

[207] H.-J. Martin e R. Chartier, *Histoire de l'édition française*, vol. 1, p. 23.

Do impresso ao virtual

A considerável recuperação do interesse pelo oral, pelo escrito e pelo impresso, a par do tipo de cultura que eles implicam, coincide com o desenvolvimento de tecnologias vinculadas com a digitalização generalizada das informações. Isso nada tem de surpreendente, pois o surgimento de uma nova paisagem midiológica leva a tomar consciência de restrições, até então pouco visíveis, vinculadas ao escrito e ao impresso. Por outro lado, essas novas tecnologias aceleraram evoluções iniciadas com o desenvolvimento da televisão. Se a escrita ou a imprensa modificaram o que se entende por "literatura", é de esperar que o mesmo aconteça com a informática, ainda que seja cedo demais para avaliar de fato seus efeitos.

Um autor da época de surgimento da imprensa não se restringia em usar instrumentos de comunicação mais cômodos do que o manuscrito e a pena de ganso, porém, mais do que isso, participava de uma nova tecnologia que revolucionara as estruturas sociais e intelectuais tradicionais. Um romancista do século XIX que publicava em folhetim num grande jornal participava de um mídium tecnológica e socialmente dominante em sua época, mídium que, tendo passado ao estágio industrial graças à rotativa, modelava a opinião. No século XXI, o escritor tradicional, que publica livros, prolonga uma tecnologia antiga (embora os livros sejam produzidos por meio de tecnologias modernas); o livro caminha pouco a pouco para o artesanato, altamente valorizado por suas diferenças com relação aos produtos da cultura de massas.

Uma crescente proporção de enunciados importantes é doravante produzida e circula nos termos de modalidades bem distintas da do livro. A digitalização da voz, das imagens, dos textos, revoluciona aquilo que se pode entender por "escrita". Por conseguinte, não são apenas os temas que se acham em vias de sofrer profundas modificações, mas também categorias como "autor", "texto", "criação", "leitura"... Algumas características que poderíamos considerar indissociáveis da textualidade, como a linearidade e a densidade, são subvertidas pelo hipertexto, em que cada leitor é de certo modo autor de seu próprio percurso. Ainda que essa liberdade seja sem dúvida sobremodo restrita, nem por isso essa possibilidade deixa de modificar práticas profundamente arraigadas.

Com o surgimento do "livro eletrônico", a própria materialidade do livro perde inevitavelmente a evidência de seu existir. Descarregável, com um número de caracteres regulável, uma tela de luminosidade ajustável, aceita anotações e é possível usar um dicionário que aparece em sua própria "superfície"; pode-se fazer buscas de palavras, fazer que apareçam imagens. Esse livro inscreve-se na realidade numa rede (a internet, o computador pessoal, a máquina fotográfica digital, o CD de música, o DVD, o *e-book*, a televisão, o telefone...). Digitalizado, concreção contingente de uma matéria significante transportável e indefinidamente transformável, basta uma impressora para solidificá-lo. Rematando de certo modo o processo, o livro de "tinta" eletrônica – que é manipulado como um livro tradicional – tem um "papel" que se pode descarregar à vontade.

Dessa perspectiva, é compreensível que a produção literária perca gradualmente sua autonomia, diluída no âmbito de grandes grupos "de comunicação". O que poderia parecer simples montagem industrial destinada a aumentar a eficiência e melhorar o desempenho mostra ser sintomático de uma nova configuração: a edição de livros não passa de um componente de uma estratégia multimidiática.

Essa transformação encontra seu correlato no outro extremo da cadeia, na própria criação. As possibilidades que oferece aos escritores o espaço material do livro, que Michel Butor explorou nos anos 1960, parecem ínfimas se comparadas com aquilo que as novas tecnologias propõem. O simples efeito de profundidade que um Proust buscava produzir ao multiplicar os parênteses recebe no hipertexto uma solução técnica imediata que vai bem além dos parênteses. E que dizer dos *literawares*, programas capazes de gerar automaticamente textos literários em função de restrições que se estabelecem? Trata-se sem dúvida de "subliteratura", mas estão presentes as condições de uma transformação da própria condição da produção literária e dos autores.

A aceleração e desmaterialização das informações associam o livro tradicional ao distanciamento, à reflexão, aumentam seu peso moral ao incrementar seu peso material. Essa situação não deixa de evocar a que prevalecia à época do surgimento de nossa concepção moderna de literatura, o final do século XVIII: o mundo industrial, urbano, racional que então emergia empenhava-se em registrar por escrito a oralidade popular que seu advento a um só tempo marginalizava e carregava de valor.

O quadro genérico

Refletir sobre os dispositivos de comunicação que os textos implicam é entrar em contato com a categoria de gênero. A análise do discurso e as correntes pragmáticas colocaram a categoria de gênero no centro de suas preocupações: deve-se remeter as obras não apenas a temas e mentalidades, mas também ao surgimento de modalidades específicas de comunicação. Se toda enunciação constitui certo tipo de ação sobre o mundo cujo êxito implica um comportamento adequado de seus protagonistas, os gêneros literários não poderiam ser considerados "procedimentos" que o autor utilizaria como o desejasse a fim de transmitir de uma maneira específica um "conteúdo" estável. A obra não se limita a representar um real exterior a ela, mas define igualmente um quadro de atividade que é parte integrante do universo de sentido que ela simultaneamente pressupõe e pretende impor.

Não podemos, contudo, ocultar o fato de que as representações hoje dominantes da literatura julgam que toda obra verdadeira deve furtar-se à genericidade. Essa posição é sacralizada por Blanchot:

> Só importa o livro, tal como é, longe dos gêneros, fora das rubricas, prosa, poesia, romance, testemunho, sob as quais ele se recusa a abrigar-se e às quais nega o poder de lhe atribuir seu lugar e de lhe

> determinar a forma. Um livro não pertence mais a um gênero;
> todo livro diz respeito somente à literatura, como se esta detivesse
> de antemão, em sua generalidade, os segredos e as fórmulas, únicas
> instâncias que permitem conferir a realidade de livro àquilo que
> se escreve.[208]

Essa proposta grandiosa e radical formula com nitidez a *doxa*: o gênero é questão de embalagem, um elemento periférico; a verdadeira obra, tal como Deus, excede toda determinação. Em verdade, o gênero não é exterior à obra, mas, em vez disso, uma de suas condições. Somos, contudo, forçados, em função da análise do fato literário, a fazer a distinção entre os regimes da literatura em que essa restrição é plenamente assumida (como no século XVII) e os regimes nos quais é negada (como no caso de Blanchot).

O CARÁTER HISTÓRICO DO GÊNERO

Atividade social de um tipo particular, o gênero manifesta-se em circunstâncias apropriadas e com protagonistas qualificados. Definir uma égloga antiga ou uma tragédia francesa clássica é assinalar o conjunto das condições exigidas para que essas atividades sejam consideradas "bem-sucedidas". Essas condições são evidentemente mais complexas que as de um ato de fala elementar e, por outro, lado estão estreitamente ligadas a lugares e práticas sociais.

No século XVII, por exemplo, o salão condiciona intensamente a natureza dos gêneros literários. Preferem-se nele os gêneros curtos (cartas, epigramas, retratos, sonetos, máximas...), os textos que se podem insinuar na conversa e passar de mão em mão num círculo de conhecidos. Cultivam-se os gêneros capazes de suscitar a conivência, aqueles em que se pode demonstrar que se é espirituoso diante de um auditório restrito. A mundanidade favorece assim os gêneros que se submetem às regras da conversa. Considera-se que uma mesma norma do discurso domine o conjunto dos enunciados, literários ou não:

---

[208] *Le livre à venir,* Paris, Gallimard, 1959, p. 253.

O quadro genérico

> A conversa deve ser pura, livre, honesta, na maioria das vezes divertida, quando a ocasião e a conveniência o puderem admitir, e aquele que fala, se quiser fazê-lo de modo a dele gostarem e o acharem boa companhia, só deve praticamente pensar, pelo menos no que depender dele, em tornar felizes os que o ouvem [...]. Deve-se usar o máximo possível uma expressão fácil e fluente; mas a apreciamos apenas no bom-tom e na pureza da linguagem.[209]

Apenas uma parte reduzida dessa produção literária é impressa. Voiture, poeta titular do Hotel de Rambouillet,*

> produz uma obra abundante na forma de poemas e cartas, mas em momento algum preocupa-se em editá-la. A escrita e leitura tendem então a coincidir, assim como o autor e o leitor a se confundirem. Para um mundano, é de bom-tom saber compor elegantemente um texto "para as ocasiões"; mas o texto se apresenta como destinado à leitura num ambiente fechado.[210]

Mesmo editada, essa produção tem tiragem limitada. Alain Viala[211] avalia o público culto parisiense em meados do século XVII em cerca de três mil pessoas (de oito a dez mil na França como um todo). Sendo pequena a distância entre autor e público, os gêneros em voga são os que se baseiam na conivência dentro desse meio e a reforçam. Esses gêneros são menos o "reflexo" da mentalidade, valores de uma certa elite, do que estão associados a um dado modo de vida e contribuem para constituir e manter um vínculo social.

Esse espaço literário mundano opõe-se diametralmente ao dos romances de Zola, por exemplo, que descrevem para seu leitor ambientes sociais dele desconhecidos por intermédio de uma série de lições de coisas destramente concebidas. Diferentemente dos gêneros mundanos, um romance naturalista supõe um público alheio ao universo de saberes e normas das personagens.

Nos estudos literários, os parâmetros empregados habitualmente na definição de gênero são bastante heterogêneos, como o mostram os rótulos que circulam: diálogo, romance de aprendizagem, soneto, comédia de

---

* N.T.: Designação do palácio da marquesa de Rambouillet, o mais célebre salão de Paris entre 1610 e 1655.

[209] Chevalier de Méré, _De la conversation_, Paris, 1677, p. 15 e 23.

[210] Alain Viala, _Naissance de l'écrivain_, Paris, Minuit, 1985, p. 136.

[211] Op. cit., p. 133.

intriga... Alguns românticos defenderam a ideia de que haveria gêneros supremos (o lírico, o épico, o dramático), que se especificariam a si próprios de maneira arborescente em subgêneros. O épico, por exemplo, seria analisado em epopeia, romance, conto..., o romance em romance de aventuras, de amor etc. Atualmente,[212] faz-se uma salutar distinção mediante a cuidadosa separação entre os gêneros, que são historicamente definidos, e os "modos" ou "regimes enunciativos". Enquanto estes últimos atravessam as épocas e as culturas, aqueles são definidos com o auxílio de critérios sócio-históricos (a ode grega, a tragédia clássica francesa, a canção de gesta medieval...), algo que Genette resume da seguinte maneira: "não existem arquigêneros que escapem totalmente à historicidade ao mesmo tempo que conservam uma definição genérica. Existem modos, como a narrativa; existem gêneros, como o romance."[213] Para ser uma narrativa, uma obra deve possuir as propriedades constitutivas de toda narrativa. O escritor, ainda que não possa modificar as regras constitutivas da narrativa, sempre pode dar uma dada inflexão às regras do romance picaresco ou policial. Para Schaeffer, a relação entre, por exemplo, o *Gil Blas de Santillana* (1715-1735), de Lesage, e os romances picarescos espanhóis "é antes de mais nada da ordem da semelhança e da dessemelhança entre textos".[214] As obras são com efeito remetidas muitas vezes a um protótipo: *As ligações perigosas*, ao romance epistolar, à *Ilíada*, à epopeia etc.:

> Quando dizemos que *A princesa de Clèves* é uma narrativa, estamos dizendo na verdade que o texto exemplifica a propriedade de ser uma narrativa [...]; quando sustentamos que *Micrômegas* é um conto de viagem imaginária, estamos dizendo de fato que o texto de Voltaire transforma e adapta uma linhagem textual que vai de *A história verdadeira*, de Luciano, a *As Viagens de Gulliver*, passando por *O outro mundo ou Os estados e impérios da luam* de Cyrano de Bergerac.[215]

---

[212] Na França, são sobretudo os trabalhos de Genette, e mais tarde os de Schaeffer, que fizeram esse indispensável esclarecimento.

[213] *Introduction à l'architexte*, Seuil, 1979, p. 75.

[214] *Qu'est-ce qu'um genre littéraire?*, Paris, Seuil, 1989, p. 171.

[215] Op. cit., p. 80.

Essa distinção entre grandes categorias como "narrativa", "descrição", "polêmica" etc., de um lado, e os gêneros propriamente ditos, que teriam uma existência fundamentalmente histórica, é bem fundada. Não obstante, encontramos rapidamente um obstáculo de monta: a instabilidade da noção de genericidade. Não há dúvida de que uma tragédia clássica seja um gênero, nem de que *Os subterrâneos do Vaticano*, de André Gide, se vincula com o gênero da "sotia",* nem igualmente de que a *Eneida*, de Virgílio, esteja ligada ao gênero da epopeia. Contudo, será que se falou de fato de "gênero" no mesmo sentido? Esse questionamento tem como complicador o fato de a categoria de gênero de modo algum ser reservada à literatura e não poder receber uma definição na literatura que não leve em conta as outras produções verbais, e de modo específico os discursos constituintes.

O GÊNERO NA ANÁLISE DO DISCURSO

Se os analistas do discurso concordam em pensar que a noção de gênero tem um papel central em sua disciplina, é porque esta não apreende os lugares independentemente das palavras que eles autorizam (contra a redução sociológica), nem as palavras independentemente dos lugares de que são parte integrante (contra a redução linguística). Eles devem, no entanto, distinguir as tipologias de gêneros que vêm dos usuários das que são elaboradas pelos pesquisadores. Essa distinção tem particular importância para o discurso literário, para o qual os críticos, os escritores, as livrarias, os bibliotecários, os professores... recorrem a divisões em gêneros que, embora não rigorosas, moldam de maneira profunda as práticas de criação, de leitura e de arquivamento.

Se nos limitamos às classificações de cunho científico, vamos constatar que possibilitaram múltiplas tipologias, a depender dos critérios empregados. Nesse sentido:[216]

---

* N.T.: "Sotia" designa um gênero de sátira política. A palavra vem de *sot,* louco, aquele a quem é permitido dizer tudo.

[206] Sobre essas classificações, ver especialmente A. Petitijean, "Les typologies textuelles", *Pratiques,* n. 62, 1989, pp. 85-125.

- Categorizaram-se os textos com base em critérios *linguísticos*, em particular em termos de enunciação,[217] de distribuição estatística de marcas linguísticas[218] e de organização textual;[219]
- Classificam-se igualmente a partir de critérios *funcionais* (texto lúdico, didático etc.);
- As tipologias mais complexas fundam-se em critérios *situacionais*: os tipos de atores envolvidos, as circunstâncias da comunicação, o canal usado etc.;
- Podemos falar de tipologias *discursivas* para o caso daquelas que combinam caracterizações linguísticas, funcionais e situacionais. O que recebe o nome de "discurso de vulgarização", por exemplo, é indissociável de certos funcionamentos linguísticos, mas corresponde também a uma função social, bem como a certos lugares de produção e de circulação. O mesmo ocorre com a noção de "discurso constituinte".

A categoria do *gênero do discurso*[220] é definida a partir de critérios situacionais; ela designa, na verdade, dispositivos de comunicação sócio-historicamente definidos e que são concebidos habitualmente com a ajuda das metáforas do "contrato", do "ritual" ou do "jogo". Falamos, assim, de "gêneros do discurso" para referir-nos a um jornal diário, a um programa de televisão, uma dissertação etc. Por sua própria natureza, os gêneros evoluem sem cessar par a par com a sociedade. Uma modificação significativa de seu modo de existência material basta para transformá-los profundamente.

Há alguns decênios, sob diversas influências (particularmente a etnografia da comunicação, Bakhtin e, mais amplamente, as correntes da pragmática), a categoria de gênero do discurso passou por uma generalização ao conjunto de enunciados produzidos numa sociedade. Nos termos da fórmula tão citada de Bakhtin, a comunicação verbal supõe de fato a existência de gêneros do discurso:

---

[217] Por exemplo, J. Simonin-Grumbach, "Pour une typologie des discours", in J. Kristeva et al. (orgs.), *Langue, discours, société*, Paris, Seuil, 1975.

[218] Por exemplo, D. Biber, *Variation across Speech and Writing*, Cambridge, Cambridge University Press, 1988.

[219] De modo particular, J.-M. Adam (1999), *Linguistique textuelle. Des genres de discours aux textes*, Paris, Nathan, col. "Fac".

[220] Alguns preferem falar de "gênero de texto/gênero textual" (Rastier, por exemplo) e outros, mais numerosos, de "gênero do(de) discurso/gênero discursivo". Para os fins deste capítulo, consideramos essa distinção irrelevante.

> Nós aprendemos a moldar nosso discurso em formas de gênero e, quando ouvimos o discurso alheio, já advínhamos o seu gênero pelas primeiras palavras, adivinhamos um determinado volume (isto é, uma extensão aproximada do conjunto do discurso), uma determinada construção [estrutura] composicional, prevemos o fim, isto é, desde o início, temos a sensação do conjunto do discurso [...]. Se os gêneros do discurso não existissem, e nós não os dominássemos, se tivéssemos de criá-los pela primeira vez no processo do discurso, de construir livremente e pela primeira vez cada enunciado, a comunicação discursiva seria impossível.[221]

Propuseram-se diversos modelos que mobilizam certo número de parâmetros:

— *Uma finalidade*: todo gênero do discurso visa provocar certo tipo de modificação da situação de que é parte. A correta determinação dessa finalidade é indispensável para que o destinatário possa ter um comportamento adequado.

— *Estatutos para os parceiros*: a fala num gênero do discurso não parte de qualquer um nem é dirigida a qualquer um, mas de um indivíduo detentor de um dado estatuto a outro. Um curso universitário deve estar a cargo de um professor que se supõe detentor de um dado saber e que está devidamente autorizado a lecionar no ensino superior; ele deve dirigir-se a um público formado por estudantes que se supõe não serem detentores desse saber. Uma transação comercial envolve um comprador e um vendedor. E assim por diante. A cada um desses estatutos estão associados determinados direitos e deveres, mas também saberes: não se supõe que o leitor de uma revista científica detenha o mesmo saber que o espectador de um programa médico na televisão destinado ao grande público.

— *Circunstâncias adequadas*: todo gênero do discurso implica certo tipo de lugar e de momento apropriados ao seu êxito. Não se trata de coerções "externas", mas de algo constitutivo. Na verdade, as noções de "momento" ou de "lugar" que os gêneros do discurso exigem

---

* N.T.: Transcrevi aqui o texto da edição brasileira traduzida por Paulo Bezerra a partir do russo: *Estética da criação verbal*, São Paulo, Martins Fontes, 2003, p. 283.

[221] *Esthétique de la création verbal*, trad. fr., Paris, Gallimard, 1984, p. 285.

assumem inflexões completamente distintas a depender do gênero: um texto escrito, por exemplo, envolve problemas complemente diferentes dos de um texto oral ligado a uma instituição dotada de grande controle.

— *Um modo de inscrição na temporalidade*, algo que pode ocorrer em torno de diversos eixos:

    • A *periodicidade*: um curso, uma missa, um telejornal... ocorrem em intervalos regulares; em contrapartida, o pronunciamento de um chefe de Estado ou um tratado não se acham sujeitos à periodicidade.

    • A *duração*: a competência genérica dos locutores de uma comunidade indica de modo aproximado a duração de realização de um dado gênero do discurso. Alguns gêneros chegam a envolver a possibilidade de várias durações: um jornal diário distingue ao menos duas durações da leitura de um artigo: o simples levantamento de elementos destacados em negrito e em maiúsculas, a que pode se seguir a verdadeira leitura do texto.

— A *continuidade*: uma piada deve ser contada de uma vez, ao passo que se espera que um romance seja lido ao longo de um número indeterminado de sessões.

— O tempo de *validade*: uma revista semanal é pensada como tendo validade durante uma semana, um jornal diário, um dia, mas um texto religioso fundador (a Bíblia, o Alcorão...) apresenta-se como indefinidamente legível.

— Um *suporte*: um texto pode simplesmente ser transmitido por ondas sonoras (na interação oral imediata), que podem ser registradas e mais tarde reproduzidas por um decodificador (rádio, telefone...); pode também ser manuscrito, vir num livro, ter impressa uma só cópia numa impressora pessoal, ser gravado na memória de um computador, num disquete etc. Uma modificação do suporte material modifica radicalmente um gênero do discurso: um debate político televisado é um gênero do discurso completamente distinto de um debate numa sala que tenha por público apenas os presentes. O que denominamos "texto" não é um conteúdo fixado nesse ou naquele suporte, mas algo que forma unidade com seu modo de existência material: modo de *suporte/transporte* e de *armazenamento* e, por conseguinte, de *memorização*.

– *Um plano textual*: um gênero do discurso se associa a certa organização, domínio privilegiado da linguística textual. Dominar um gênero do discurso é ter uma consciência mais ou menos clara dos modos de encadeamento de seus constituintes nos diferentes níveis. Esses modos de organização podem ser objetos de ensino: a dissertação, o resumo... são ensinados; outros gêneros, na verdade a maioria deles, são aprendidos por impregnação. Ao lado de gêneros monologais com plano textual rígido, como a dissertação ou os atos jurídicos, há outros gêneros, de cunho conversacional, que seguem "esquemas" flexíveis e que são geridos em conjunto pelos interlocutores.

– *Certo uso da língua*: todo locutor se acha *a priori* diante de repertório bem amplo de variedades linguísticas: diversidade de línguas, diversidade intralinguística – registros, variedades geográficas (linguagem "popular", dialetos), variedades sociais (usos típicos de categorias sociais), variedades profissionais (discurso jurídico, administrativo, científico, jornalístico...) etc. A cada gênero de discurso são associadas *a priori* opções desse tipo que fazem as vezes de normas. Deve-se, contudo, levar em conta que há tipos de discurso nos quais alguns gêneros não impõem anteriormente um dado uso linguístico: isso é, em princípio, o caso da literatura contemporânea.

Uma grande dificuldade que nos interessa de perto aqui é o fato de os analistas do discurso tenderem a privilegiar, implícita ou explicitamente, esse ou aquele tipo de dado (a conversa, a literatura, a mídia etc.), em lugar de reconhecer de uma vez a radical diversidade das produções verbais. Ora, é fácil imaginar que, conforme o *corpus* de referência de que se parte – a conversação ou os romances de vanguarda, por exemplo –, chegue-se a concepções de genericidade bem distintas entre si.

Por outro lado, a partir da Antiguidade, a reflexão sobre o gênero tem tido caráter heterogêneo, alimentando-se de *duas* tradições que, além disso, reivindicam a mesma filiação aristotélica: a da poética e a da retórica, tendo esta última proposto a célebre tripartição entre os gêneros "judiciário", "deliberativo" e "epidítico". Com o declínio da retórica, são sobretudo os gêneros e subgêneros da literatura que passam ao primeiro plano. A extensão recente da noção de gênero ao conjunto das atividades verbais não é sem consequências; com efeito, de um lado, a análise do discurso usa uma categoria que, no decorrer de uma história bastante longa, foi ficando saturada de sentidos; do outro, a literatura vê-se hoje analisada através de uma categoria elaborada pela análise do discurso, categoria cujo nome lhe é familiar, mas que não é verdadeiramente a sua.

Gêneros instituídos e gêneros conversacionais

A avaliação do estatuto dos gêneros no discurso literário requer desde o início uma distinção entre dois grandes regimes de genericidade: os *gêneros conversacionais* e os *gêneros instituídos*. Esses dois regimes obedecem a lógicas distintas, ainda que existam práticas verbais situadas na fronteira entre eles.

Os gêneros "conversacionais" não têm ligação estreita com lugares institucionais, papéis nem roteiros relativamente estáveis. Sua composição e sua temática são em geral bastante instáveis e seu quadro se transforma incessantemente: trata-se de coerções *locais* e *"horizontais"*, isto é, estratégias de ajuste e de negociação entre os interlocutores que a eles se impõem. Assim, dificilmente se podem dividir as interações conversacionais em gêneros bem delimitados; perguntar se uma conversa entre colegas no local de trabalho é do mesmo "gênero" que uma conversa entre esses mesmos indivíduos quando se encontram na rua é bem diferente de perguntar se uma reunião do conselho de administração e um curso universitário são dois gêneros distintos.

Os gêneros "instituídos", em contrapartida, reúnem os gêneros que poderíamos chamar de "gêneros rotineiros" e "gêneros autorais":

– *Os gêneros autorais* são geridos pelo próprio autor e eventualmente por um editor. De modo geral, seu caráter autoral manifesta-se por meio de uma indicação paratextual, no título ou subtítulo: "meditação", "ensaio", "dissertação", "aforismos", "tratado" etc. Eles se acham particularmente presentes em certos tipos de discurso: o literário, sem dúvida, mas também o filosófico, o religioso, o político, o jornalístico... Quando se atribui esse ou aquele rótulo a uma obra,

O quadro genérico

indica-se como se pretende que o texto seja recebido, instaura-se – de maneira não negociada – um quadro para a atividade discursiva desse texto.

- _Os gêneros rotineiros_ são os prediletos nos estudos dos analistas do discurso: a revista, a lábia do camelô, a entrevista radiofônica, a dissertação literária, o debate televisivo, a consulta médica, o jornal diário etc. Os papéis desempenhados pelos protagonistas são estabelecidos _a priori_ e de modo geral permanecem constantes ao longo do ato de comunicação. São eles os que melhor correspondem à definição de gênero do discurso como dispositivo de comunicação entendido sócio-historicamente. No caso desses gêneros, não faz muito sentido perguntar quem os inventou, onde nem quando; um erudito sempre pode – quando há condições – descobrir quem publicou o primeiro jornal diário, quem fez o primeiro _talk-show_ na televisão ou a primeira receita médica, mas nesses gêneros a questão da fonte não tem pertinência para os usuários. Os parâmetros que os constituem resultam na verdade da estabilização de coerções ligadas a uma atividade verbal desenvolvida numa situação social determinada. É possível definir, no universo desses gêneros rotineiros, uma escala em que figuram de um lado gêneros completamente ritualizados, que deixam uma margem mínima de variação (atos jurídicos), e, do outro, gêneros que, nos termos de um roteiro pouco restritivo, deixam grande parte sua ao sabor das variações pessoais.

Quando se estuda o discurso literário, não se está diante de gêneros "instituídos". Ainda que uma obra literária se apresente como a reconstituição de uma conversação (numa comédia, por exemplo), não pode evidentemente se tratar do gênero conversacional, dado que existe um autor que organizou de maneira não negociada o conjunto de réplicas.

Os analistas do discurso interessam-se mais pelos gêneros que designamos acima como "rotineiros", deixando os gêneros "autorais" aos especialistas em literatura, filosofia, religião etc. Assim agindo, retornam à divisão imposta pela estética romântica entre textos "intransitivos" – expressão da "visão de mundo" de uma individualidade criadora, e textos "transitivos", de prestígio bem menor, que estariam a serviço das necessidades da vida social. Não há, contudo, nenhuma razão teórica de peso para que a análise do discurso não apreenda uma parcela da produção verbal e para que os especialistas em literatura não remetam a genericidade dos textos que estudam à genericidade do conjunto das produções verbais. Em vez de aceitar essa divisão, cujas únicas justificativas são hábitos ou segmentações institucionais, é mais produtivo considerar os gêneros instituídos em toda a sua diversidade. É com esse espírito que nos propomos a distinguir quatro *tipos* de genericidade instituída a partir da relação que se estabelece entre o que chamamos de "cena genérica" e "cenografia" (ver quanto a esses termos adiante, nas páginas a seguir).

Vamos perceber que o discurso literário contém gêneros com distintos tipos de genericidade. Se a tragédia grega ou o sermão da época clássica, por exemplo, são dispositivos de comunicação que impõem coerções ao conjunto de parâmetros das obras (extensão, temática, registro linguístico etc.), em contrapartida a genericidade de *Iluminações*, de Rimbaud, advém de uma categorização singular que lhe impõe seu autor. A noção de autor também é afetada por isso: o escritor do século XVII que escreve uma tragédia regular ou o pregador que redige um sermão não ocupam a mesma posição do autor soberano do século XIX, que pretende definir ele mesmo a genericidade de sua obra.

Os quatro tipos são as seguintes:

- *Gêneros instituídos tipo 1*: trata-se de gêneros instituídos que não admitem variações ou admitem apenas umas poucas. Os participantes obedecem estritamente às coerções desses gêneros: carta comercial, guia telefônico, formulários burocráticos, atos notariais, contatos entre os aviões e a torre de controle etc. Caracterizam-se por fórmulas e esquemas composicionais preestabelecidos sobre os quais é exercido um forte controle, cujos participantes são praticamente inter-cambiáveis. É impossível falar de "autor" para esses gêneros. Estamos bem distantes das coerções impostas pela literatura.
- *Gêneros instituídos tipo 2*: trata-se de gêneros no âmbito dos quais os locutores produzem textos individualizados, porém sujeitos a normas formais que definem o conjunto de parâmetros do ato comunicacional: telejornal, *fait divers*, guias de viagem etc. Seguem em geral uma

cenografia preferencial, esperada, tolerando contudo desvios, isto é, recursos a cenografias mais originais: um guia de viagem, por exemplo, pode afastar-se das rotinas do gênero e apresentar-se mediante uma cenografia original (uma conversa entre amigos, um relato de aventuras etc.). Examinemos por exemplo as primeiras *Provinciais* de Pascal. Em vez de escrever panfletos nos termos comuns da polêmica religiosa da época, ele apresentou uma série de *Cartas* que teriam sido escritas a um amigo da província por um parisiense que desconhecia os debates teológicos. Semelhante texto não questiona a cena genérica, inscrevendo-se no âmbito de uma atividade verbal codificada, preestabelecida, um componente do conjunto de atividades que constitui uma controvérsia político-religiosa do século XVII. Claro que esse texto se apresenta por meio de uma encenação original – epistolar, no caso –, mas se acha sujeito ao conjunto de normas do gênero, que prescreve a temática, a duração, o papel dos participantes etc. Nesse caso, o autor apenas confere a um gênero uma dada inflexão específica, sabendo de qualquer maneira que o que fez continua a ser um panfleto.

– *Gêneros instituídos tipo 3*: não há para esses gêneros (propaganda, canções, programas de televisão...) uma cenografia preferencial: saber que um dado texto é publicitário não permite prever através de qual cenografia ele vai ser enunciado. Naturalmente, muitas vezes adquirem-se hábitos (o que contribui para definir posicionamentos, "estilos" etc.), mas é da natureza desses gêneros incitar a inovação. Essa renovação necessária vincula-se com o fato de eles deverem capturar justamente um público não cativo ao lhe atribuir uma identidade que se harmoniza com a que foi impressa a sua instância autoral (tanto no caso de um artista como no de uma marca comercial). Não obstante, a inovação não tem aí a função de contestar a cena genérica; salvo exceções, quem canta canções de consumo não questiona o gênero "canção de consumo", nem o publicitário questiona o "anúncio publicitário".

– *Gêneros instituídos tipo 4*: trata-se dos gêneros autorais propriamente ditos, aqueles com relação aos quais a própria noção de "gênero" é problemática. Os gêneros tipos 3 e 4 estão próximos em bom número de aspectos; eles não se limitam a seguir um modelo esperado, mas desejam capturar seu público mediante a instauração de uma cena de enunciação original que confira sentido à sua própria atividade verbal, harmonizada dessa maneira com o próprio conteúdo do discurso. Mas os gêneros tipo 4 são por natureza "não saturados", gêneros cuja cena genérica caracteriza-se por uma incompletude constitutiva. Cabe a um autor plenamente individualizado (associado a uma biografia, a uma experiência, singulares) autocategorizar sua produção verbal. No caso de um gênero tipo 4, supõe-se que denominações como "meditação", "utopia", "relato" etc. contribuam de modo decisivo para definir de que maneira e a que título o texto correspondente deve ser recebido. Nessas circunstâncias, a designação dada não pode ser substituída por outra (um "devaneio" não é uma "fantasia"...), pois não é uma simples etiqueta que permite identificar uma prática verbal independente, mas antes a consequência de uma decisão pessoal que é parte de um ato de posicionamento no âmbito de um certo campo e que está associado a uma memória intertextual. É com relação a essa memória que os atos de categorização genérica assumem sentido e é essa memória que conserva o rastro do gesto dos autores.

O rótulo assim conferido pelo autor caracteriza apenas uma parte da realidade comunicativa do texto; com efeito, se um autor chama sua obra de "fantasia", essa categoria depende pouco do processo de comunicação realmente envolvido: enquanto "revista de informações" mobiliza o conjunto dos parâmetros característicos de um certo gênero do discurso, "fantasia" não se refere às múltiplas coerções que caracterizam certo gênero poético numa dada sociedade (não permite determinar em que campo intervém, por qual canal passa, qual seu modo de produção e de consumo, sua organização textual etc.). De igual forma, o autor de um romance epistolar não se restringe a seguir o conjunto de normas do gênero "romance", porque o romance (desde que não seja um romance paraliterário) é parte de uma literatura marcada por uma indeterminação genérica constitutiva.

No caso dos gêneros tipo 4, estreitamente ligados aos discursos constituintes, os textos não correspondem, portanto, a atividades discursivas bem balizadas no espaço social: os gêneros publicitários, televisuais e políticos estão ligados a certas atividades sociais com finalidades preestabelecidas. Nada disso afeta os textos "primeiros" dos discursos filosófico, religioso, literário etc.: o "autor" constrói nele sua identidade por meio de sua enunciação. Sai-se da retórica em sentido estrito (um conjunto de técnicas de persuasão) e vai-se para uma profunda indeterminação das próprias finalidades do discurso. Um político que redige um programa eleitoral faz um raciocínio *estratégico*: ele visa produzir um efeito limitado (um voto) e raciocina em termos de meios e fins. Não é isso o que acontece com um discurso constituinte, nos quais, mediante a escolha de recorrer a "diálogos", "meditações", "reflexões", os autores pretendem definir em última instância o Verdadeiro e a filosofia, o Belo e a literatura etc.

HIPERGÊNEROS, ENQUADRAMENTOS INTERPRETATIVOS, CLASSES GENEALÓGICAS

Como vimos, no caso dos gêneros instituídos tipos 1 e 2, os rótulos genéricos nada têm de necessários. Os textos se *mostram* neles, por seu modo de ser, como membros desse ou daquele gênero, reconhecido pelos agentes em função de sua competência comunicacional. Nada impede, contudo, que se acumulem o *mostrado* e o *dito*: por exemplo, quando um partido político publica um programa com o título "Programa do Partido X". Como no caso dos atos de fala, o gênero de que o texto é membro produz sentido. Nos gêneros tipo 4, em contrapartida, o rótulo influi de modo decisivo na interpretação do texto, ainda que à primeira vista pareça redundante: quando Aldous Huxley inscreve em *Admirável mundo novo* (1932) a indicação paratextual "*A novel*" [romance], temos uma maneira (irônica) de o autor indicar justamente que de modo algum pode se tratar de um relato ficcional, como o testemunha a epígrafe de N. Berdiaef: "As utopias parecem bem mais realizáveis do que se acreditava antigamente."

O sentido do gesto de categorização é o mais forte quando estabelece uma disparidade com aquilo que o texto parece mostrar: Puchkin ao chamar de "romance" *Eugene Onegin*, que se apresenta no entanto como um poema longo, ou André Gide ao intitular *Os subterrâneos do Vaticano* (1914), que se apresenta manifestamente como romance, de "sotia". Mas as condições de circulação e consumo das obras de Puchkin ou de Gide não teriam sofrido alterações ponderáveis se os rótulos tivessem mudado; se Gide, por exemplo, tivesse chamado sua narrativa de "viagem" ou "farsa", e não de "sotia". O que tem relevância é essencialmente a interpretação do texto.

Deve-se, contudo, ter o cuidado de remeter essas "disparidades" às configurações estéticas de que participam. Quando chama um poema de "romance", Puchkin institui deliberadamente uma disparidade destinada a orientar a leitura do texto. Mas quando Molière inscreve "comédia" no paratexto de *Don Juan*, pode-se considerar essa uma designação por exclusão, não uma disparidade deliberada: no sistema de gêneros em vigor em seu tempo, a comédia era o único gênero capaz de abrigar um texto que, na época romântica, teria sido sem dúvida chamado de "drama".

Os rótulos impostos pelo autor não são todos do mesmo tipo. *A priori*, um rótulo pode remeter mais às propriedades *formais* de um texto, à sua *interpretação* ou a uma combinação *das duas*.

— *Os rótulos formais*. No caso dos rótulos que se referem a um tipo de organização textual, mencionamos em primeiro lugar aquilo a que demos o nome de *hipergêneros*.[222] Trata-se de categorizações como "diálogo", "carta"[223] "ensaio", "diário" etc. que permitem "formatar" o texto. Não se trata, diferentemente do gênero do discurso, de um dispositivo de comunicação historicamente definido, mas um modo de organização com fracas coerções que encontramos nos mais diversos lugares e épocas e no âmbito do qual podem desenvolver-se as mais variadas encenações da fala. O diálogo, que no Ocidente tem estruturado uma multiplicidade de textos ao longo de uns 2.500 anos, é um bom exemplo de hipergênero. Basta fazer que conversem ao menos dois locutores para se poder falar de "diálogo". O fato de o diálogo – assim como a correspondência epistolar – ter sido usado de modo tão constante decorre do fato de que, por sua proximidade com o intercâmbio conversacional, ele permite formatar os mais diferentes conteúdos. No século XVI, o diálogo constituiu a forma

---

[222] Trata-se de noção que introduzi em "Scénographie de la lettre publique", in *La lettre entre réel et fiction*, organizado por J. Siess, Paris, Sedes, 1998.

[223] Na bibliografia dos séculos XVII e XVIII de A. Cioranescu, entre 1650 e 1750, de 10.400 obras, não se contam menos de 1.350 textos intitulados "Carta"...

dominante de expressão do debate de ideias, ao passo que no século XVII foi o hipergênero epistolar que assumiu esse lugar. Mas os verdadeiros autores "semantizam" necessariamente os modos de formatação de seus "conteúdos", o que significa dizer que o hipergênero não constitui um mero molde para conteúdos independentes dele: o modo como Platão explora o diálogo forma unidade com o universo de sentido que sua obra institui.

– *Os enquadramentos interpretativos*. Quando o rótulo se refere à interpretação do texto, pode-se falar de *enquadramento interpretativo*. Ao chamar de "Monstertragödie" sua peça *Erdgeist* (1902 ["Espírito da terra"]), Wedekind indica de que maneira pretende que ela seja recebida: como uma tragédia monstruosa. Do mesmo modo, Gide atribui o rótulo "sotia" a seu *Os subterrâneos do Vaticano* para conferir uma tonalidade bufa a uma narrativa que no entanto se apresenta como romance: ele procede a uma alteração de um gênero teatral medieval.

Em literatura ou em filosofia, a prática do "enquadramento interpretativo" é sobretudo elemento de obras posteriores ao século XVIII: o escritor, recusando a submissão às coerções preestabelecidas, pretende definir ele mesmo o estatuto de sua obra. Disso advém a tendência de por vezes subverter a diferença entre categorização genérica e título: as *Meditações* do poeta romântico Lamartine e as *Contemplações* de Victor Hugo podem ser lidas como títulos e também como rótulos genéricos de tipo 4. No caso da coletânea de Hugo – tal como no de Gide, mas de maneira totalmente distinta –, a soberania do autor se manifesta com toda a sua força: uma contemplação não é uma atividade verbal.

– *Os rótulos formais e semânticos*. Na maioria das vezes, os rótulos são ao mesmo tempo formais e semânticos. É o que ocorre com as *classes genealógicas*. Com essa expressão, Schaeffer[224] designa séries que se constroem graças a uma maior ou menor semelhança com uma ou várias obras prototípicas. A condição de membro de uma classe

---

[224] *Qu'est-ce qu'un genre littéraire?*, Paris, Seuil, 1989.

genealógica impõe coerções variáveis tanto à organização textual como ao sentido. Goethe, por exemplo, situa suas *Elegias romanas* na classe genealógica da elegia latina por razões de forma (trata-se de uma sucessão de dísticos), mas também por haver algumas semelhanças no tom e na temática com os modelos latinos, que por outro lado são evocados em seu texto. Os rótulos de classes genealógicas podem atravessar as épocas e os regimes da literatura. Não obstante, como essas classes genealógicas têm por base uma memória partilhada, a indicação da fonte nada tem de necessária: Virgílio não precisa esclarecer que a *Eneida* se baseia em Homero.

Mas esse tipo de atividade de atribuição de rótulos nem sempre se funda apenas na memória das obras. É sem dúvida com relação ao intertexto, precisamente a Santo Agostinho, que Rousseau categoriza as *Confissões*, mas há ainda, nas atividades verbais da vida religiosa católica, um gênero rotineiro de nome "confissão" que desempenhava na época um papel fundamental. O autor baseia-se, portanto, simultaneamente, na memória coletiva das obras e nas atividades de linguagem que lhe são contemporâneas, categorizando no todo ou em parte a cena de enunciação construída pelo texto ao "captar" uma categoria genérica rotineira de seu tempo.

Não se podem tomar os três tipos de rótulos que acabamos de distinguir como sendo estanques; o que os marca é a dominância. Para inúmeras indicações genéricas é difícil diferenciar nitidamente entre a inscrição numa cadeia de semelhança e um simples esclarecimento da significação da obra. O enquadramento interpretativo "puro" só se faz de fato presente se houver uma disparidade manifesta entre o rótulo reivindicado e a realidade comunicacional do texto.

A cena de enunciação

A cenografia

Situação de enunciação, situação de comunicação

As teorias da enunciação linguística atribuem um papel essencial à reflexividade da atividade discursiva e de modo particular às coordenadas implicadas por todo ato de enunciação: coordenadas pessoais, espaciais e temporais nas quais se baseia a referência de tipo dêitico. A semântica, por sua vez, profundamente marcada pelas correntes da pragmática, acentua o papel do contexto no processo interpretativo, o caráter radicalmente contextual do sentido. Por fim, com o surgimento de disciplinas que têm por objeto o "discurso" – particularmente a análise do discurso e a análise da conversação –, muitos pesquisadores das ciências da linguagem dão uma extrema atenção aos gêneros do discurso, às instituições de fala através das quais ocorre a articulação entre os textos e as situações nas quais são produzidos. As três perspectivas – a da teoria da enunciação, a da semântica e a das disciplinas do discurso – exercem uma constante influência mútua, sendo por isso compreensível que noções como "situação de enunciação", "situação de comunicação" e "contexto" tendam a confundir umas com as outras de modo na maioria das vezes incontrolado.

Cabe reconhecer que a noção de "situação de enunciação" se presta ao equívoco, na medida em que se é tentado a entender essa "situação" como o entorno físico ou social no qual estão os interlocutores. Na realidade, na teoria linguística de Antoine Culioli, que a conceituou nos anos 1960, na sequência de Émile Benveniste,[225] a situação de enunciação não é uma situação de comunicação socialmente descritível, mas o sistema no qual se definem as três posições fundamentais do *enunciador*, do *coenunciador* e da *não pessoa*. Como se sabe, esse sistema está na base da identificação dos dêiticos espaciais e temporais, cuja referência é construída com relação ao ato de enunciação. Ele permite ainda distinguir entre dois planos da enunciação: de um lado, os enunciados "embreados", ligados à situação de enunciação (o "discurso" de Benveniste) e, do outro, os enunciados "não embreados" (a "história" de Benveniste, porém estendido em seguida a enunciados não narrativos). Trata-se de coisas bem conhecidas.

Como todo enunciado, a obra literária implica uma situação de enunciação. Mas qual é a situação de enunciação de uma obra? Seria possível responder que são as circunstâncias de sua produção, sua situação de comunicação: ela foi escrita durante certo(s) período(s), em certo(s) lugar(es), por certo(s) indivíduo(s). Essa é uma resposta insuficiente, pois convém apreender as obras não em sua gênese, mas como dispositivos de comunicação. Pode-se então ser tentado a reduzir a situação de enunciação à data e ao lugar de publicação. Isso, no entanto, não nos faz avançar nem um pouco, pois continuamos no exterior do ato de comunicação literário.

Na verdade, ao partir da *situação de comunicação*, considera-se o processo de comunicação, de certo modo, "do exterior", de um ponto de vista sociológico. Em contrapartida, quando se fala de *cena de enunciação*, considera-se esse processo "do interior", mediante a situação que a fala pretende definir, o quadro que ela mostra (no sentido pragmático) no próprio movimento em que se desenrola. Um texto é na verdade o rastro de um discurso em que a fala é *encenada*.

---

[225] Os trabalhos fundadores de Benveniste sobre as pessoas e os tempos verbais datam do final dos anos 1950, mas alcançaram notoriedade com o livro *Problemas de linguística geral*, de 1966.

A cenografia

AS TRÊS CENAS

A noção de "cena de enunciação" deve, no entanto, ser analisada adiante. Vamos distinguir aqui três cenas que operam sobre planos complementares: a cena englobante, a cena genérica e a cenografia.

– _Cena englobante e cena genérica._ A cena englobante corresponde ao que se costuma entender por "tipo de discurso". Quando se recebe um folheto na rua, deve-se ser capaz de determinar se é membro do discurso religioso, político, publicitário etc., em outras palavras, em que cena englobante se deve situá-lo para interpretá-lo, em nome de que ele interpela aquele que o recebe. Uma enunciação política, por exemplo, implica um "cidadão" dirigindo-se a "cidadãos", caracterização sem dúvida incompleta, mas que nada tem de intemporal, pois é ela que define o estatuto dos parceiros num certo espaço pragmático. Todo enunciado literário está vinculado com uma cena englobante literária, sobre a qual se sabe em particular que permite que seu autor use um pseudônimo, que os estados de coisas que propõe sejam fictícios etc. As críticas à monarquia enunciadas nas _Fábulas_ não gerou perseguições a seu autor porque esse gênero de texto era recebido numa cena englobante que não a dos libelos de oponentes políticos.

A cena englobante não é suficiente para especificar as atividades verbais, pois não se tem contato com um literário, político ou filosófico não especificado; a obra é na verdade enunciada através de um gênero do discurso determinado que participa, num nível superior, da cena englobante literária. Pode-se falar nesse caso de _cena genérica._ As condições de enunciação ligadas a cada gênero correspondem, como vimos, a certo numero de expectativas do público e de antecipações possíveis dessas expectativas pelo autor. Elas são facilmente formuladas em termos de circunstâncias de enunciação legítimas: quais são os participantes, o lugar e o momento necessários para realizar esse gênero? Quais os circuitos pelos quais ele passa? Que normas presidem ao seu consumo? E assim por diante.

Associamos a noção de "cena englobante" à de "tipo de discurso". Trata-se de uma abordagem inicial. Com efeito, a própria ideia de haver um ambiente específico e bem delimitado de produção verbal que recebe o nome de "literatura" é característica da conjuntura que surgiu no começo do século xix e na qual em larga medida ainda nos encontramos. É, porém, bastante evidente que em outros lugares e em outras épocas não se pode falar de "cena literária" da mesma maneira. Tudo o que a noção de cena englobante diz é apenas que certo número de gêneros do discurso partilha do mesmo estatuto pragmático e que a apreensão de um texto ocorre por referência a esse estatuto. Desse ponto de vista, pouco importa que os textos que hoje consideramos parte da "literatura" passem a integrar noutra conjuntura outras cenas englobantes.

> – *A cenografia.* Mas na literatura é muito comum que o leitor ou ouvinte não veja diretamente diante de uma cena englobante, mas antes de uma *cenografia*. Tomemos o exemplo de uma novela; a história pode ser contada de múltiplas maneiras: pode ser um marujo contando suas aventuras a um estrangeiro, um viajante que narra numa carta a um amigo algum episódio por que acaba de passar, um narrador invisível que participa de uma refeição e delega a narrativa a um conviva etc. Da mesma maneira, um texto membro da cena genérica romanesca pode ser enunciado, por exemplo, por meio da cenografia do diário íntimo, do relato de viagem, da conversa ao pé da fogueira, da correspondência epistolar etc. Em todos os casos, a cena na qual o leitor vê atribuído a si um lugar é uma cena narrativa construída pelo texto, uma "cenografia". O leitor se vê assim apanhado numa espécie de armadilha, porque o texto lhe chega em primeiro lugar por meio de sua cenografia, não de sua cena englobante e de sua cena genérica, relegadas ao segundo plano, mas que na verdade constituem o quadro dessa enunciação. É nessa cenografia, que é tanto condição como produto da obra, que ao mesmo tempo está "na obra" e a constitui, que são validadas os estatutos do enunciador e do coenunciador, mas também o espaço (*topografia*) e o tempo (*cronografia*) a partir dos quais a enunciação se desenvolve.

Uma cenografia é identificada com base em variados índices localizáveis no texto ou no paratexto, mas não se espera que ela designe a si mesma; a cenografia se *mostra*, por definição, para além de toda cena de fala que seja *dita* no texto.

A noção de "cenografia" adiciona ao caráter teatral de "cena" a dimensão da *grafia*. Essa "*-grafia*" não remete a uma oposição empírica entre suporte oral e suporte gráfico, mas a um processo fundador, à inscrição legitimadora de um texto, em sua dupla relação com a memória de uma enunciação que se situa na filiação de outras enunciações e que reivindica um certo tipo de reemprego. A *grafia* é aqui tanto quadro como processo; logo, a cenografia está tanto a montante como a jusante da obra: é a cena de fala que o discurso pressupõe para poder ser enunciado e que em troca ele precisa validar através de sua própria enunciação. A situação no interior da qual a obra é enunciada não é um quadro preestabelecido e fixo; ela está tanto a montante como a jusante da obra porque deve ser validada pelo próprio enunciado que permite manifestar. Aquilo que o texto diz pressupõe uma cena de fala determinada que ele precisa validar mediante sua própria enunciação.

A obra se legitima criando um enlaçamento, dando a ver ao leitor um mundo cujo caráter convoca a própria cenografia que o propõe e nenhuma outra: através daquilo que diz, o mundo que ela representa, a obra tem de justificar tacitamente essa cenografia que ela mesma impõe desde o início. Porque toda obra, por sua própria apresentação, pretende instituir a situação que a torna pertinente. O romance "realista" é realista não somente por seu conteúdo, mas também pela maneira como institui a situação de enunciação narrativa que o torna "realista". Enunciação ameaçada por sua própria natureza, a obra literária liga de fato aquilo que diz às condições de legitimação das condições de seu próprio dizer. Logo, a cenografia é ao mesmo tempo origem do discurso e aquilo que engendra esse mesmo discurso; ela legitima um enunciado que, em troca, deve legitimá-la, estabelecer que essa cenografia de onde vem a fala é precisamente *a* cenografia necessária para enunciar como convém.

Por conseguinte, a cenografia não é um "procedimento", o quadro contingente de uma "mensagem" que se poderia "transmitir" de diversas maneiras; ela forma unidade com a obra a que sustenta e que a sustenta. O santo furor que um Juvenal demonstra no início de suas *Sátiras* acompanha a revelação, por um romano honesto, dos vícios escandalosos que afetam a Roma imperial, uma situação tão escandalosa que exige precisamente que se tome da pena e se escrevam sátiras nas quais se dê livre curso à sua profunda indignação de romano honesto da antiga cepa... Os quadros montados pelo autor são lidos assim *ao mesmo tempo* como a denúncia das mazelas de que padece Roma e como a legitimação da cenografia que sustenta essa denúncia.

O ritual da poesia por certo não mudou muito dos românticos aos parnasianos, mas a cenografia implicada por *As meditações*, de Lamartine, é bem diferente da dos *Poemas bárbaros*, de Leconte de Lisle.

As "meditações" lamartinianas desenvolvem-se através da cronografia de um limite instável, de um suspense entre vida e morte, dia e noite, outono e inverno...:

> O triste canto dos mortos sempre prestes a ressoar,
> Os suspiros abafados de uma amante ou de um irmão
> Suspensos à beira de seu leito fúnebre...
> ("A imortalidade")
>
> Assim, prestes a deixar o horizonte da vida...
> ("O outono")

A essa cronografia corresponde a uma topografia definida como "último asilo", "orlas em que se esquece" ("O vale"). Colocado nesse limite, o *eu* dá livre curso a uma fala murmurada, a de "meditações" que se dirigem apenas ao próprio eu.

Em contrapartida, nos *Poemas bárbaros*, de Leconte de Lisle, não se sabe nem por quem, nem para quem, nem onde ou quando são proferidos os textos. Estes parecem imitar a autarquia da escultura ou do quadro:

> Uma noite clara, um vento gelado. A noite é vermelha.
> Há ali mil bravos que dormem sem túmulos,
> A espada empunhada, o olhar desvairado. Tudo imóvel.
> Acima gira e grita uma revoada de corvos negros.
> ("O coração de Hialmar")

É essa ruptura entre enunciado e situação de enunciação que caracteriza paradoxalmente essa cenografia. A pretensão parnasiana é que a obra surja de um puro alhures espacial e temporal, que exista por si mesma, subtraída a todo processo de comunicação entre um enunciador e um coenunciador especificados. Como se a página constituísse sua única cenografia. Abolindo dessa maneira todo vestígio da situação de enunciação, o poeta pode esperar concorrer com a Natureza:

> Ri a Natureza das dores humanas;
> E contemplando apenas sua própria grandeza,
> Ela dispensa a todos suas forças soberanas
> E guarda para si própria a calma e o esplendor.
> (*Poemas bárbaros*, "A fonte dos cipós")

O poema se apresenta como uma espécie de mandala que transmite sua força àquele que o contempla, ajudando-o a desprender-se de sua contingência histórica para ter acesso à cenografia "vazia" na qual a obra pretende se manter.

Essa cenografia autárquica opõe-se, por exemplo, ao dialogismo generalizado das *Fábulas* de La Fontaine, nas quais a evocação multiforme da crueldade dos homens passa pela cenografia de um contador de histórias capaz de intervir em sua narrativa para estabelecer uma conivência com um leitor próximo dele. Esse narrador apresenta-se como um homem de bem culto que se dirige a outras pessoas de bem, elas mesmas cultas, ao submeter-se às regras da conversação mundana: a necessidade de ser espirituoso, de variar o discurso, de não ser prolixo demais, de adotar uma distância irônica, de manipular a alusão e o duplo sentido etc. É, portanto, através de uma cenografia vinculada à sociabilidade de uma elite refinada que as *Fábulas* mostram a crueldade de um mundo de predadores. Há uma tensão entre o humanismo (nos dois sentidos do termo) da cenografia e a desumanidade das histórias que esta permite contar.

Mas a cenografia de La Fontaine trava também um debate intertextual com a cena genérica da "fábula" tradicional. Ao intitular seu texto "fábulas", o autor não procura desqualificar esse gênero ou usar de artimanhas com ela. O leitor não está, portanto, preso a uma cenografia compacta, mas numa negociação entre uma cenografia de contador de histórias mundano e a cena genérica do fabulista tradicional.

CENAS VALIDADAS

Para caracterizar uma cenografia, tem-se à disposição marcas de vários tipos:

- O texto mostra a cenografia que o torna possível: as *Fábulas* não "dizem" explicitamente que são sustentados por uma cenografia mundana, mas *mostram* isso por meio de variadas marcas textuais.

Discurso literário

- Pode haver indicações paratextuais: um título, a menção de um gênero ("crônica", "recordações"...), um prefácio do autor...; encontramos aí os rótulos associados à genericidade tipo 3 e tipo 4 (citado anteriormente).
- Encontram-se, por fim, nos próprios textos, indicações explícitas que muitas vezes reivindicam o aval de cenas da fala preexistentes.

As obras podem, com efeito, basear sua cenografia em cenas de enunciação já validadas, que podem ser outros gêneros literários, outras obras, situações de comunicação de caráter não literário (p. ex., a conversação mundana, a fala camponesa, o discurso jurídico...) e até eventos de fala isolados (o Pronunciamento de 18 de junho, o "Eu acuso" de Zola etc.). *Validado* não significa valorizado, mas já instalado no universo de saber e de valores do público.

Nesse sentido, no fragmento a seguir, a invocação do *Íon* de Platão permite a Montaigne justificar a cenografia do "ensaio", sua enunciação "aos saltos e cambalhotas":

> O poeta, diz Platão, sentado no tripé das Musas, verte com fúria tudo o que lhe vem à boca, como a gárgula de uma fonte, sem ruminá-lo nem estorvá-lo; e lhe escapam coisas de diverso colorido, de substância contrária e de fluxo interrompido. Ele próprio é todo poética, e a velha teologia, poesia, dizem os sábios, e a primeira filosofia. É a linguagem original dos Deuses.[226]

Nesse Livro III dos *Ensaios*, o leitor é incitado a interpretar a enunciação do autor através da cena validada por uma fala advinda da origem, no espaço e no tempo abençoado pelos deuses: a Grécia dos humanistas. O termo "Renascimento" adquire aqui todo o seu vigor: trata-se para Montaigne de fazer coincidir seu retorno à "natureza" com uma regressão temporal a uma época anterior à distinção entre filosofia, teologia e poesia. Essa cenografia permite reforçar a situação de enunciação "histórica" (no caso, a França de 1588) com outra situação, construída no texto, a de uma origem que permite legitimar sua enunciação.

Por mais que se relacione com Platão, a cena em que Montaigne se apoia só intervém aqui reelaborada através das categorias dos *Ensaios*.

---

[226] *Essais*, III, IX, Classiques Garnier, vol. 3, 1962, p. 438.

A cenografia

Nesse sentido, uma cena validada mobilizada a serviço da cenografia de uma obra é também o produto da obra que pretende enunciar a partir dela. Montaigne pretende imitar uma cenografia platônica, mas esta é igualmente um produto dos _Ensaios_, que a dispõem de modo a poder harmonizá-la com sua própria enunciação.

Não é preciso que a situação de enunciação _mostrada_ pela obra esteja em perfeita consonância com as cenas validadas que ela reivindica em seu texto, nem que estas últimas formem um conjunto homogêneo. A cenografia global da obra resulta, na verdade, da relação entre todos esses elementos, do percurso de sua rede. Além disso, a situação de enunciação mostrada e as indicações textuais explícitas interagem entre si: o que é "mostrado" é especificado por essas indicações explícitas, que de certo modo tomam corpo através da própria enunciação que as sustenta.

A obra às vezes legitima sua cenografia evocando cenas que lhe servem de contraste, o que chamamos em outra obra de antiespelhos.[227] Isso acontece com os ditos do jesuíta meloso das _Provinciais_ (cartas 4 a 10): o narrador, o amigo do provincial, legitima-se obliquamente encenando uma enunciação de conteúdo escandaloso que vem contrastar com a sua. Nesse exemplo, o "antiespelho" está incluído na cenografia que ele mesmo fortalece. Está-se então diante de uma estratégia de subversão, uma paródia em sentido amplo: a cena subvertida é desqualificada através de sua própria enunciação. Quando, em seus _152 provérbios transpostos para o gosto atual_, escrevem "Um prego afugenta Hércules" ou "Quem semeia unhas colhe uma tocha",[228] os poetas Péret e Éluard legitimam indiretamente sua própria cenografia de escritores surrealistas. Não dizem diretamente quem fala, a quem, onde e quando, mas a subversão de provérbios permite indicá-lo: o enunciador não é a sabedoria das nações, mas um poeta singular; a cronografia não é a intemporalidade proverbial do "nada de novo sob o sol", mas o encontro de palavras, o achado improvável e criador; o destinatário não é o homem de todas as épocas e de todos os países submetido à ordem invariante das coisas, mas um sujeito que, através da própria leitura, deve se libertar de toda esclerose.

---

[227] Em _Pragmática para o discurso literário._

[228] "150 proverbes mis au goût du jour", in _Œuvres complètes de Paul Éluard_, Gallimard, "La Pléiade", 1968, p. 153 ss.

A TOPOGRAFIA DO DESERTO

O furor profético que Agrippa d'Aubigné exibe desde o começo de *Tragiques* [Os trágicos]* acompanha a progressiva revelação da escandalosa perseguição de que são vítimas os protestantes; o escândalo alcança tal grau que exige justamente que se vá para a solidão do deserto e se dê livre curso a um santo furor... A obra cria, desse modo, enlaçamentos que mostram ao leitor um mundo de tal caráter que requer a própria cenografia que propõe, e nenhuma outra. Enquanto um Montaigne coloca seus ditos na própria boca da musa antiga e dos deuses, d'Aubigné, impondo uma cenografia bíblica, coloca-se na posição do profeta, daquele "que fala no lugar de um outro", no caso, de Deus. O profeta bíblico encontra na topografia do deserto um lugar de enunciação privilegiado: lugar apartado da sociedade é também o espaço da purificação, cão de uma fala verdadeira. D'Aubigné assina precisamente seu texto com as iniciais "L.B.D.D." [*Le Bouc Du Désert*], "O bode do deserto". Na época, o deserto designava justamente as zonas longínquas onde os novos hebreus, os huguenotes perseguidos pelos católicos, tiveram de se refugiar:

> Algumas vezes, passeando,
> A verdade ia me conduzindo
> Aos lugares onde aquela que dá à luz
> De medo de se perder, se perde,
> E onde a Igreja sob tormentos
> Cerca-se de água no deserto.
> Ó, Deserto, promessa dos céus,
> Estéril, mas bem-aventurado!
> ("Prefácio", versos 163-169)

A alusão à mulher que dá à luz no deserto remete ao *Apocalipse*, cujos sete selos correspondem aos sete livros de *Os trágicos*. A identificação com essa cena fundadora é ainda mais forte porque o autor apresenta sua criação literária como parto, em seu deserto, de um filho legítimo ("Prefácio", 409-411) e porque, tal como o autor do *Apocalipse*, cede seu texto à transcrição de visões celestes. A narrativa conta como o poeta, ferido em combate,

---

* N. E.: O livro não foi publicado em língua portuguesa. No entanto, a fim de facilitar a leitura, daqui em diante será citado em português.

> Pelo Anjo, consolados meus amargos ferimentos,
> Embora impuro, foi levado para as regiões puras.
> Às sete horas, apareceu-me o firmamento
> Para ver os belos segredos e quadros que escrevo,
> Quer um sonho pela manhã tenha me trazido essas imagens
> Quer, estando eu desfalecido, o espírito tenha feito essas viagens.
> Não te perguntes, meu leitor, como ele viu e fez
> Mas louva a Deus em teu proveito.
> E enquanto nele, extático, eu me pasmo,
> Interpreta bem o ardor de meu entusiasmo.
> (Livro v, versos 1195-1206)

Aqui, o afastamento que o deserto implica é levado ao limite de todo lugar, o êxtase, que deixa o autor fora do mundo, no próprio Deus (*meu en-tusiasmo*).* Além disso, o livro III ("A câmara dourada") nos transporta à Corte de Deus, e a partir dali são mostrados os sofrimentos infligidos aos protestantes.

O texto opõe a essa enunciação do deserto um antiespelho, a poesia de corte:

> Com os dejetos dos grandes, o poeta se macula
> Quando pinta como César o repugnante[229] Sardanápalo
> (Livro II, versos 89-90)

Para a cenografia de *Os trágicos*, o poeta de corte é o enunciador ilegítimo por excelência, o que preferiu o pecado ao deserto, o presente imediato à temporalidade divina. Contudo, por mais que se apresente como profeta, o enunciador associa, como humanista, as cenas fundadoras cristãs a cenas fundadoras inspiradas na Antiguidade pagã. Desse modo, o "Bode do deserto" vê-se substituído pelo *topos* retórico do camponês do Danúbio, figura emblemática do falar rude e verdadeiro:

> Usa, como no senado romano,
> O juízo e as vestes do plebeu**

---

* N.T.: *En-thousiasme*, em que "thou" remete a "theos", Deus.

** N.T.: Observe-se que "plebeu" traduz, nesse caso, *vilain*, que, como adjetivo, significa "desobediente" etc., algo que em português "plebeu" não indica.

[229] Em francês antigo, o adjetivo *ord*, que vem do latim *horridus*, "que horroriza", significa "de uma sujeira que repele" (*Le Grand Larousse encyclopédique*, 1963).

Que veio do Danúbio selvagem
E mostrou, hediondo, desaforado,
Nos modos, não na linguagem,
A pouco agradável verdade.
("Prefácio", versos 19-24)

Assim como a cenografia da qual é uma faceta, a topografia de *Os trágicos* percorre assim uma rede de cenas altamente validadas, cenas exemplares. A convocação de cenas inspiradas na Antiguidade greco-romana, na Bíblia, na história do século XVI, supõe a presença envolvente de um cosmos barroco, em que a diversidade das épocas e dos espaços se oferece ao olhar do leitor na simultaneidade de um painel.

UMA FUNÇÃO INTEGRADORA

Consideramos até agora o caso mais simples, o de uma obra sustentada por uma única cenografia. Mas é possível considerar outros casos. Assim, o fenômeno da "narração intradiegética", em que o narrador delega sua função a uma personagem da narrativa.

Muitas novelas de Maupassant são construídas com base nesse princípio de *cenografia delegada*. Vemo-nos diante de uma primeira cenografia, bem vaga: um homem do mundo com muita experiência, o próprio escritor, evoca para um público indeterminado seu encontro com alguém que lhe conta um evento notável de sua própria vida. A topografia e a cronografia podem ser, por exemplo, as de uma refeição de celibatários em algum castelo da província quando voltam da caça. O leitor vê-se, então, no lugar de um dos convivas. Numa estrutura desse tipo, a cenografia da obra não é nem a do narrador extradiegético nem a do narrador intradiegético, mas a interação entre essas cenografias, cujas modalidades variam de acordo com as obras envolvidas.

Afinal, recordemos, a cenografia tem função *integradora*. "Integrar" não significa definir uma configuração estável. Isso é particularmente evidente quando não há uma hierarquia clara entre as cenografias mostradas de uma obra, mas uma tensão entre duas cenografias colocadas no mesmo plano. Essa diferença é comparável à que distingue o discurso indireto (em que o discurso que relata e o discurso relatado são claramente hierarquizados) do discurso indireto livre (em que as duas fontes enunciativas se mesclam). Em *Viagem ao fim da noite*, Céline associa conflituosamente uma cenografia de romance clássico no pretérito perfeito e uma cenografia de locutor popular para, através de sua desqualificação recíproca, exceder as duas. A cenografia da obra que resulta dessa combinação instável não é representável: ela só se oferece através do movimento da leitura.

Seja como for, a cenografia de uma obra verdadeira não se limita a reproduzir cenas validadas, mas excede aquilo em que ela mesma se apoia. As *Fábulas* implicam em primeiro lugar uma cenografia de contador de histórias mundano; mas isso não é a *mímesis* de uma narração num salão, mas um suporte que a obra reelabora. A mundanidade da cenografia de La Fontaine não se limita a respeitar as normas do discurso de uma elite, mas as transcende por sua maneira de integrar uma diversidade de registros de fala que abrange as fábulas filosóficas, mitológicas, de animais..., mistura gêneros e tradições literárias (oriental, latina, grega, medieval...). A relação entre a cenografia mundana e a cenografia que as *Fábulas* elaboram a partir dela é, portanto, ambígua. De um lado, as *Fábulas* fortalecem, sublimando-as, as práticas verbais da mundanidade; do outro, valorizam-se à custa destas últimas.

O ENLAÇAMENTO ENUNCIATIVO

Podemos opor textos ascéticos, como O estrangeiro], que dão a impressão de "esgotar" sua cenografia, e aqueles que a constroem ostentatoriamente, como *Os trágicos*, ou *Les Châtiments* [*Os castigos*],* de Victor Hugo.

O estrangeiro, de Camus, apresenta-se como a legitimação progressiva da própria cenografia que lhe permite enunciar como "estrangeiro". Quando se abre esse texto, chega até nós uma certa fala, estranha às cenografias romanescas habituais: frases breves no pretérito perfeito composto, relacionadas a um *eu* desinvestido. Semelhante enunciação implica uma cenografia desnorteante que a história tem precisamente a função de validar; a leitura vai preenchendo aos poucos o afastamento criado, dessa maneira, pelo surgimento da narrativa.

---

* N.E.: O livro citado não foi publicado em língua portuguesa. No entanto, a fim de facilitar a leitura, daqui em diante será citado em português.

Bem distante dessa cenografia de confins e de ausência, estão *Os castigos*, de Victor Hugo, no qual o engajamento político se apoia numa necessidade metafísica. O texto convoca a história da humanidade para embasar sua cenografia, instituindo no texto o enunciador como profeta republicano da caravana humana:

> Ouvi uma voz que vinha da estrela
> E dizia: – Sou o astro que vem primeiro.
> Sou aquela que se crê estar no túmulo e que sai.
> Reluzi sobre o Sinai, reluzi sobre o Taígeto;
> Sou o pedregulho d'ouro e de fogo que Deus lança
> Como se com uma funda na fronte negra da noite.
> Sou o que renasce quando um mundo é destruído
> Ó nações! Sou a poesia ardente
> Brilhei sobre Moisés e brilhei sobre Dante. [...]
> (Stella, vi, 15)

O poeta convocado por Deus é um dos elos de uma cadeia providencial cuja cronografia cósmica abrange também Moisés e Dante. Em semelhante universo, a enunciação de *Os castigos* é força, "funda" divina que atinge o mal. A cenografia está aqui imersa no jogo das forças materiais e espirituais pelo qual o universo é atravessado. O leitor, que no início da coletânea acredita estar lendo um simples panfleto contra o golpe de Estado de Napoleão iii, vê aos poucos uma recapitulação da história da humanidade, desde a noite (*Nox*) até o sol da República universal (*Lux*). Ele deve assim ler a narrativa ao mesmo tempo como um encadeamento de episódios e como a legitimação da cenografia que dá a ler esse encadeamento.

Em Proust, também é a recapitulação de uma história que permite fundar a cenografia, coincidindo a narrativa com a busca da cenografia que a tornou necessária. A redução da distância entre a cenografia mostrada, que a narrativa dá ao leitor, e a cenografia a ser descoberta pelo herói constitui no caso a própria matéria do romance. Mas enquanto Hugo dissipa a singularidade de seu dizer num destino coletivo e providencial, Proust desestabiliza sua própria cenografia com um paradoxo: o livro que, no final de *O tempo redescoberto*, o herói está decidido a escrever é justamente aquele que estamos lendo. Essa defasagem irredutível da cronografia nos remete a uma outra, constitutiva da enunciação da obra, aquela por meio da qual o tempo "redescoberto" é solapado por sua própria repetição.

A CENA DE ENUNCIAÇÃO DO *LIBÉRA*

No trecho inicial do *Libéra* (ver capítulo "Quadro hermenêutico e máximas conversacionais", seção "A historicidade das normas"), a fala que surge se apresenta como sendo proferida no interior de uma cenografia singular: num lugarejo, depois de uma recente conversa com a farmacêutica Verveine, e dez anos depois do assassinato de uma criança chamada "o pequeno Ducreux", vem de um locutor sem rosto uma fala repetitiva dirigida a um alocutário indeterminado. Essa cenografia é caracterizada, todavia, pelo próprio texto: trata-se do "libéra", o responsório de réquiem da missa dos mortos. Vemo-nos, pois, tipicamente, diante de um "enquadramento interpretativo" (citado anteriormente) que se afasta tanto da cena genérica (o romance) como da cenografia. Supondo que o leitor saiba o sentido da palavra "libéra", essa categorização, no estágio do trecho de abertura, não vai ser de grande ajuda: só a leitura poderá eventualmente justificá-la. O enquadramento interpretativo que o título proporciona funciona, com efeito, como um programa: espera-se que o leitor compreenda progressivamente porque esse título, "libéra", é imposto assim desde o começo.

Na verdade, o leitor vê-se tomado por um duplo enquadramento interpretativo: a menção paratextual "romance" que a capa traz estabelece um "contrato de leitura" que ativa certas expectativas. Não obstante, se Pinget tivesse indicado na capa "narrativa", "defesa", "conto", "monólogo"... em vez de "romance", o dispositivo de comunicação não se teria modificado, mas apenas enquadrado de outra maneira a interpretação do texto. Porque nesse caso cena genérica romanesca entra em tensão com a cenografia a ponto de se poder perguntar se não se estaria diante de uma *subversão* da cena romanesca: o texto finge que conta uma história ao mesmo tempo em que vai progressivamente desfazendo as condições de toda narrativa.

Como é difícil ler um texto durante um longo tempo sem ter por referência uma cena de fala estabilizada, o leitor, para minorar o problema, pode categorizar a cenografia provisoriamente e ler o texto de acordo com isso: por exemplo, decidindo que se trata do monólogo de um louco. Ele também pode esperar que o texto venha mais tarde a lhe proporcionar os indícios que possam orientar sua escolha. Entregando-se à cenografia tal como esta se apresenta, busca ao mesmo tempo os índices que lhe vão permitir organizar mesmo assim uma leitura romanesca mínima, construir uma história dotada de alguma coerência, algo que o texto desse trecho inicial parece fazer quase satisfatoriamente. No tocante a isso, a familiaridade com a obra do autor, Robert Pinget, desempenha um papel não desprezível; quem conhece outras obras não vai ter a mesma atitude que quem descobre esse escritor apenas através do texto do *Libéra*.

Contudo, levado por uma cenografia que ao longo de páginas permanece indeterminável, o leitor vai aos poucos tendo de admitir que essa tensão entre cenografia e cena genérica é constitutiva da obra, que a enunciação singular do narrador frustra as tramas narrativas clássicas. Ao instituir, dessa maneira, uma cenografia que tem a particularidade de manter-se obstinadamente enigmática, Pinget leva ao paroxismo o funcionamento de toda cenografia literária, que deve se legitimar, em termos de enlaçamento, mediante sua própria apresentação: quanto mais avança no texto, tanto mais o leitor deve convencer-se de que essa cenografia, e nenhuma outra, é compatível com o mundo caótico que o texto exibe.

Essa vontade de que a obra instaure seu próprio espaço não tem, todavia, nada de intemporal, sendo antes característica de estética advinda do romantismo, para a qual o gênero é com frequência percebido como estranho a uma suposta essência da literatura.

Conclusão

A cenografia não é um simples alicerce, uma maneira de transmitir "conteúdos", mas o centro em torno do qual gira a enunciação. A literatura é um discurso cuja identidade se constitui através da negociação de seu próprio direito de construir um *dado* mundo mediante uma *dada* cena de fala correlativa que atribui um lugar a seu leitor ou espectador. Para não decair em simples procedimento, a cenografia da obra deve, portanto, corresponder ao mundo que ela torna possível: não há cenografia profética se o não texto não oferece uma descrição marcante do justo perseguido. Além disso, a cenografia deve estar ativa e diretamente vinculada à configuração histórica na qual aparece. Os tipos de cenografias mobilizadas dizem obliquamente como as obras definem sua relação com a sociedade e como se pode, no âmbito dessa sociedade, legitimar o exercício da fala literária. Ao construir sua cenografia a partir da Bíblia, d'Aubigné baseia-se nas representações dominantes da fala legítima entre os protestantes. Ao introduzir uma cisão entre a cenografia da obra e as transações verbais habituais, ao excluir todo uso não estético da língua, o autor dos *Poemas bárbaros* assinala a pretensão dos poetas parnasianos à autonomia, à "arte pela arte".

A cenografia é igualmente a articulação entre a obra considerada um objeto autônomo e as condições de seu surgimento. Enquanto redige *Os trágicos*, de 1577 a 1589, d'Aubigné não vive propriamente em algum "deserto", mas é imprescindível que os lugares que ele ocupou, longe dos luxos intrigas da corte, tenham sido vividos como desertos bíblicos para que ele pudesse escrever essa obra: por meio de sua paratopia criadora, cruzam-se o deserto vivido e o deserto da obra.

O *ethos*

O texto não se destina à contemplação, sendo em vez disso uma enunciação ativamente dirigida a um coenunciador que é preciso mobilizar a fim de fazer aderir "fisicamente" a um certo universo de sentido. Como evocar, por exemplo, uma cenografia profética ou um código linguístico popular e deixar de lado o tom profético ou áspero, as maneiras de proferir e de gesticular que são inseparáveis desses tipos de enunciação? Sequer podemos conceber o didatismo de Júlio Verne sem o tom professoral, nem um gênero mundano sem a expressão policiada dos frequentadores habituais dos salões. Aproximamo-nos aqui, mas num quadro muito diferente, da problemática do *ethos* retórico. Tendo sido afetado pelo movimento de descrédito da retórica, o *ethos* está cada vez mais presente nas disciplinas do discurso e, em termos mais amplos, nas ciências humanas.

O *ETHOS* RETÓRICO

O termo tem já em grego um sentido pouco especificado, prestando-se a múltiplos investimentos: na retórica, na moral, na política, na música...[230]

---

[230] Ele está ainda hoje longe de estabilizar-se. Nesse sentido, é usado na sociologia, na esteira de Max Weber, que, em *A Ética protestante e o espírito do capitalismo*, fala do *ethos* (sem, no entanto, lhe dar uma definição precisa) como uma interiorização de normas de vida, na articulação entre as crenças religiosas e o sistema econômico, o capitalismo no caso. Também o encontramos em Pierre Bourdieu com um sentido próximo a esse.

Na *Retórica*, Aristóteles procura apresentar uma *techne* que visa examinar o que é persuasivo não para esse ou aquele indivíduo, mas para esse ou aquele tipo de indivíduos (1356b, 32-33[231]). A prova pelo *ethos* consiste em causar uma boa impressão por meio do modo como se constrói o discurso, em dar de si uma imagem capaz de convencer o auditório ao ganhar sua confiança. O destinatário deve assim atribuir certas propriedades à instância apresentada como fonte do evento enunciativo:

> *Persuade-se pelo caráter* (=*ethos*) quando o discurso é organizado de maneira a tornar o orador digno de confiança; confiamos de fato de modo mais imediato e intenso em homens de bem, no tocante a todos os assuntos em geral, e completamente no tocante a questões que, não admitindo nenhum grau de certeza, deixam margem a dúvidas. (1356a, 4-7)

Para dar essa imagem positiva de si mesmo, o orador pode mobilizar três qualidades fundamentais: a *phronesis* (prudência), a *arete* (virtude) e a *eunoia* (benevolência). Aristóteles as descreve no segundo livro da *Retórica*:

> Os oradores inspiram confiança por três razões, que são as únicas, afora as demonstrações, a determinar nossa crença: a prudência (*phronesis*), a virtude (*arete*) e a benevolência (*eunoia*). Quando ocorre de os oradores alterarem a verdade sobre aquilo que dizem ao falar ou aconselhar, isso se deve a todas essas razões ao mesmo tempo ou a uma delas: ou, por falta de prudência, pensam erroneamente, ou, pensando corretamente, deturpam o que pensam por falta de virtude, ou então, ainda que prudentes e virtuosos, não são benevolentes; por essas razões pode ocorrer de, sabedores do melhor curso de ação, não o aconselharmos. (1378a, 6-14)

O *ethos* retórico está ligado à própria enunciação, não a um saber extradiscursivo sobre o locutor: "É preciso que essa confiança seja o efeito do discurso, não daquilo que se pensa de antemão sobre o caráter do orador" (1356a). Roland Barthes destaca esse aspecto: "São os traços de caráter que o orador deve *mostrar* ao auditório (pouco importa sua sinceridade) para causar boa impressão [...]. O orador enuncia uma dada informação e *ao mesmo*

---

[231] Citamos a tradução de M. Dufour (Paris, Les Belles-Lettres, 1967).

tempo diz: sou isso, não aquilo."[232] A eficácia do *ethos* relaciona-se, assim, com o fato de ele envolver de algum modo a enunciação sem ser explicitado no enunciado. Por mais que esteja ligado ao locutor na medida em que este se acha na origem da enunciação, é a partir de dentro que o *ethos* caracteriza esse locutor. Com efeito, o destinatário atribui a um locutor inscrito no mundo extradiscursivo características que são na realidade intradiscursivas, porque estão associadas a um modo de dizer.

A bem dizer, essas características não são estritamente "intradiscursivas", pois na elaboração do *ethos* intervêm igualmente dados exteriores à fala propriamente dita (gestos, roupas...). A prova através do *ethos* mobiliza então:

> [...] tudo aquilo que, na enunciação discursiva, contribui para transmitir uma imagem do orador endereçada ao auditório. O tom de voz, o ritmo da fala, a escolha de palavras e de argumentos, os gestos, as expressões faciais, o olhar, a postura, a atitude etc. constituem indícios, elocutórios e oratórios, em termos de vestes e em termos simbólicos, mediante os quais o orador dá de si uma imagem psicológica ou sociológica.[233]

Não se trata de uma representação estática e bem delimitada, mas uma forma primordialmente dinâmica construída pelo destinatário mediante o próprio movimento de fala do locutor.

Nos anos 1980, Oswald Ducrot propôs uma caracterização pragmática do *ethos* por meio da distinção entre "locutor-L" (=o enunciador) e "locutor-lambda" (=o locutor como ser do mundo), distinção que recobre a dos pragmáticos entre *mostrar* e *dizer*: o *ethos* se *mostra* no ato de enunciação, mas não se *diz* no enunciado. Ele permanece por natureza no segundo plano da enunciação; deve ser percebido, mas não ser o objeto do discurso:

> Não se trata das afirmações elogiosas que o orador pode fazer sobre sua própria pessoa no conteúdo de seu discurso, afirmações que, pelo contrário, correm o risco de chocar o ouvinte, mas da aparência que lhe conferem o ritmo, a entonação, calorosa ou severa, a escolha das palavras, dos argumentos [...]. Em minha terminologia, eu

---

[232] "L'ancienne rhétorique", in *Communications*, n. 16, 1966, p. 212. O grifo é nosso.

[233] G. Declercq, *L'art d'argumenter, Structures rhétoriques et littéraires*, Paris, Éditions universitaires, 1992, p. 48.

> diria que o *ethos* se acha ligado a L, o locutor propriamente dito: é na qualidade de fonte da enunciação que ele se vê revestido de determinadas características que, por ação reflexa, tornam essa enunciação aceitável ou recusável.[234]

Na esteira da *Retórica* de Aristóteles, podemos aceitar certas teses de base, sem prejulgar as maneiras como podem eventualmente ser exploradas:

- o *ethos* é uma noção *discursiva*; é construído por meio do discurso, em vez de ser uma "imagem" do locutor exterior à fala;
- o *ethos* está intrinsecamente ligado a um processo *interativo* de influência sobre o outro;
- o *ethos* é uma noção intrinsecamente *híbrida* (sociodiscursiva), um comportamento socialmente avaliado que não pode ser apreendido fora de uma situação de comunicação precisa, ela mesma integrada a uma dada conjuntura sócio-histórica.

Tanto em seus desenvolvimentos históricos como nas reinterpretações que hoje recebe, a noção de *ethos*, por mais simples que possa parecer à primeira vista, envolve múltiplas dificuldades.

O *ethos* está crucialmente ligado ao ato de enunciação, mas não podemos ignorar que o público constrói também representações do *ethos* do *enunciador* antes mesmo de ele começar a falar. Faz-se, assim, necessário distinguir entre *ethos discursivo* e *ethos pré-discursivo* (ou *prévio*). Apenas o primeiro, como vimos, corresponde à definição de Aristóteles. A distinção pré-discursivo/discursivo deve, contudo, levar em conta a diversidade de tipos, de gêneros do discurso e de posicionamentos, não podendo ter pertinência em algum plano absoluto. De qualquer modo, mesmo que o destinatário nada saiba antes do *ethos* do locutor, o simples fato de um texto estar ligado a um dado gênero do discurso ou a um certo posicionamento ideológico induz expectativas no tocante ao *ethos*. Claro que existem tipos de discurso ou circunstâncias para os quais não se espera que o destinatário disponha de representações prévias do *ethos* do locutor; é o que acontece quando se abre o romance de um autor desconhecido. Contudo, mesmo no caso da literatura, isso está longe de ser evidente, porque o escritor é de modo geral uma personalidade pública (com todas as implicações

---

[234] O. Ducrot, *Le Dire et le Dit*, Paris, Minuit, 1984, p. 201 (edição brasileira: *O dizer e o dito*, Campinas, Pontes, 1987).

que isso envolve): mesmo quando se recusa a se apresentar, ele libera, mediante as indicações que dá, alguma coisa da ordem do *ethos*. Vimos o que isso significava, por exemplo, para Montherland, cujo relato de viagem participa da construção do *ethos* discursivo propriamente dito, impondo este último coerções à encenação da pessoa. Essa interação é essencial ao funcionamento da instituição literária. Esse é um campo de investigação particularmente rico que se abre, algo que alguns pesquisadores situam na categoria da "postura" do escritor.[235]

O *ethos* de um discurso resulta de uma interação de diversos fatores: o *ethos* pré-discursivo, o *ethos* discursivo (*ethos mostrado*), mas também os fragmentos do texto em que o enunciador evoca sua própria enunciação (*ethos dito*), diretamente ("é um amigo que vos fala") ou indiretamente, por exemplo, por meio de metáforas ou alusões de outras cenas de fala. A distinção entre *ethos dito* e *ethos mostrado* se inscreve nas extremidades de uma linha contínua, pois é impossível definir uma fronteira nítida entre o "dito" sugerido e o "mostrado". O *ethos efetivo*, aquele que é construído por um dado destinatário, resulta da interação dessas diversas instâncias, cujo peso respectivo varia de acordo com os gêneros do discurso.

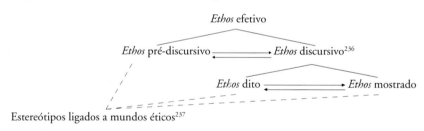

PARA ALÉM DO *ETHOS* RETÓRICO

Não obstante, o mundo em que vivemos não é o mesmo da retórica antiga, e a fala não é regulada nele pelos mesmos dispositivos. O que era uma disciplina integrada, a retórica acha-se hoje fragmentada em diversas

---

[235] Ver, por exemplo, Jérôme Meizoz, *Le Gueux philosophe (Jean-Jacques Rousseau)*, Lausanne, Antipodes, 2003; "Recherches sur la posture: Jean-Jacques Rousseau", in *Littérature*, n. 126, junho de 2002, pp. 3-17.

[236] A flecha dupla indica a existência de interação.

[237] Para a noção de "mundo ético", ver p. 272.

disciplinas teóricas e práticas cujos interesses são distintos e captam o *ethos* sob diferentes facetas. Seja como for, não é possível estabilizar definitivamente uma noção desse tipo, que é mais produtivo apreender como o eixo gerador de uma multiplicidade de desenvolvimentos possíveis.

Para além da retórica, quando há enunciação, algo da ordem do *ethos* vê-se liberado: através de sua fala, um locutor ativa no intérprete a construção de certa representação desse mesmo locutor, pondo assim em risco o domínio deste sobre sua própria fala; cabe ao locutor tentar controlar, de modo mais ou menos confuso, o tratamento interpretativo dos indícios que apresenta.

A noção de *ethos* permite ainda refletir sobre o processo mais geral de *adesão* dos sujeitos ao ponto de vista defendido por um discurso, processo particularmente evidente no caso de discursos como a publicidade, a filosofia, a literatura, a política etc., que – diferentemente dos que são parte de gêneros "funcionais" como os formulários administrativos ou os manuais de instruções – devem conquistar um público que tem o direito de ignorá-los ou recusá-los. Ora, a noção de *ethos* permite articular corpo e discurso: a instância subjetiva que se manifesta através do discurso não se deixa perceber neste apenas como um estatuto, mas sim como uma voz associada à representação de um "corpo enunciante" historicamente especificado.

Enquanto a retórica vincula o *ethos* essencialmente à oralidade, em vez de reservá-lo à eloquência judiciária ou mesmo à oralidade, podemos postular que todo texto escrito, ainda que a negue, possui uma *vocalidade* específica que permite remetê-lo a uma caracterização do corpo do enunciador (e não, está claro, do corpo do locutor extradiscursivo), a um *fiador* que, por meio de seu *tom*, atesta o que é dito; o termo "tom" tem a vantagem de valer tanto para o escrito como para o oral.

Isso significa que optamos por uma concepção primordialmente "encarnada" do *ethos*, que, dessa perspectiva, abrange não apenas a dimensão verbal, mas igualmente o conjunto de determinações físicas e psíquicas vinculadas ao "fiador" pelas representações coletivas. Este vê atribuídos a si um *caráter* e uma *corporalidade* cujo grau de precisão varia de acordo com o texto. O "caráter"[238] corresponde a um conjunto de

---

[238] Evidentemente, não se deve confundi-lo com o termo "caráter" por meio do qual com frequência se traduz o "*ethos*" da *Retórica* de Aristóteles.

características psicológicas. A "corporalidade", por sua vez, associa-se a uma compleição física e a uma maneira de se vestir. Além disso, o *ethos* implica uma maneira de se movimentar no espaço social, uma disciplina tácita do corpo apreendida mediante um comportamento global. O destinatário o identifica com base num conjunto difuso de representações sociais avaliadas de modo positivo ou negativo, de estereótipos que a enunciação contribui para confirmar ou modificar.

Propus designar pelo termo *incorporação* a maneira como o destinatário em posição de intérprete – ouvinte ou leitor – se apropria desse *ethos*. Recorrendo à etimologia de modo pouco ortodoxo, pode-se com efeito usar essa "incorporação" em três registros:

– A enunciação da obra confere uma "corporalidade" ao fiador, *dá-lhe um corpo*.
– O destinatário *incorpora*, assimila um conjunto de esquemas que correspondem a uma maneira específica de se relacionar com o mundo habitando seu próprio corpo.
– Essas duas primeiras incorporações permitem a constituição de um *corpo*, o da comunidade imaginária daqueles que aderem ao mesmo discurso.

Na verdade, a "incorporação" do leitor vai além de uma simples identificação com um "fiador", implicando um *mundo ético* de que esse "fiador" participa e ao qual dá acesso. Esse "mundo ético" ativado através da leitura subsume certo número de situações estereotípicas associadas a comportamentos: a publicidade contemporânea se baseia amplamente nesses estereótipos (o mundo ético do funcionário dinâmico, dos vaidosos, dos astros de cinema etc.). O homem da lei ou o médico que o espectador de uma comédia do século XVII vê surgirem em cena são personagens que vêm associadas aos lugares, aos modos de dizer e de fazer de seus respectivos mundos éticos: estereótipos que o dramaturgo e o diretor podem confirmar ou contestar (o que é raro numa comédia).

Se cada conjuntura histórica é marcada por um regime específico de *ethé*, a leitura de vários textos que não são parte de nosso ambiente cultural (tanto no tempo como no espaço) é com frequência prejudicada não por graves lacunas em nosso conhecimento enciclopédico, mas pela perda dos *ethé* que sustentam tacitamente sua enunciação. Quando vemos os segmentos de *La Chanson de Roland* dispostos numa folha de papel, é muito difícil recuperar o *ethos* que os sustinham; ora, o que é uma epopeia senão um gênero de performance oral? Sem ir tão longe, a prosa política do século XIX é indissociável dos *ethé* ligados a práticas discursivas, a situações de comunicação hoje desaparecidas.

Por outro lado, de uma a outra conjuntura, não são as mesmas zonas da produção semiótica que propõem os modelos mais importantes de modos de ser e de dizer, aqueles que "dão o tom". Os estereótipos de comportamento eram acessíveis em outras épocas às elites de maneira privilegiada através da leitura de textos literários, ao passo que hoje esse papel ficou a cargo da publicidade, sobretudo em sua modalidade audiovisual. Isso é claro no caso dos séculos XVII e XVIII, em que o discurso literário era inseparável dos valores ligados a certos modos de vida. Os inúmeros textos produzidos pela corrente "galante", por exemplo, não se restringiam a contar certas histórias ou a expor certas ideias, mas, além disso, as contavam por meio de um *ethos* discursivo específico que era parte do mundo ético da galanteria: o *ethos* do "natural", do "bom humor"...

Temos uma ilustração desse poder da literatura quando o clérigo Leon Dupuis conta a Emma Bovary de que modo ocupa seus momentos de lazer:

> – Pelo menos passeais às vezes pelos arredores? – continuava Madame Bovary dirigindo-se ao rapaz.
> – Oh, muito pouco – ele respondeu. – Há um lugar chamado la Pâture, no alto da costa, à beira da floresta. Às vezes, aos domingos, vou até lá, e fico ali com um livro, contemplando o pôr do sol.
> (II, 2)

Claro que podemos zombar do estereótipo romântico, mas ele mostra como o *ethos* literário contribui para moldar e avalizar modelos de comportamento. Nessa perspectiva, compreende-se melhor a eficácia do discurso das obras literárias, sua capacidade de suscitar a adesão. As ideias nele só se apresentam nas obras através de um modo de dizer que remete a um modo de ser, ao imaginário de uma vivência. Tanto para a literatura como para a publicidade contemporânea, trata-se de atestar o que é dito convocando o coenunciador a se identificar com uma dada determinação de um corpo em movimento, corpo esse apreendido em seu ambiente social.

AMARGOR E DOÇURA

Os posicionamentos estéticos e os gêneros de textos afetam o *ethos* na mesma medida que as "ideias" transmitidas, não sendo possível estabelecer nenhuma hierarquia entre aquilo que é dito e modo de dizer. Assim, o *ethos* não é um procedimento intemporal; tal como as outras dimensões da enunciação, ele inscreve as obras numa dada conjuntura histórica.

Consideremos outra vez a personagem do camponês do Danúbio evocada por d'Aubigné (ver p. 259). Esse estereótipo foi elaborado no século XVI para ilustrar a *arete* aristotélica, isto é, o *ethos* da linguagem franca, do homem simples que diz cruamente a verdade sem artifícios. Em *Os trágicos*, essa figura caminha lado a lado com um certo tom: a verdade é dita num tom "áspero", que se opõe à "loa melosa" (*Príncipes*, 132) do fiador repelente que é o "bajulador", o poeta cortesão, encarnação do *antiethos*. O tom "áspero" implica um caráter e uma corporalidade sociais e intertextualmente estereotipados: o "Bode do deserto" que assina *Os trágicos* é o digno predecessor do semibode que é o Sátiro de Hugo de *A lenda dos séculos*,[239] que lança a verdade brutal na cara da assembleia dos deuses do Olimpo. Tanto em Hugo como em d'Aubigné, a fala desse fiador exerce uma ação física, é força entre as forças do cosmos:

> Empresta-me, verdade, tua funda pastoral
> Para que eu nela ponha a pedra mais reconda
> Que puder escolher, e que esse pedregulho redondo
> Do vice-Golias se engaste na fronte.
> O inimigo morrerá então, pois o medo está morto.
> O tempo aumentou o mal; venho desse modo
> Crescendo com o tempo em estilo e em furor,
> Em idade, em vontade, em atos e coração;
> Pois uma vez que o mundo é áspero em sua malícia.
> Também me faço áspero para lutar contra o vício
> (*Príncipes*, versos 45-54)

---

[239] Première série (1859).

Em *Os trágicos*, essa corporalidade está constantemente associada a certa representação da diferença sexual: a "áspera" palavra de verdade é viril e guerreira; o *ethos* repelente é a palavra contranatural de um homem disfarçado de mulher. O ataque à corte de Henrique III é assim inserido na denúncia da inversão sexual:

> [...] seu queixo melindroso,
> Seu rosto de branco e vermelho empastado,
> Sua cabeça toda empoada mostraram, enrugada,
> No lugar de um Rei, uma prostituta maquiada.
> (*Príncipes*, versos 781-784)

Em contrapartida, sua mãe, Catarina de Médicis, é um homem:

> Mas infeliz daquele que vive escravo infame
> De uma mulher masculina e de um homem mulher!
> (*Príncipes*, versos 759-760)

O *ethos* viril e violento do poeta que não mascara a verdade intervém para restaurar a ordem natural que fora corrompida pelos perseguidores dos protestantes. Só uma palavra viril pode restabelecer a divisão sexual legítima.

Essa caução exigida da autoridade última que é a Natureza vem de uma fala que participa fisicamente do cosmos, que é ela própria fluxo, "humor". O *ethos* meloso do bajulador é puro veneno, pus pernicioso, enquanto fala verdadeira é ácido que dissolve, "furor" do fogo purificador. É, por outro lado, com isso que a obra se inicia:

> Como é necessário atacar as legiões de Roma,
> Os monstros de Itália, será necessário agir como
> Aníbal, que, por fogos de humor amargo regado
> Abriu uma passagem nos Alpes abrasados.
> Minha coragem de fogo, meu humor amargo e forte
> Por entre sete montes abre uma brecha em vez de porta.

Esse *ethos* "áspero" não é uma questão de preferência individual da parte do autor, sendo inseparável de um dado posicionamento. Devemos contrastá-lo com o *ethos* que domina a obra de escritor religioso católico, contemporâneo e vizinho de d'Aubigné, São Francisco de Sales,[240] adversário

---

[240] *Os trágicos* foram publicados em 1616, mas iniciados em 1577. *Vida devota* é de 1609 (edição brasileira: *Filoteia ou introdução à vida devota*, Petrópolis, Vozes, 2002). Em 1620, d'Aubigné refugia-se em Genebra, perto de Annecy, que tem como bispo Francisco de Sales.

dos protestantes que opta resolutamente por um *ethos* de mel. Desde o início de seu grande livro, *Filoteia ou Introdução à vida devota*, ele estabelece uma oposição entre duas corporalidades, associadas a dois fiadores, a da "verdadeira" devoção e a da má devoção: "O mundo, minha cara Filoteia, difama quanto pode a santa devoção, descrevendo as pessoas devotas com uma aparência incômoda, triste e irascível."[241] Ele opõe a isso uma devoção "doce, feliz, amigável":

> Acredite-me, cara Filoteia, a devoção é a doçura das doçuras e a rainha das virtudes, pois é a perfeição da caridade. Se a caridade é um leite, a devoção é sua nata; se é uma planta, a devoção é sua flor.[242]

Uma "doçura" que recusa as reprimendas violentas de que *Os trágicos* parecem a ilustração extrema:

> Deve-se de fato resistir ao mal e reprimir os vícios daqueles de quem estamos encarregados, constantemente e com vigor, mas com doçura e pacificamente. Nada acalma tanto o elefante irritado quanto a visão de um cordeirinho, e nada rompe com tanta facilidade a força do canhoneio quanto a lã [...]. A Esposa, no *Cântico dos Cânticos*, não é apenas o mel em seus lábios e na ponta de sua língua, mas ela o tem ainda sob a língua, ou seja, no peito; e não há apenas mel, mas também leite; porque do mesmo modo não se devem dirigir apenas palavras doces ao próximo, mas também todo o peito...[243]

Essa divergência de *ethos* é acompanhada por uma opção distinta da de *Os trágicos* em matéria de diferença sexual: na cenografia da *Vida devota*, o alocutário é uma jovem mulher e mundana.

Mas *Os trágicos*, assim como a *Vida devota*, inscrevem-se no mesmo cosmos humanista, no qual a palavra, seja doce ou amarga, é um "humor" atuante. Se a enunciação de *Os trágicos* pretende, através de seu *ethos* amargo, dissolver as rochas do mal, São Francisco pretende chegar a isso por meio de uma química verbal bem diferente:

---

[241] Saint François de Sales, *Oeuvres*, Gallimard, "La Pléiade", 1969, p. 34.

[242] *Vie dévote*, p. 36.

[243] *Vie dévote*, p. 153 e 155. Sobre o *ethos* "doce" da corrente humanista devota, ver nosso livro *Sémantique de la polemique*, Laussane, L'Âge d'Homme, 1983.

> O açúcar adoça os frutos pouco maduros e corrige a crueza e o
> excesso dos que estão bem maduros; ora, a devoção é o verdadeiro
> açúcar espiritual, que tira o amargor das mortificações e o excesso
> das consolações.[244]

Na mesma época (1605), o *Dom Quixote*, de Cervantes, recorre à oposição entre Dom Quixote e Sancho Pança para legitimar o fiador do romance. Quando a narrativa começa, vem-nos a voz de um narrador invisível que vai progressivamente se explicitando por meio do contraste implícito desses dois excessos simétricos. De um lado, a corporalidade magra e seca de Dom Quixote, perfeito exemplo do caráter melancólico, nos termos da concepção hipocrática dos humores, então dominante; do outro, Sancho Pança, de patronímico revelador: gordo e terra a terra. A esses dois *ethé* correspondem duas formas do discurso: Dom Quixote é o homem dos períodos longos e das obscuras tiradas dos romances de cavalaria; Sancho é o homem dos provérbios. Mas tanto um como o outro são tomados pela repetição: Dom Quixote repete as frases dos heróis de romances e, Sancho, as sentenças populares. O fiador da enunciação vê-se implicitamente caracterizado como a encarnação da norma a um só tempo linguística e comportamental que se mantêm entre esses dois excessos, uma norma que ele *mostra* através de seu próprio dizer. Seu tom livre, desenvolto, contrasta com a rigidez e o peso dos dois *ethé* que lhe servem de contraste.

O romance de Cervantes opera com dois níveis. Ele conta uma história, mas essa história vem da voz de um fiador que dá corpo a certos valores históricos definidos. O leitor não apenas consome aventuras como *incorpora* apesar de si mesmo valores associados a certas maneiras de se movimentar e de falar em sociedade. A abundância de descrições de vestes vai no mesmo sentido: através dessas avaliações descritivas, o narrador indica quais são as normas em matéria de *ethos* verbal e não verbal. Trata-se de uma manifestação daquilo que dissemos do papel do discurso literário nos séculos anteriores: esse discurso não se restringia a trabalhar o imaginário, dando igualmente corpo a maneiras de dizer e de se comportar em sociedade.

---

[244] Vie dévote, p. 35.

Já vimos essa legitimação oblíqua do fiador mediante o uso de dois contrastes apresentados como excessos simétricos em ação no *Misantropo* (ver p. 168), cujo fiador se mostra por sua enunciação como encarnação de uma norma transgredida tanto por Oronte como por Alceste, respectivamente o homem do soneto galante e o homem da canção popular.

ETHOS, HABITUS, POSICIONAMENTOS

O *ethos* constitui, assim, um articulador de grande polivalência. Recusa toda separação entre o texto e o corpo, mas também entre o mundo representado e a enunciação que o traz: a qualidade do *ethos* remete a um fiador que, através desse *ethos*, proporciona a si mesmo uma identidade em correlação direta com o mundo que lhe cabe fazer surgir. Encontramos aqui o paradoxo de toda cenografia: o fiador que sustenta a enunciação deve a legitimar por meio de seu próprio enunciado seu modo de dizer. Supõe-se que a enunciação da obra representa um mundo de que essa enunciação é na verdade parte: as propriedades "carnais" da enunciação são tomadas da mesma matéria que o mundo por ela representado.

Não se poderia, portanto, estabelecer uma separação entre o *ethos* e o código de linguagem próprio a uma posição no campo literário. O código de linguagem só é eficiente quando associado ao *ethos* que lhe corresponde. Não surpreende serem a ele atribuídos também uma corporalidade e um caráter. É o que ocorre quando o Padre Bouhours, em *Entretiens d'Ariste et d'Eugène* [Entrevistas de Aristo e Eugênio] (1671), descreve a língua francesa da gente de bem e do uso correto:

> É recatada, mas de um recato agradável que, tão sensata e modesta que ela é, nada tem de rude nem de selvagem.[245]

O código de linguagem é representado aqui por meio da corporalidade e do caráter de uma mulher da sociedade, ou seja, de uma pessoa que "incorpora" as qualidades associadas àqueles que se supõe falar esse bom

---

[245] II\u1d49 entretien, Paris, S. Mabre-Cramoisy, 1671, p. 42.

francês que a obra de Bouhours ao mesmo tempo defende e mobiliza em sua enunciação. Convencer de que essa língua "de bem" é fundada adequadamente é, num mesmo movimento, legitimar o fiador, prescrever aos leitores certa política da voz, do corpo e reuni-los imaginariamente no compartilhamento do *ethos* ligado a esse código de linguagem.

Esse estreito vínculo entre uma disciplina do corpo mundano e de um modo de dizer também está presente num contemporâneo de Bouhours, o padre Rapin, que recorre à noção de "ar" para designar o estilo de um escritor. Ora, "ar" não era na época um termo reservado à crítica literária, e, em vez disso, permite caracterizar uma maneira de se movimentar e de se vestir, ou, de modo mais amplo, um modo de vida, o "reflexo exterior de uma realidade interior, a imagem que se dá de si a outrem".[246] O escritor e o homem do mundo são assim remetidos ao mesmo modelo, o de bom dançarino, daquele que "tem o ar da corte":

> *Ar* tem tudo a ver com o bom uso. Ele tem o *ar* de um homem de qualidade, um *ar* nobre [...], veste-se, dança como se no *ar*, há em suas obras um *ar* de polidez que o distingue sobremaneira dos outros: pelo *ar* que assume, ele terá êxito. Os colarinhos pregueados, as golas altas e as anquinhas não voltaram [...] porque são contrários a esse *ar* livre, limpo e galante com que há anos nos trajamos. Diga-se ainda, no que se refere à língua, que o bilioso [*nerveze*], a algaravia [*galimatias*] e o empolado [*phoebus*] não voltarão, pelo simples motivo de que não há nada mais oposto a esse *ar* fácil, natural e razoável que é o caráter de nossa nação e como a alma de nossa língua.[247]

Diferentemente da estética romântica, que tende a apreender o estilo como escrita autárquica, a crítica clássica, ao referir-se a "ar", recusa-se a separar a obra literária das normas que regem os comportamentos em sociedade. Encontramos hoje essa polivalência num termo como "estilo", que vale tanto para o estilo de Proust como para um estilo de vida ou um estilo de vestuário.

---

[246] F. Berlan, "Étude contextuelle du mot style et de ses substituts dans les *Réflexions sur la poétique du Père Rapin*", in *Rhétorique et discours critiques*, Presses de l'École Normale Supérieure, 1989, p. 98.

[247] *Les Entretiens d'Ariste et d'Eugène*, IIe entretien. Citado por F. Berlan, art. cit., p. 101. Grifo do padre Rapin.

Apesar de semelhanças aparentes, o *ethos* "doce" de Francisco de Sales, por exemplo, participa de um mundo diferente do da recusa do "rude" e do "selvagem" preconizada pelo padre Bouhours ou pelo padre Rapin. O primeiro se acha inserido no cosmos do Renascimento; o segundo não se baseia no mundo natural, mas nos códigos de conveniência de uma elite.

Através dos conflitos entre posicionamentos, percebem-se assim divergências entre construções distintas da corporalidade e do caráter. Um certo romantismo se mostra inseparável de uma corporalidade pálida, esguia, na qual o ser oscila entre a paixão e a atonia melancólica. As *Meditações poéticas* (1820) de Lamartine, por exemplo, implicam uma palavra murmurada de si para si, que se afasta do ideal da conversação:

> Morro: e minha alma, no momento em que expira,
> Exala como um som triste e melodioso.
> ("O outono", *Meditação* XXIII)

O "som triste e melodioso" de uma exalação final caracteriza bem o tom de uma fala suspensa entre vida e morte, a corporalidade de um ser cansado, de pele tão branca quanto a voz, que segue "num passo sonhador a trilha solitária", detendo-se para contemplar a paisagem ao longe. O enorme sucesso que tiveram os poemas de Lamartine não pode ser explicado sem essa conformidade estreita entre um modo de dizer e um modo de se inscrever carnalmente no mundo. Aqui, a condição doentia do poeta não é apenas a representação de uma doença independente da literatura, mas o instala no imaginário e nos comportamentos coletivos ao dar um corpo à paratopia do artista.

O *ethos* parece indissociável de uma "arte de viver", de uma "maneira global de agir", daquilo que um sociólogo como Pierre Bourdieu denomina de *habitus*:

> Os condicionamentos associados a uma classe particular de condições de existência produzem *habitus*, sistemas de *disposições* duradouras e transponíveis [...], princípios geradores e organizadores de práticas e representações que podem ser objetivamente adaptados à sua meta sem supor o desígnio consciente de fins e o domínio proposital das operações necessárias para atingi-los.[248]

---

[248] P. Bourdieu, *Le sens pratique*, Paris, Minuit, 1980, p. 88. Grifo de Bourdieu.

Bourdieu acentua que o uso mais comum da palavra é igualmente "uma técnica do corpo, e a competência propriamente linguística, e de modo especial fonológica, é uma dimensão da *héxis* [disposição] corporal em que se exprime toda a relação com o mundo social". Desse modo, "o estilo articulatório das classes populares" seria "inseparável de toda uma relação com o corpo dominada pela recusa das 'afetações' ou dos 'fricotes' e pela valorização da virilidade".[249] Também nos textos literários trata-se de compreender como pode ocorrer através da linguagem uma participação nos sentidos sociais, como se podem fixar "montagens duradouras e subtraídas das tomadas de consciência":[250]

> O corpo acredita no que está desempenhando... ele não representa o papel que está desempenhando, não memoriza o passado, ele *age* o passado, assim anulado enquanto tal, revive-o. O que é aprendido pelo corpo não é algo que se tem, como um saber que é possível manter diante de si, mas algo que se é.[251]

Coexistem na sociedade, de modo mais ou menos conflituoso, certo número de *habitus* ligados ao exercício do discurso em certos lugares. É através deles que as obras com frequência instauram sua cenografia. É esse o caso das *Fábulas*, de La Fontaine, ou dos *Contos*, de Voltaire, cujo vínculo com a mundanidade é conhecido. No polo oposto, o *ethos* "furioso" de um d'Aubigné se alimenta da recusa do *habitus* dos cortesãos e dos gêneros literários que se desenvolvem em sua órbita. Podemos até ligar o *ethos* do *Sobrinho de Rameau* a um conflito com os *habitus* do ar da corte:

> Transgressão calculada ou excesso espontâneo, as gesticulações indecentes de Rameau são contravenções às instruções de civilidade que organizam o "habitus" da corte (como beber, mastigar, tossir ou assoar o nariz).[252]

Num registro bem distinto, a enunciação romanesca de Zola é sustentada pelo *habitus* do cientista tal como difundido no final do século XIX: grave,

---

[249] "L'économie des échanges linguistiques", in *Langue française*, n. 34, 1977, p. 31.

[250] *Le sens pratique*, pp. 33-34.

[251] *Le sens pratique*, p. 123.

[252] Éric Walter, "Les 'intellectuels du ruisseau' et Le neveu de Rameau", *Cahiers textuel*, n. 11, 1992, Université de Paris VII, p. 55.

imparcial, apaixonadamente devotado à razão, sabe observar metodicamente as doenças da sociedade. O ciclo de *Os Rougon-Macquart* se encerra significativamente com a figura do doutor Pascal, apresentado como *alter ego* do romancista, que se debruça com heroica neutralidade sobre as taras de sua própria família. Ocorre uma confusão entre dossiês científicos da personagem do médico que estuda os Rougon-Macquart e os dossiês do romancista naturalista que escreve *Os Rougon-Macquart*:

> Nessa prateleira alta, toda uma série de dossiês enormes alinhava-se em ordem, classificados metodicamente. Eram diversos documentos, folhas manuscritas, ofícios em papel timbrado, recortes de artigos de jornal, organizados em pastas de papel azul grosso, cada uma com um nome escrito em letras grandes.[253]

Há, igualmente, uma confusão entre as convicções do cientista e as do escritor:

> Creio que o futuro da humanidade reside no progresso da razão através da ciência. Creio que a busca da verdade pela ciência é o ideal divino que o homem deve se propor.[254]

Uma relação complicada

Uma vez que é somente uma das dimensões da cenografia, o *ethos* está sujeito às mesmas coerções que ela. Nesse sentido, o *ethos* da obra literária não pode reduzir-se à projeção de categorias sociolinguísticas. A literatura emprega essas categorias em função de sua economia própria, apoia-se nelas para excedê-las. Algumas obras empregam o relacionamento de diversos *ethé*. Lembramos do código de linguagem de Céline, que, em *Viagem ao fim da noite*, causa um entrechoque entre a narração romanesca clássica e o *ethos* popular, liberando, assim, uma corporalidade e um caráter que não se podem encerrar na plenitude de uma natureza. Essa enunciação em desequilíbrio permanente, na qual se misturam sem transição um

---

[253] *Le Docteur Pascal*, cap. 1. Livre de Poche, p. 12.

[254] Op. cit., p. 66.

dizer julgado popular e marcas de pertencimento à narração literária, é relatada na história através do par inseparável Bardamu-Robinson, o médico errante e pobre e o homem do povo. Assim como eles, o fiador dessa cenografia sempre aparece dividido, apartado de si mesmo. Diante da impossibilidade de encontrar um lugar para si, não lhe resta outra saída além da fuga indefinida.

Pode ocorrer ainda de o *ethos* ter uma existência puramente intertextual:

> Não é bom que o homem se recorde a todo instante de que é homem. Debruçar-se sobre si mesmo já é prejudicial; debruçar-se sobre a espécie, com o zelo de um obcecado, é ainda pior: é emprestar às misérias arbitrárias da introspecção um fundamento objetivo e uma justificação filosófica.[255]

Nas primeiras linhas de *La chute dans le temps* [A queda no tempo], de Cioran, mostra-se um *ethos* de moralista clássico associado de maneira privilegiada à máxima. Nesse caso, o mundo ético que a leitura ativa não corresponde a um universo de comportamento socialmente identificável, mas a uma postura de escrita associada a uma corrente da tradição literária. Isso não é sem consequências quanto à relação com o leitor: num texto desse tipo, o público não é um dado sociologicamente delimitável, um [público-] "alvo", sendo de certa maneira instituído pela própria cena de enunciação. A enunciação trabalha com o *ethos* no qual se apoia; é naturalmente o *ethos* do moralista clássico que se vê mobilizado, mas uma leitura atenta revela ser ele radicalmente extemporâneo, apartado de toda sociabilidade. Enquanto o mundo ético que um texto publicitário ativa é concebido para produzir um reconhecimento imediato, o *ethos* da obra de Cioran só pode ser de fato apreendido mediante a própria leitura do texto, através da progressiva entrada no universo que este configura. E isso pode redundar em fracasso. Reencontramos aqui o problema da separação entre o *ethos* que o texto, através de sua enunciação, pretende levar os destinatários a elaborar e o *ethos* que estes vão de fato elaborar em função de sua identidade e das situações nas quais se encontram.

---

[255] *La chute dans le temps*, Paris, Gallimard, 1964, p. 9.

No capítulo sobre os *ethé* discursivos que não permitem estabelecer uma relação direta com um estereótipo social determinado, vamos evocar igualmente o problema que trazem textos que dão a impressão de que "ninguém fala", para retomar a célebre fórmula de Benveniste, ou seja, enunciados que não trazem marcas de subjetividade nem referências dêiticas. Que *ethos* pode ser o de um enunciado (romanesco, mas também jurídico, científico, administrativo...) que não mostra a presença de um enunciador? Na verdade, a omissão do enunciador não impede de caracterizar a fonte enunciativa em termos do *ethos* de um fiador. No caso de textos científicos ou jurídicos, por exemplo, o fiador, para além do ser empírico que produziu materialmente o texto, é uma entidade coletiva (os cientistas, os juristas...), eles mesmos representantes de entidades abstratas (a Ciência, o Direito...) cujos poderes se supõe que cada membro assume ao tomar a palavra. Sendo toda fala socialmente encarnada e avaliada numa sociedade, a fala científica ou jurídica é inseparável de mundos éticos bem caracterizados (cientistas de jalecos brancos em laboratórios imaculados, austeros juízes no recinto do tribunal...) em que o *ethos* assume, a depender do caso, as cores da "neutralidade", da "objetividade", da "imparcialidade" etc. Tratando-se porém de literatura, não podemos fazer a omissão enunciativa corresponder a um estereótipo social estável. Toda omissão desse tipo é remetida a um universo sensível, sendo indissociável do mundo configurado por um certo posicionamento. É esse, por exemplo, o caso da impassibilidade do narrador flaubertiano ou do poeta parnasiano, que, apesar de suas semelhanças, não são interpretados da mesma maneira.

A pretensão de certos textos poéticos (parnasianos ou simbolistas) da segunda metade do século XIX de colocar-se fora de qualquer vocalidade e até fora de qualquer referência a uma fonte enunciativa participa da constituição de um campo literário que se pretende "puro", livre de toda preocupação que não a estética. Nesse caso, a enunciação é o próprio esforço de desarraigamento de qualquer vocalidade. O "desaparecimento elocutório do poeta" com o qual sonha um Mallarmé não é dado, mas conquistado a cada passo de seu texto, confundindo-se com seu empreendimento literário. Pode-se usar de artimanhas com o *ethos*, mas não aboli-lo. O poema mallarmeano, queira ou não o poeta, implica um tom, um caráter, uma corporalidade, por mais evanescentes que sejam. Por mais que o *cisne* [*cygne*] sonhe em ser um *signo* [*signe*], por mais que o fluxo se torne gelo e espelho, a incorporação do fiador é irreprimível:

> Fantasma que a esse lugar seu brilho puro empresta,
> Imobiliza-se à ilusão fria de desprezo
> Que veste em meio ao exílio inútil o Cisne.[256]

O autor de *O universo imaginário de Mallarmé*, Jean-Pierre Richard, vê um "lugar-comum" do simbolismo no cisne, "encarregado de encarnar a castidade, a poesia, o exílio, a melancolia preciosa". Essa "encarnação" é exatamente a do enunciador, desse poeta exilado, melancólico e precioso, fantasmático, enunciador que propicia ele mesmo um rosto à paratopia, que se quer radical, do escritor e da literatura. O cisne de Mallarmé permite até especificar o processo de incorporação do poema pelo leitor: tal como no mito de Leda, a penetração se opera em terna espiral, "a união permanece tão alva, tão imaculada quanto a pluma do próprio pássaro".[257]

O *ANTIETHOS*

O soneto de Verlaine intitulado "O Senhor Prudhomme" (1866),[258] reveste-se de interesse porque traz para o primeiro plano do enunciado *o antiethos*, explorando assim a tensão entre enunciação e mundo representado. Diferentemente da maioria dos poemas da coletânea *Poèmes saturniens* [Poemas saturnais],* esse texto, o primeiro poema publicado de Verlaine, aborda diretamente a própria figura do escritor. Não corresponde à imagem que se costuma ter da poesia verlainiana, mas sua presença nada tem de pitoresco. Através dessa sátira do burguês, exemplificado pelo nome "O Senhor Prudhomme", revelam-se as condições de enunciação desse poema: paratopia, *ethos* e certo posicionamento no campo literário:

---

[256] "Le vierge, le vicace et le bel aujourd'hui...", *Œuvres*, Classiques Garnier, 1992, p. 69.

[257] *L'univers imaginaire de Mallarmé*, Seuil, 1961, p. 255, passim.

[258] Texto publicado sob o pseudônimo de "Pablo" na *Revue du progrès moral littéraire, scientifique et artistique*, dirigida por seu amigo Xavier de Ricard. Matriculado na Faculdade de Direito, Verlaine dedica-se na verdade à poesia, frequentando os poetas e os cafés. Já mais ou menos introduzido no meio jornalístico e literário, ele tem a oportunidade de publicar seu primeiro soneto. No salão da mãe de seu amigo Xavier de Ricard, trava contato com os escritores importantes do decênio 1860-1870: Catulle Mendes, Villiers de L'Isle-Adam, Anatole France e, sobretudo, os parnasianos (Leconte de Lisle, Théodore de Banville, José Maria de Heredia).

* N.E.: O livro citado não foi publicado em língua portuguesa. No entanto, a fim de facilitar a leitura, daqui em diante será citado em português.

Senhor Prudhomme

Ele é sisudo: é prefeito e pai de família.
O falso colarinho cobre sua orelha. Seus olhos
Num sonho sem fim flutuam tranquilos.
A primavera brilha em flor, sobre seu chinelo ela brilha.

Que lhe faz o astro d'ouro, que lhe faz o bel pomar,
Onde a ave canta à sombra; que lhe fez o firmamento,
Os verdejantes pastos, o relvado sem movimento?
O senhor Prudhomme imagina ver a filha no altar

Com o senhor Machin, jovem rapaz abastado.
Centrista, botânico, de ventre bem assentado.
E a fazedores de versos, os ociosos do "belo",

Vadios barbudos, que vivem despenteados,
Tem maior horror que a seu eterno resfriado,
E brilha a primavera em flor, sobre seu chinelo.[259]

A paratopia está inscrita no cerne do enunciado, que fala da recusa pelo poeta de uma dupla inscrição tópica: na árvore genealógica (nada de casamento, nem ascendência nem descendência) e na sociedade (o prefeito é o representante da Lei). Essa dupla recusa se condensa no jogo de palavras ("prefeito e pai de família"*). O poeta que rejeita o casamento recusa-se a se pôr em posição paternal, sendo o mal filho que prefere criar obras de arte. Essa paratopia é ao mesmo tempo a condição e o produto do poema: o primeiro poema publicado pelo poeta debutante serve assim, de modo performativo, como lugar de construção do sujeito que pôde escrevê-lo. Através da denúncia do burguês, o poeta busca confirmar, pela própria enunciação, certa condição de escritor canônico.

O *ethos*, por sua vez, apresenta-se em dois níveis: o do *ethos dito* e o do *ethos mostrado*. O *ethos dito* é o *antiethos* da própria enunciação da coletânea e desse poema. O burguês e seu futuro genro têm uma "corporalidade", um "caráter" e, mais do que isso, um "mundo ético" fundados em disseminados estereótipos da época, indicados pelo nome "Senhor Prudhomme",

---

[259] "Il est grave: il est maire et père de famille./Son faux col engloutit son oreille. Ses yeux/Dans un rêve sans fin flottent insoucieux,/Et le printemps en fleur sur ses pantoufles brille.//Que lui fait l'astre d'or, que lui fait la charmille/Où l'oiseau chante à l'ombre, et que lui font les cieux,/Et les prés verts et les gazons silencieux?/ Monsieur Prudhomme songe à marier sa fille.//Avec monsieur Machin, un jeune homme cossu,/Il est juste-milieu, botaniste et pansu./Quant aux faiseurs de vers, ces vauriens, ces maroufles,//Ces fainéants barbus, mal peignés, il les a/Plus en horreur que son éternel coryza,/Et le printemps en fleur brille sur ses pantoufles.". "Monsieur Prudhomme", in *Oeuvres complètes de Paul Verlaine*, Paris, Vanier, 1902, vol. 1, p. 44.

* N.T.: Em *maire et père de famille*, *maire* lembra *mère*, "mãe", cujo som se assemelha ao de *père*.

O ethos

personagem literária que se tornou o arquétipo do burguês. Esboça-se nas entrelinhas a corporalidade, o caráter e o mundo ético do verdadeiro artista: magro, idealista, boêmio... O escritor autêntico mostra implicitamente qual é o _ethos_ legítimo do poeta: não barrigudo, sem chinelo nem falso colarinho. Este último é, por outro lado, representado indiretamente através da caricatura que dele faz o burguês: "Vadios barbudos, que vivem despenteados". O _ethos mostrado_, o do próprio soneto, implica uma tensão entre a impassibilidade, a preocupação de perfeição formal associada ao soneto regular e o extremo investimento subjetivo que a caricatura implica. Essa tensão entre impassibilidade e agressividade, esse _ethos_ instável, converge com a paratopia que constitui o eixo do poema: o poeta é ao mesmo tempo aquele que se debate no mundo tópico e aquele que pretende viver no mundo autônomo da arte.

Essa enunciação realiza também um trabalho de posicionamento. O poema luta em duas frentes: põe na cabeça do burguês uma representação estereotipada da poesia (que celebra "o astro d'ouro" e o "bel pomar"), mas não o faz para assumi-la, pois o soneto mostra, de modo performativo, que o poeta não se define dessa maneira. Fica assim nas entrelinhas o posicionamento exato de Verlaine; o leitor do poema vê-se diante de um duplo gesto de desprezo: desprezo pelo mundo burguês, que funda a condição do artista legítimo, e desprezo pelo lirismo romântico, que o próprio poema atesta. É significativo o fato de o posicionamento que o autor reivindica permanecer indeterminado, pois no momento em que publica o poema ele se acha sob diversas influências. Essa indecisão está presente em outros textos do conjunto da coletânea dos _Poemas saturnais_, em que há textos de inspiração baudelairiana, textos parnasianos ("_Savitri_",* "César Bórgia", "A morte de Filipe II"...) e textos outros que, retrospectivamente, nos parecem parte da estética propriamente verlainiana (em especial as séries "Paisagens tristes" e "Festas galantes").

A INCORPORAÇÃO TEXTUAL

A "incorporação" que o _ethos_ convoca desenvolve a si mesma a partir de uma corporalidade tão evidente que corremos o risco de esquecê-la: a do texto. A obra não é apenas um certo modo de enunciação, constituindo ainda

---

* N.T.: Saviti e seu esposo Satyavan são os protagonistas de uma das narrativas clássicas do _Mahabharata_.

Discurso literário

uma totalidade material que, enquanto tal, é objeto de um investimento pelo imaginário. De modo particular, toda obra implica uma divisão específica (em partes, capítulos, estrofes...) que não é independente da cenografia e do conteúdo das obras.

É a propósito um dos clichês mais velhos da retórica aquele que consiste em assimilar o texto a um corpo, a conferir a um *logos* particular uma cabeça ou pés, um lugar-comum lembrado por Platão:

> Ora, ao menos confessarás, creio eu, que um discurso deve ser constituído como um ser vivo, com um corpo que lhe seja próprio, uma cabeça e pés, um meio e extremidades, todas as partes bem proporcionadas entre si e com o conjunto.[260]

Essa "metáfora", ao tornar o texto um ser da natureza bem ou mal nascido, remete o autor a uma paternidade.

Nesse aspecto, as coerções de ordem midiológica desempenham um papel essencial. Vimos que, diferentemente da obra recitada, a obra lida individualmente em forma de códex ou de livro permite oferecer uma percepção panóptica. Ela suscita, com efeito, uma tensão entre a linearidade da leitura e a possibilidade de sobrepor, para confrontá-los, parágrafos, páginas, capítulos, partes. O gênero impõe igualmente suas coerções. A divisão dos *Caracteres* em fragmentos de comprimentos variáveis agrupados de maneira frouxa em torno de algumas rubricas implica um corpo textual submetido aos ritmos da literatura mundana, como na conversação polida, em que é preciso evitar falar por muito tempo, em que se deve variar incessantemente o assunto e seu ângulo de abordagem. Em contrapartida, muitas obras do século XIX voltam a se vincular ao modelo do organismo, figura então dominante da totalização.

Essa "incorporação textual" através da qual o texto integra suas unidades corresponde, portanto, a uma diversidade de recortes discursivos, em função dos gêneros e das posições estéticas. A brevidade dos gêneros mundanos do século XVII (a das cartas, dos improvisos, das máximas etc.) não tem de forma alguma o mesmo valor que a concisão das obras produzidas na mesma época na órbita do jansenismo. Nesse último caso, as obras

---

[260] *Phèdre*, 264-c, trad. E. Chambry, Garnier-Flamarion, 1964.

288

O ethos

tendem à fragmentação (_Máximas_, de La Rochefoucauld, _Pensamentos_, de Pascal, _Ensaios de moral_, de Nicole, múltiplas coletâneas de citações ou de reflexões piedosas...). Esse recorte discursivo privilegia a descontinuidade, a concentração na interioridade, a autarquia de unidades textuais que não conseguem se integrar numa totalidade natural, numa ordem visível do mundo. Essa "desordem" corresponde a uma representação do universo então contemporâneo da revolução científica que, arruinando o cosmos tradicional, tornou o mundo infinito, como o comprova a figura emblemática de Pascal, jansenista e cientista confrontado aos "espaços infinitos".[261]

Em contrapartida, a ausência de centro, a organização rapsódica dos _Ensaios_, de Montaigne, não implica uma fragmentação do cosmos nem uma descontinuidade generalizada, mas o percurso de uma natureza contínua cuja desordem aparente oculta uma ordem benfazeja cuja multiplicidade é proporcional à multiplicidade interior do sujeito. Quanto a isso, constata-se ainda uma evolução significativa, pois a passagem do estoicismo do Livro I à sabedoria mais calma do Livro III caminha lado a lado com uma transformação do recorte discursivo:

> Como o corte tão frequente dos capítulos que eu usava no começo me pareceu perturbar a atenção antes de ela ter nascido, e dissolvê-la, desdenhando concentrar-se neles por tão pouco e recolher-se, comecei a fazê-los mais longos, exigindo deles proposição e tempo dedicado.[262]

A reversibilidade entre o universo descrito e a incorporação textual encontra efetivamente seu coroamento nesse Livro III, em que Montaigne tematiza o tempo inteiro a conformidade íntima entre sua enunciação, seu próprio corpo e a doutrina que expõe. É compreensível que essa doutrina só pudesse ser mais bem mostrada através do espetáculo da economia do corpo de seu autor (viagens, doenças...), incorporadas à própria fala que as traz. O discurso dos _Ensaios_ realiza, desse modo, aquilo de que fala, torna-se cosmos à imagem do cosmos no qual emerge e para onde pretende voltar.

---

[261] Sobre a relação entre o pensamento científico e o pensamento religioso de Pascal, ver em particular Michel Serres, _Le système de Leibnitz et ses modèles mathématiques_, Paris, PUF, vol. II, 1968, pp. 647-712.

[262] _Essais_, Livre III, cap. IX, Classiques Garnier, vol. II, 1962, p. 403.

Conclusão

De uma perspectiva da análise do discurso, não mais podemos nos limitar, ao contrário da retórica tradicional, a fazer do *ethos* um "meio" de persuasão, pois ele é parte integrante da cena de enunciação, tanto quanto o vocabulário ou os modos de difusão que o enunciado implica por sua maneira de existência. A problemática do *ethos* impede assim que se reduza a recepção a uma mera decodificação; algo da ordem da experiência sensível se acha envolvido no processo de comunicação verbal. Os enunciados suscitam a adesão do leitor através de um modo de dizer que é igualmente um modo de ser. Capturados pela leitura, pela audição, pelo espetáculo, num *ethos* envolvente e invisível de um fiador, não nos limitamos a decifrar conteúdos, mas também participamos do mundo configurado pela enunciação, obtemos acesso a uma identidade de alguma maneira encarnada. O destinatário é levado a identificar-se com o movimento de um corpo, mesmo que bem esquemático, investido de valores historicamente especificados. Sua adesão ocorre por uma sustentação recíproca entre a cena de enunciação (de que é parte o *ethos*) e o conteúdo apresentado. O destinatário se incorpora a um mundo associado a certo imaginário do corpo, sendo esse mundo configurado por uma enunciação que se realiza a partir desse corpo. Nem por isso se faz do corpo o sentido último da obra, pois as determinações deste são somente uma das condições do funcionamento da obra, um articulador, e não um fundamento.

A duplicidade enunciativa

A reflexividade essencial da enunciação literária faz com que o texto não mostre um mundo como o faria um vidro idealmente transparente cuja existência se pudesse esquecer; o texto só faz isso interpondo tacitamente a cena de enunciação, que, por sua vez, não pode ser totalmente representada mesmo em tentativas tão radicais de tornar o enunciado e a enunciação espelhos um do outro quanto as de Mallarmé. A obra literária tem a seu cargo não apenas construir um mundo, mas também gerir a relação entre esse mundo e o evento enunciativo que o apresenta. Como todo texto que advém de um discurso constituinte, a obra tematiza, ora de maneira oblíqua, ora de maneira direta, suas próprias condições de possibilidade. Evidenciar essa "duplicidade" constitutiva não é mostrar alguma coisa fora do comum, mas identificar a mancha cega* que torna possível a obra.

Dizer sobre o dizer

De modo geral, não se presta atenção ao que uma enunciação mostra implicitamente: que é um ato de comunicação, que este último constitui uma afirmação, uma promessa, uma ordem..., mas também que o locutor respeita as regras do discurso (que ele está sendo sincero, que seu enunciado é dotado de sentido etc.). Só se presta atenção quando aparece uma tensão,

---

* N.T.: Mancha cega é termo técnico. Designa qualquer parte do campo de visão normal em que a pessoa enxerga uma mancha escura que na verdade não existe.

quando, de alguma maneira, a moldura irrompe no quadro. Quando, por exemplo, se declara, "Sou modesto", abre-se uma discordância entre o enunciado e o ato de enunciação: o fato de se dizer modesto não constitui um ato de modéstia, manifestando-se então um paradoxo pragmático, isto é, uma proposição que é contraditada por aquilo que sua enunciação mostra. Esse tipo de paradoxo pode resultar de incompatibilidades muito diversas entre o enunciado e as condições (materiais, psicológicas, sociológicas) vinculadas à sua enunciação. Tal seria o caso, por exemplo, de uma obra cujo enunciado recusasse a validade da literatura.

Mesmo nos casos de contradição manifesta entre o enunciado e seu quadro enunciativo, é muito difícil estabelecer uma tipologia desses fenômenos, pois são múltiplos os fatores a serem considerados. Qualquer elemento do quadro enunciativo mostrado pela enunciação da obra pode entrar em conflito com o enunciado: o fato de se tratar de uma enunciação verbal, de uma obra de arte, de um enunciado literário, de uma enunciação advinda de um certo gênero ou de um certo posicionamento, de uma enunciação realizada num certo momento e num certo lugar etc.

Na maioria das vezes, a confusão dos níveis só desestabiliza o texto se o leitor fizer ele mesmo o esforço de relacionar enunciado e enunciação. É o que ocorre neste fragmento dos *Ensaios*:

> Há mais esforço de interpretar as interpretações do que de interpretar as coisas, e há mais livros sobre os livros do que sobre outro assunto: só fazemos nos entreglosar. Tudo está cheio de comentários; de autores, há grande carência. O principal e o mais glorioso saber de nossos séculos não é saber ouvir os sábios? Não é esta a finalidade comum e derradeira de todos os estudos? Nossas opiniões enxertam-se umas nas outras. A primeira serve de tronco para a segunda, a segunda para a terceira. Escalamos assim de um nível para outro. E ocorre que aquele que subiu mais alto muitas vezes tem mais honra do que mérito; pois só subiu um mínimo nos ombros do penúltimo.[263]

À primeira vista, esse texto não parece colocar problemas. Mas, caso o remetamos à enunciação que o traz, temos grandes dificuldades: como

---

[263] Livre III, cap. XIII, Classiques Garnier, 1962, pp. 520-521.

situá-lo (e, além disso, como situar o conjunto dos *Ensaios*?) em relação aos livros e autores que "se entreglosam"? Será que o fato de dizer que existe grande carência de autores classifica Montaigne *ipso facto* entre os verdadeiros autores, justamente porque os *Ensaios* se apresentam como uma imensa glosa, um percurso de citações? Será que Montaigne pelo menos "subiu um mínimo nos ombros" dos outros, ou se colocou como exceção à lei comum pela denúncia das glosas? Essa indefinição cabe bem numa obra cujo autor faz de "O que sei?" uma de suas divisas: uma divisa que só "coloca" a si mesma entre aspas, suspensa entre asserção e interrogação.

O caso mais simples de reflexividade é o de textos como "O poder das fábulas", de La Fontaine (*Fábulas*, VIII, 4), que imita Esopo e trata explicitamente de seu próprio gênero, mas precisamente dos efeitos pragmáticos (do "poder") vinculados à fábula tal como a pratica La Fontaine nessa coletânea. Dificilmente poderíamos ler esse apólogo sem aplicá-lo a seu próprio quadro, porque o que é dito nele incide precisamente sobre a enunciação desse dito. De modo performativo, a obra atesta aí o que ela mesma diz. Ao agir assim, o autor corre riscos: se sua fábula "O poder das fábulas" não tiver poder, se não seduzir o leitor, a tese que ele defende e que o legitima será invalidada.

Noutro texto da mesma coletânea, "As exéquias da leoa" (VIII, 14),[264] a reflexividade tem consequências totalmente distintas, pois coloca em risco, além do enunciador, "a pessoa".

Essa fábula conta como o cervo escapa à condenação à morte pelo rei inventando para este uma ficção poética que o engana. Só quando lemos a moral da história percebemos o encaixe dos níveis do enunciado e da enunciação. Essa moral traz, na verdade, um juízo sobre a história do cervo e do leão que leva o leitor a compreender que talvez seja a própria enunciação da fábula "As exéquias da leoa" que se acha representada nessa história:

> Diverti os reis com sonhos.
> Lisonjeai-os, pagai-os com mentiras agradáveis:
> Seja qual for a indignação que toma seu íntimo,
> Eles morderão a isca, sereis amigo deles.

---

[264] Que já examinamos em *Pragmatique pour le discours littéraire* (cap. 8) (edição brasileira: *Pragmática para o discurso literário*, São Paulo, Martins Fontes, 1996).

Se interpretarmos o cervo como o porta-voz do fabulista, se fizermos o ato de enunciação entrar no enunciado, então a fábula se torna um ataque violento ao rei. Mas para isso é preciso que a fábula que estamos lendo seja uma "mentira agradável" dirigida ao rei. Como resolver essa questão?

Poderíamos fazer observações do mesmo tipo sobre inúmeras fábulas cuja moral convida a repor o enunciado em seu contexto enunciativo. É o caso de "A corte do leão" (VII, 8) ou "O homem e a cobra" (X, 1). A primeira termina com os seguintes versos:

> Não sejais na corte, se quiserdes agradar.
> Nem adulador insosso, nem falador sincero demais;
> E tratai às vezes de *responder ambiguamente*.

A segunda com estes:

> Assim é costume entre os poderosos:
> Se a razão os ofende, põem na cabeça
> Que tudo nasceu para eles, quadrúpedes, pessoas,
>   E serpentes.
> Se alguém abre a boca,
> É um tolo. – Concordo; mas então o que se deve fazer?
>   *Falar de longe ou então se calar.*[265]

Considerando as duas morais, o leitor é obrigado a se perguntar se é "ambiguamente" ou "de longe" que fala o autor das fábulas que está em vias de ler, interrogação para a qual não consegue encontrar resposta satisfatória. Suponhamos de fato que as Fábulas, através dos desvios que fazem para criticar o rei, revelem ambiguidade; só o fato de dizê-lo explicitamente não eliminaria seu caráter ambíguo? Quanto à moral de "O homem e a cobra", essa fábula fala ou não "de longe"? Ao dizer que fala de longe, na verdade fala "de perto", realizando exatamente o contrário do que prescreve. A menos que a literatura enquanto tal não possa ser, em caso algum, uma palavra direta. Mas também nesse caso, quem poderia resolver?

Evidentemente, o autor das *Fábulas* procede com cautela; ele enuncia num limite, através de "ficções" que ameaçam incessantemente se abolir como tais. Como Esopo, o escravo que diz a verdade aos poderosos, ele usa

---

[265] O grifo é nosso.

a ambivalência inquietante da palavra, ao mesmo tempo a melhor e a pior coisa do mundo. Suas fábulas são oferecidas aos poderosos, mas o *presente* pode também aparecer como um *veneno*. O autor é o parasita que, tal como a cobra de sua fábula, morde os poderosos que o mantêm, denunciando-os como os verdadeiros parasitas. O fabulista possui os ardis, as sinuosidades, as contorções da serpente, que enuncia no tênue intervalo entre sua condenação à morte e a execução da sentença:

> Mas acho bom que com franqueza,
> Ao morrer eu ao menos te diga
> Que o símbolo dos ingratos
> Não é a serpente, é o homem.

O POETA E O REI

Por definição, o fabulista coloca-se no nível enunciativo mais elevado, acima de todas as suas personagens: ele é responsável pela moral, que imprime assim um sentido à narrativa. Ele detém necessariamente a última palavra. Uma fábula que denuncia o poder político reverte inevitavelmente em afirmação do próprio poder da fábula que denuncia. Vemos bem isso numa das fábulas mais emblemáticas, "O lobo e o cordeiro" (I, X), que se inicia com a cruel moral:

> A razão do mais forte é sempre a melhor.

Vá lá. Mas qual é o estatuto da "razão" suplementar que a própria enunciação dessa fábula constitui (inclusive sua moral), a "razão" que tem justamente o poder de denunciar na morada dos próprios poderosos a "razão" errada destes? O eixo da fábula não é tanto a razão do mais forte quanto a relação entre duas forças: a da fala do poderoso encenada na história e a da fala do escritor. Por mais forte que o forte seja, a força de seu verbo deve medir-se com a do fabulista que lhe dá a palavra. De maneiras diferentes, tanto o rei como o escritor sustentam discursos sem réplica.

Em "Os animais doentes de peste" (VII, I), o conjunto da hierarquia social nos é apresentado em termos de seu elemento máximo (o leão) e de seu elemento mínimo (o asno). O rei fala primeiro; o jumento por último. Ou quase por último. Porque a moral está bem no final, depois do discurso do asno:

> Dependendo de se sois poderoso ou miserável,
> Os julgamentos da corte vos tornam branco ou preto.

Aparentemente, a injustiça triunfa. Todavia, como em "O lobo e o cordeiro", é o fabulista quem tem a última palavra. A moral vem enunciar um julgamento sobre os julgamentos iníquos das cortes de justiça, fazer da fábula uma espécie de julgamento em última instância, que extrai toda a sua força de sua constatação de impotência. A moldura enunciativa vem contestar o quadro.

Por mais que se represente sob um ângulo obscuro ou sob algum rosto fictício, o escritor é pego no campo de forças que mostra. Também possui um lugar na corte, mesmo que seja paratópico. Mas é precisamente essa paratopia que o coloca numa semelhança perturbadora com o rei e com o asno. Aquele que fala por último, depois do asno ou do cordeiro, no nível mais baixo, encontra-se igualmente situado no mais elevado, acima do próprio leão. Escrever na corte e sobre a corte, querendo-se ou não, é rivalizar com o rei. Há aí uma questão de estrutura. O rei, enquanto tal, ocupa uma posição comparável à do escritor. Colocado ao mesmo tempo dentro e fora do espaço social, só tem de prestar contas a Deus. Assim como o escritor, ele excede a corte, está nela sem nela estar. Os dois *representam*, porém de maneiras diferentes, o corpo social que delimitam: o rei é seu representante e o escritor dele propõe uma representação. O rei espera do artista que transforme seu reino em monumento, enquanto o artista sonha em ter acesso a uma realeza por seu monumento literário. Para ser um grande rei, é necessário suscitar grandes obras; para fazer uma obra, é preciso saber denunciar o rei. O páreo não pode deixar de ser duro.

É uma sutil simetria entre os extremos, entre o bobo da corte e o rei, entre o contista de palavras vãs e aquele que está na origem da Lei. Os dois vivem de signos; são, pela graça de Deus, mediadores entre a sociedade e as forças transcendentes. Detêm uma fala criadora de realidade: o monarca profere a Lei, o escritor cria ficções que concorrem com o mundo em que o monarca reina. Mas enquanto o julgamento real decide, a enunciação do escritor trama, tece, sujeita a violência entre as malhas de seu texto: o "julgamento" em última instância, a melhor "razão", é a enunciação sedutora da fábula. Aos enunciados decisivos do leão que ordena a morte ("...Vinde, lobos/Vingai a rainha, imolai todos/Este traidor com suas manes augustas") se opõem vitoriosamente as "mentiras agradáveis" do cervo fabulador.

Essa semelhança entre aquele que detém as palavras do poder e aquele que sabe usar o poder das palavras é bem marcada na ambivalência dos embreantes paratópicos arquetípicos que são a figura do bode expiatório e a do pária que pode se tornar rei. Para recuperar seu trono, Ulisses finge-se de mendigo em seu próprio palácio ou de aedo no do rei dos feácios – uma ambivalência bem conhecida do *sacer* latino, ao mesmo tempo "sagrado" e "maldito":

> Toda palavra que designa o limite divisório entre dois campos é uma palavra "desdobrada". Um limite pode ser abordado de um lado ou do outro, e por menos que os dois lados sejam concebidos como opostos, a possibilidade dupla se realizará em *Gegensinn* ("sentido contrário"). Encontram-se nas línguas notáveis exemplos disso. Assim, o nome indo-europeu da mulher se especializou no domínio do inglês de modo a significar a mulher, a que constitui o limite para o conjunto das mulheres na sociedade: *queen* significa em inglês medieval [1100-1500] tanto "rainha" como "prostituta".[266]

O asno é um rei potencial, hóspede que pode se transformar em seu próprio anfitrião, parasita que pode ocupar o trono do senhor.

O QUADRO DO FRACASSO

A coletânea das *Fábulas* inicia-se com "A cigarra e a formiga", em que nos é contada a triste condição do poeta parasita, que canta em vez de exercer um ofício respeitável, de poupar, de prolongar sua linhagem. Essa condição é, porém, precisamente a do autor: para poder escrever as *Fábulas*, é preciso levar uma vida de cigarra. Mas com a esperança de, caso a obra alcance sucesso, escapar ao cruel destino do inseto. Em vez de cantar em vão, o autor pretende escrever, constituir uma obra duradoura. Na condição

---

[266] J.-C. Milner, "Sens opposés et noms indiscernables: K. Abel comme refoulé d'É. Benveniste", in *La linguistique fantastique*, S. Auroux et al. (orgs.), Paris, Clims-Denoël, 1985, p. 318.

de formiga mais sutil do que as formigas comuns, terá feito frutificar um capital subtraído às vicissitudes dos tempos. Para produzir suas *Fábulas*, o autor é assim obrigado a ser ao mesmo tempo formiga e cigarra, a jogar a formiga contra a cigarra e a cigarra contra a formiga. Mais ardiloso do que a formiga, que poupa cada moeda para comprar títulos ou feudos, ele constrói sua morada sobre a glória literária. A razão do mais fraco às vezes pode ser a melhor no caso improvável de a obra revelar-se uma obra-prima.

É colocando-se no limite, explorando os círculos nos quais sua enunciação está enredada, que o autor conjura o espectro do fracasso. Ao começar seu livro por "A cigarra e a formiga", mostra os perigos de sua enunciação através de uma atividade de cigarra, a escrita fabuladora. Aposta transformar em triunfo o espetáculo da miséria dos poetas.

Reencontramos aqui os paradoxos de que se alimenta a relação do criador com a mulher fatal e com a figura paterna (ver capítulo "A embreagem paratópica", seção "A obra e a mulher fatal"). Não surpreende que o autor de *Nana*, Zola, também seja autor do romance *A obra*, em que a tensão entre fracasso dito e sucesso mostrado na enunciação pode se transferir para o próprio cerne do processo criador, por pouco que a obra estabeleça o quadro da impotência do artista.

Nesse romance, Zola traz à cena o fracasso de um pintor, Claude Lantier, que acaba se enforcando diante de um quadro que não consegue terminar, "A mulher com o sexo florido por uma rosa mística".[267] A marcha da personagem para a morte é inseparável da vitória do autor do livro, que mostra paradoxalmente seu poder sobre o cadáver do artista fracassado. Essa duplicidade da enunciação é, além disso, tematizada na própria intriga, pois a história inclui um personagem que é o duplo de Zola, o romancista naturalista Sandoz, que alcança a glória enquanto o pintor decai:

> O grande trabalho de sua vida avançava, uma série de romances, volumes que lançava um após o outro com resolução obstinada e regular, caminhando rumo à meta que se propusera, sem se deixar vencer por coisa alguma, obstáculos, injúrias, fadigas.[268]

---

[267] Livre de Poche, 1985, p. 422.

[268] Op. cit., p. 388.

Com efeito, o eixo da narrativa não é a relação entre o autor e Claude, mas entre o autor e o par formado por Claude e Sandoz; a criação bem-sucedida é passagem pela morte, peleja com a impotência, o recalque, a renúncia à vida.

Podemos comparar a relação entre Claude e o autor de *A obra* com a relação entre Frédéric Moreau e o autor de *A educação sentimental*, Gustave Flaubert. Para Pierre Bourdieu,

> Onde se veem habitualmente uma dessas projeções complacentes e ingênuas do gênero autobiográfico, deve-se ver na verdade um empreendimento de *objetivação de si*, de autoanálise, de socioanálise. Flaubert separa-se de Frédéric, da indeterminação e da impotência que o definem no próprio ato de escrever a história de Frédéric, cuja impotência se manifesta, entre outras coisas, por sua incapacidade de escrever, de se tornar escritor [...]. O autor de *A educação sentimental* é precisamente aquele que soube converter em projeto artístico a "paixão inativa" de Frédéric.[269]

Essa análise psicológica e sociológica tão correta não deve fazer esquecer o funcionamento discursivo: Flaubert poderia muito bem "se separar de Frédéric" no "próprio ato de escrever" sem que se produzisse em sua obra uma tensão entre o dispositivo enunciativo e a história contada. Ora, *A educação sentimental*, independentemente da existência de Flaubert, é atravessada pela tensão entre o quadro de uma vida de autor fracassado e a moldura de uma narrativa que deve consagrar o êxito de seu autor através dessa própria enunciação.

A IMPOSSÍVEL AUSÊNCIA DAS MUSAS

Zola ou Flaubert oferecem-nos o espetáculo da impotência criadora, mas a tensão entre o dito e o dizer não chega ao paradoxo, pois os artistas fracassados não são os autores das obras que descrevem seu fracasso. Em contrapartida, com o soneto das *Lamentações*, de Du Bellay, "Cansado, onde está agora o desprezo pela fortuna?", pode-se falar de paradoxo. O poeta deplora nele sua esterilidade criadora, concluindo da seguinte maneira:

---

[269] *Les Règles de l'art*, p. 50. Grifos de Bourdieu.

> Agora a fortuna é senhora de mim,
> E meu coração, que ansiava ser senhor de si,
> É servo de mil males e lamentações que me afligem,
>
> Com a posteridade não mais me preocupo,
> E o ardor divino também já não o tenho,
> E as Musas de mim, como estranhas, fogem.

Como são as musas que inspiram os poemas, o quadro enunciativo contradiz manifestamente o enunciado: as musas não "fogem", pois devem estar presentes para inspirar esse poema em que diz que elas fogem... O poema denuncia as lamentações que impedem o autor de construir uma obra, numa coletânea cujo título é precisamente... as *Lamentações*.

Esse jogo com a menção e o uso do termo *lamentações* permite indiretamente revelar o projeto da obra. As *Lamentações* não são apenas o lamento da França, o túmulo das ilusões perdidas, mas igualmente o lamento de não pertencer ao grupo dos "verdadeiros poetas sagrados de Febo" (soneto 4), Horácio, Petrarca ou Ronsard. Du Bellay transforma o veneno em remédio, faz da própria exclusão a condição de um novo posicionamento e de um novo contrato enunciativo. As musas que "fogem" são as de antanho, as de suas ambições poéticas anteriores; as *Lamentações*, em compensação, implicam musas que trazem uma outra inspiração, musas capazes de legitimar a enunciação do autor:

> Contentar-me-ei em simplesmente escrever
> O que somente a paixão me faz dizer,
> Sem buscar alhures mais graves argumentos.
> (Soneto 4)

OS ROMANCES RUINS

Em *A obra* ou *A educação sentimental*, a enunciação implica a própria vida de seu criador, jogando com a relação entre "inscritor", "escritor" e "pessoa". Em contrapartida, num romance como *Madame Bovary*, é a relação com o romanesco que a enunciação deve gerir.

Tende-se a considerar essa narrativa um quadro neutro no âmbito do qual o autor zombaria dos romances ruins com os quais sua heroína, novo Dom Quixote, teria enchido a cabeça, para sua grande desgraça. Na verdade, nesse romance a narração de Flaubert se alimenta de seu confronto permanente com um Outro, o romanesco do qual ele deve se apartar. O leitor não lê apenas a história de Emma, mas também a afirmação reiterada da distância entre esse romanesco ruim e a enunciação do romance que o traz:

> Viam-se apenas amores, amantes, damas perseguidas desmaiando em pavilhões solitários, postilhões que são mortos em todas as paradas, cavalos que são trespassados em todas as páginas, florestas sombrias, problemas do coração, juramentos, soluços, lágrimas e beijos, canoas ao luar, rouxinóis nos bosques, senhores valentes como leões, doces como cordeiros, virtuosos como não se é, sempre bem vestidos, e que vertem lágrimas como fontes.

Com sua ironia, seus cortes secos, sua justaposição heteróclita, o romance de Flaubert mostra em seu próprio dizer sua rejeição por esse tipo de literatura de "canoas ao luar".

Madame Bovary é sustentado, assim, pela utopia de um romance sem romanesco. Enquanto Emma vive como fracasso mortal a distância entre o romanesco e a "realidade", o texto de Flaubert pretende triunfar explorando essa mesma distância. Zola vê em Flaubert "um narrador que se contenta em dizer o que encontra no cadáver humano"[270] e cuja obra se caracterizaria pela "ausência de todo elemento romanesco". Isso, contudo, só existe se aceitarmos a armadilha da ilusão narrativa: longe de estar "ausente", o romanesco é convocado o tempo inteiro pela voz de um narrador que, através da enunciação, não para de conjurá-lo.

Mas é possível manter desse modo uma perfeita exterioridade entre romance e romanesco? A crermos em seu autor, *Madame Bovary* mostra "a vida", que dizer, não "a vida", mas a vida quando esta não se parece com um romance. Ora, *Madame Bovary* constitui sem dúvida um romance. É possível traçar uma separação entre romance romanesco e romance sem romanesco? As sucessivas decepções de Emma não definem um romanesco às avessas?

---

[270] Zola, *Les romanciers naturalistes*, 1881, citado por R. Debray-Genette, em Flaubert, Paris, Firmin-Didot e M. Didier, 1970, p. 44.

Uma vez que *Madame Bovary* é um romance, a vida de Emma não se torna romanesca? Emma deixa-se seduzir pelos romances "ruins", mas haverá uma sedução romanesca "boa"? *Mutatis mutandis*, vemo-nos na situação do filósofo que emprega todos os recursos da filosofia para mostrar o absurdo que é a filosofia, ou que desenvolve uma nova filosofia para livrar o mundo da filosofia. Ao fazer Emma sair de todo quadro romanesco, *Madame Bovary* desloca também esse romanesco: há nele algo de indecidível que confere a essa enunciação seu caráter necessário.

A MAQUIAGEM DAS PAIXÕES

Se *Madame Bovary* mostra os malefícios do romanesco mediante um romance, o que dizer das peças teatrais que, por meio de todas as seduções da ilusão teatral, pretendem mostrar os danos da sedução e das máscaras enganadoras? A teatralidade literária, pelo próprio quadro que implica, vem solapar as virtudes que se espera que defenda.

Como a teatralidade participa inevitavelmente daquilo que denuncia, como o mal está no próprio remédio, é compreensível que os moralistas mais consequentes tenham condenado toda modalidade de teatro, mesmo aquela que pretende condenar a paixão. Para eles, o movimento da representação estética solapa a denúncia dos simulacros à qual a obra deveria se entregar:

> – Mas por que se é tão atingido a não ser, diz Santo Agostinho, por aí se ver, aí se sentir, a imagem, a atração, o alimento de suas paixões? E isso, diz o mesmo santo, o que mais é senão uma deplorável doença de nosso coração? Vemo-nos a nós mesmos naqueles que nos parecem como transportados por semelhantes objetos; passamos logo a ser atores secretos da tragédia; desempenhamos nela nossa própria paixão.[271]

> – Se considerarmos quase todas as comédias e todos os romances, quase não encontraremos neles nada além de paixões viciosas, embelezadas e coloridas com uma certa maquiagem que as torna agradáveis aos mundanos. Ora, se não é permitido gostar dos vícios, é possível ter prazer com aquilo cujo objetivo é torná-los agradáveis?[272]

---

[271] Bossuet, *Maximes et réflexions sur la comédie*, 1694.

[272] Pierre Nicole, *Essais de morale*, Paris, Desprez, 1714-1715, vol. III, p. 261.

Para os inimigos do teatro, a ambiguidade de *Don Juan* não está apenas na peça, por exemplo, quando as convicções de Sganarelle são ridicularizadas por seu amo, mas no próprio fato de ser uma representação donjuanesca que denuncia o donjuanismo. Daí advém esforço desesperado de certos jansenistas para retirar a Escritura, expressão da lei de Deus, de toda literatura: uma expressão sedutora da palavra divina contradiria a austeridade de seu conteúdo.

Podemos reler "A raposa e o corvo", emblemática das tantas fábulas de sedução escritas por La Fontaine. O discurso sedutor do autor vem confrontar-se com o da raposa: existirá uma boa sedução, a da literatura que, reunindo moral e diversão, teria o papel de denunciar a ruim, a da cortesã? Não seriam todas a mesma, visto que também a obra oferece imagens vãs em troca de riquezas concretas?

Mais uma vez, estamos diante da impossibilidade de separar o quadro de sua moldura. O que é mostrado não é a vida de Emma, as malvadezas de um sedutor sevilhano ou de uma raposa cortesã, mas obras que pertencem a gêneros da literatura: um romance, uma comédia ou uma fábula. Os pertencimentos genéricos dos enunciados não são um invólucro contingente, mas parte integrante da "mensagem". Somos forçados a acreditar que, por ser digno de figurar numa tragédia, o destino de Fedra é assim representado na peça de Racine que traz o título *Fedra*, mas não é menos verdade que esse destino é trágico na medida em que figura numa tragédia... Na peça, só temos acesso à vida de Fedra na medida em que ela é atravessada por seu pertencimento ao ritual literário da tragédia clássica. A obra só mostra a "natureza" mostrando também a janela através da qual a vemos.

O MUNDO DA OBRA

Se a obra deve gerir a relação entre aquilo que diz e o próprio fato de poder dizê-lo, deve ela mostrar um certo mundo e justificar o fato de que esse mundo é compatível com o quadro da enunciação que o mostra dessa maneira.

Quando Lamartine evoca um universo atormentado pela melancolia, ou Baudelaire o conflito entre o *spleen* [tédio] e o ideal, é necessário que eles façam de alguma maneira esse universo coexistir com o fato constituído por seu próprio discurso sobre ele: o mundo desencantado ou presa do *spleen* é também um mundo no qual há, apesar de tudo, lugar para a poesia de

Lamartine ou de Baudelaire, um mundo varado assim pela necessidade de definir um lugar para o discurso que o representa. Uma obra como *Viagem ao fim da noite* mostra um universo de mentira e de incomunicabilidade irremediável no qual não poderia haver lugar para a literatura; forçoso é então gerir o excesso constituído pela própria existência dessa narração romanesca. A *Viagem* o faz ao encerrar-se com um "que não se fale mais nisso": ela pretende colocar-se como a última viagem, a que conduz ao silêncio, como a última narrativa, a que constrói passo a passo a necessidade desse silêncio – depois de sua própria narrativa.

Por mais que privem o mundo de todo sentido, de toda palavra, as obras não podem impedir que a literatura se imiscua nesse quadro de desolação. Longe de ser a última, a *Viagem* é a primeira obra de Céline... O mundo nunca é privado o suficiente de sentido para excluir a obra que diz ser ele privado de sentido. Há uma contradição insuperável entre a presença da obra e as propriedades que ela atribui ao mundo representado. Por mais que seja descrito como absurdo, o universo de *O estrangeiro*, de Camus, está impregnado de todo o aparato discursivo que foi preciso mobilizar para construir seu absurdo. A elaboração estética vem adicionar ao mundo uma obra cuja densidade e cuja necessidade interior suprem e contestam a vacuidade e a contingência supostas. É o que poderíamos chamar de "paradoxo da fênix", paradoxo mediante o qual a obra se engendra através da destruição que pretende instaurar.

Dois sonetos

Antes de chegar ao final deste livro, vamos nos deter mais longamente em dois sonetos da segunda metade do século xix. O primeiro deles, escrito em 1876, é o texto de abertura da coletânea *Les Trophées** [Os troféus], do poeta parnasiano José Maria de Heredia; o outro, de 1870, fecha o segundo "Caderno de Douai", de Rimbaud. Vamos fazer o percurso inverso ao que seguimos até o momento; naquela, apresentamos algumas noções, que ilustramos rapidamente por meio de alusões a eventos, autores e textos. Vamos agora, com efeito, examinar de que maneira são mobilizadas e articuladas as invariantes vinculadas ao exercício do discurso literário, como se imbricam posicionamento e construção de um mundo mediante um movimento enunciativo que pressupõe e valida certa figura paratópica. Longe de reduzir a obra a uma engenhosa organização de temas, é preciso avaliar de que modo o poeta constitui, num sentido quase jurídico, a cena de faça o que lhe confere sentido.

Assim procedendo, temos perfeita consciência de que vamos atravessar de maneira um tanto selvagem a textura e as redes semânticas dos dois poemas. Nossa intenção não é a de acrescentar uma "leitura" a outras, mas apreender o movimento de instauração de um texto que, uma vez apresentado, está fadado a suscitar um número indefinido de "leituras".

---

* N.E.: O livro não foi publicado em língua portuguesa. No entanto, a fim de facilitar a leitura, daqui em diante será citado em português.

Discurso literário

O TEMPLO EM RUÍNAS

Por suas próprias origens aristocráticas,[273] Heredia, a exemplo de outros escritores românticos (Vigny, Chateaubriand, Lamartine...) ou pós-românticos (Barbey d'Aurevilly, Villier de L'Isle-Adam...) dispõe de um potencial paratópico em harmonia com o regime literário vigente no século XIX, em que a exclusão do mundo burguês é fundadora da condição de artista. A isso se adicionam os recursos oferecidos pela figura do fidalgo descendente de conquistadores num mundo dominado pela burguesia, do filho de ilhas longínquas na grande cidade nevoenta, do cubano hispanófono, do especialista em antigos manuscritos perdidos no mundo contemporâneo... Mas esse potencial só se mostra criador se mobilizado no posicionamento parnasiano que o alimenta e que dele se alimenta. Por meio de sua criação, o poeta afasta-se de um mundo industrial repugnante ao mesmo tempo em que legitima e preserva esse afastamento. Por meio de seus poemas, esforça-se por elaborar a identidade de escritor que torna possível sua poesia e que ela torna possível: exilado num mundo prosaico, escreve sonetos monumentais que encenam sua própria separação de um mundo sem monumentos. O devaneio genealógico de quem se julga descendente de conquistadores[274] vem fundar uma identidade de escritor que, em compensação, se valida por meio da construção heroica de poemas que exaltam esses conquistadores.

Eis o texto de José Maria de Heredia que, recordemos, abre sua única coletânea de poemas *Os troféus:* [275]

---

[273] José Maria de Heredia nasceu nas cercanias de Santiago de Cuba, em Cuba, no dia 22 de novembro de 1842, sendo seu pai cubano e sua mãe normanda, numa família de plantadores em boa situação financeira e cultivada. Estudou em Havana e mais tarde em Paris. Em 1861, instala-se definitivamente na França e acompanha cursos na Escola de Chartes, em Paris. Dividido entre suas raízes cubanas e normandas, optou por escrever em francês e começou a compor poemas com forte influência da escola parnasiana. Publicou suas primeiras obras em diversas revistas, como *Parnasse contemporain*, de Leconte de Lisle. Tornou-se depois colaborador das publicações *Revue des Deux Mondes*, *Le Temps* e *Journal des Débats*. Publicou uma tradução do livro espanhol *L'Histoire véridique de la conquête de la Nouvelle Espagne*, de autoria do capitão Bernal Diaz del Castillo (3 volumes, 1877-1878). Em 1893, Heredia reúne n'*Os troféus* 118 sonetos. Foi eleito membro da Academia a 22 de fevereiro de 1894. Faleceu a 2 de outubro de 1905 no castelo de Bourdonné, nas cercanias de Houdan.

[274] Na verdade, o conquistador Pedro de Heredia, celebrado em *Os troféus*, não era antepassado direto do poeta, ainda que seja tratado como tal na coletânea.

[275] *Les Trophées*, publicado em 1893 por Alphonse Lemerre, o editor do Parnasso, reúne textos que apareceram em diversas revistas nos anos 60 do século XIX. Compõe-se de uma série de 118 sonetos, seguidos de dois longos poemas: "Le Romancero", dedicado a El Cid, e "Les Conquérants d'Or", dedicado aos conquistadores espanhóis da América. Essa longa série de sonetos está dividida em cinco grandes partes: "La Grèce et la Sicilie", "Rome et les Barbares", "Le Moyen Âge et la Renaissance", "L'Orient et les Tropiques" e "La Nature et le Rêve".

O esquecimento[276]

O templo está em ruínas no alto do promontório.
E a Morte misturou, nesse terreno avermelhado,
As Deusas de mármore e os Heróis de bronze
Que têm apenas a erva por testemunho da glória.

Só, por vezes, um vaqueiro, aos bois a dessedentar,
Na buzina dentro da qual suspira um refrão antigo,
Que preenche o céu calmo e o horizonte marinho,
No azul infinito vem sua sombra escura apresentar.

A Terra maternal e doce dos Deuses de nunca mais
Faz a cada primavera, com seu tão inútil manto,
No capitel quebrado florescer ainda um acanto;

Mas o Homem indiferente ao sonho dos ancestrais
Escuta sem frêmito, do fundo das noites tranquilas,
O Mar dorido queixar-se com o pranto das Sereias.[277]

Esse poema ocupa uma posição de destaque na coletânea: isolado no começo, precede os quatro ciclos que compõem a primeira parte ("A Grécia e a Sicília"). Essa função de abertura é confirmada pelo fato de o último soneto de *Os troféus* ("Sobre o mármore quebrado") desenvolver exatamente a mesma temática, a dos monumentos antigos invadidos pela natureza selvagem; por outro lado, o primeiro verso de "O esquecimento" e o último de "Sobre o mármore quebrado" se acham em rigorosa correspondência:

---

[276] "O esquecimento" apareceu pela primeira vez em *La Republique des Lettres*, com o título "Na Campanha", sendo republicado com algumas alterações em *Le Temps*. A inscrição desse poema à frente de *Os troféus* se faz acompanhar por uma mudança de título: o prosaico "Na Campanha" cede lugar a "O esquecimento". Um manuscrito de Heredia mostra que esse poema deriva de um verso da elegia latina de Jacopa Sannazaro de título "Ad ruinas Cumarum, urbis vetustissimae" ["Nas ruínas de Cuma, urbe antiquíssima"] de que consta em particular: "...*Distractos et tegit herba Deos* ("E a erva cobre os deuses quebrados"). Como a cidade de Cuma, na Campanha, era considerada a mais antiga colônia grega da Itália, o soneto garante uma ligação entre as duas primeiras partes da coletânea, dedicadas respectivamente à civilização grega e à civilização romana, o que simplesmente confirma seu papel articulador.

[277] "Le temple est en ruine au haut du promontoire./Et la Mort a mêlé, dans ce fauve terrain,/Les Déesses de marbre et les Héros d'airain/Dont l'herbe solitaire ensevelit la gloire.//Seul, parfois, un bouvier menant ses buffles boire,/De sa conque où soupire un antique refrain/Emplissant le ciel calme et l'horizon marin,/Sur l'azur infini dresse sa forme noire.//La Terre maternelle et douce aux anciens Dieux/Fait à chaque printemps, vainement éloquente,/Au chapiteau brisé verdir une autre acanthe;//Mais l'Homme indifférent au rêve des aïeux/Ecoute sans frémir, du fond des nuits sereines,/La Mer qui se lamente en pleurant les sirènes." Usamos duas edições: a de *Les Trophées*, estabelecida por Anny Detalle, Paris, Gallimard (1981) e a das *Oeuvres poétiques complètes*, vol. I, estabelecida por Simone Delary, Paris, Les Belles-Lettres (1984).

Discurso literário

> O templo está em ruínas no alto do promontório [...]
>
> [...] Desse mármore em ruínas se faz um Deus vivo.

O poema está fundado num conflito entre o enunciado e sua enunciação, uma "duplicidade enunciativa" no sentido indicado no capítulo anterior, dizendo de um "esquecimento" que sua própria enunciação contradiz: se "o Homem" é "indiferente ao sonho dos ancestrais", não é esse o caso do enunciador do soneto, que denuncia precisamente essa indiferença. A obra triunfa por meio do próprio fracasso que apresenta, construindo sua unidade mediante o espetáculo da decomposição. O templo inicial em ruínas constitui assim a primeira pedra do templo parnasiano eternamente intacto que devem ser *Os troféus*. O "esquecimento" apresenta a poesia parnasiana, no caso *Os troféus*, como um tentativa de reverter a marcha do tempo, a fim de resistir à dissolução e restituir aquilo que tombou: a *strophe*, ou seja, o retorno, age contra a *catastrophe*, a derrubada (nas primeiras publicações, o verso inicial era "O templo está derrubado no alto do promontório"). A arte aparece aqui como aquilo que *levanta* (aquilo que tanto restaura como restitui) o templo antigo derrubado. A enunciação parnasiana constrói, poema após poema, sua própria necessidade, passando do presente ("está em ruínas") à realização que ocorre nesse presente ("se faz um Deus vivo").

Apreendemos aqui a base do movimento da cenografia. A transformação reparadora que faz passar do primeiro verso da coletânea ao último ("Desse mármore em ruínas se faz um Deus vivo") se justifica pelo encadeamento dos poemas monumentais de *Os troféus*, que só dizem da decadência, do afastamento da origem, por meio de uma encenação heroica do trabalho estético. Esse trabalho é ao mesmo tempo *mostrado* pela impecável confecção dos poemas e *dito* de múltiplas maneiras, por exemplo, através da embreagem paratópica garantida pelos artesãos pacientes e pelos conquistadores cujos empreendimentos são invocados no livro. A parte central da obra, "A Idade Média e a Renascença", divide-se assim em dois conjuntos: a evocação dos artesãos (do verniz, do vitral) e a dos conquistadores, com a figura do ancestral mítico de Heredia, o fundador de Cartagena de Índias.

Na primeira versão, Heredia, como dissemos, escrevera "O templo está derrubado no alto do promontório". A versão final introduz uma diérese em *ruína* [*ruine*]* e um hiato ("no alto" [*au haut*]) tolerado pelas regras da métrica clássica em razão da presença de um "h". Esses dois detalhes da contagem silábica não são independentes, manifestando, um e outro, a vontade parnasiana de impor a rigidez da medida poética às facilidades da pronúncia habitual, de opor-se à mistura de fonemas, precisamente à morte que, no verso seguinte, é apresentada como a força que "mistura". A presença de uma diérese em *ruína* assume sentido aqui: a ruína (d)enunciada é conjurada em sua própria enunciação pela diérese, que separa aquilo que a tendência ao menor esforço produziu no uso. O enfraquecimento, pelo deslizamento à semiconsoante, de uma diferença na combinação sonora é assim anulado pela disciplina de uma contagem silábica que preserva aquilo cujo prestígio só o olho conserva, o que restitui de alguma maneira a palavra a uma integridade primeira.

O hiato de "*au haut*" ["no alto"], comumente considerado uma tolerância da métrica clássica, inscreve-se na mesma lógica. Nesse caso, a tolerância é ostentatória, mostrando que o verso segue suas próprias leis, que diverge do uso comum. Tal como a diérese precedente, ele preserva uma dada integridade: enquanto a pronúncia habitual tende à dissimilação ("*en haut*") ou à confusão dos dois *au*, a enunciação do poeta *mostra* (no sentido pragmático) que ele resiste ao enfraquecimento. O h é mais uma vez usado no terceiro verso para dobrar sem hiato uma mesma vogal "*les Héros d'airain*" ["*os Heróis de bronze*"]. Na versão anterior, Heredia escrevera "*les Tritons d'airain*", e o hiato foi introduzido ao mesmo tempo que o do primeiro verso e que a diérese de *ruína*; vemos aí uma série de transformações coordenadas.

Para alguns, a diérese de *ruína* no hiato de *no alto* seriam exemplos de aberração "que dá à nossa poesia um caráter artificial e a afasta todos os dias cada vez mais da língua real", em vez de "respeitar o máximo possível a pronúncia da língua viva".[278] Isso é, porém, esquecer que as regras da versificação são investidas de maneiras diversas pelos posicionamentos literários: para um posicionamento parnasiano, a grafia não é um "artifício", uma tolerância métrica, mas permite preservar a presença do "Sonho" num mundo moderno destruidor dos deuses.

---

* N.T.: *Diérese* – dissociação, na pronúncia, dos elementos de um ditongo.

[278] Maurice Grammont, *Petit traité de versification française*, Paris, Armand Colin, 1965, p. 19.

O POETA HEROICO

O H dos hiatos dos versos 1 e 3 incide sobre *haut* e *Hérós*, cuja afinidade semântica é evidente. Em contrapartida, o único outro termo dotado de um H inicial não tem hiato: "o Homem" do verso 12 pertence na verdade a um mundo sem heróis. A verticalidade do H se mostra assim ambivalente: o homônimo *hache* [machado] corta os sons, símbolo de poder que é,[279] mas corta também o vínculo com os ancestrais, quando o H de Homem assume indevidamente o lugar dos Heróis. Esse H maiúsculo é também a letra inicial de HEREdia. Atribuindo à coletânea (que outrora tinha o subtítulo "Sonetos HEROicos"[280]) a missão de arrancar do esquecimento os "HERóis de bronze", o soneto inaugural anuncia o ciclo de poemas que o segue imediatamente ("HÉRcules e os Centauros"), dedicado ao herói por excelência, Hércules, modelo do poeta parnasiano graças a seus "trabalhos".

Outro soneto de *Os troféus* ("A um Fundador de Cidade") é dedicado ao ancestral mítico do poeta, Pedro de Heredia, essa Pedra que fundou "Uma nova Cartago no país da Fábula". Mas, hoje, "Cartagena... vê suas muralhas desmoronar": sobrevive apenas a obra do descendente que por meio de seu templo poético, "levanta" a obra periclitante do Pai. O soneto seguinte de *Os troféus*, também dedicado a Pedro ("Ao mesmo"), se conclui da seguinte maneira:

> Também teus últimos filhos, sem trevo, ápio nem pérola,
> Timbram seu escudo com uma palmeira frondosa,
> Com seu penacho de ouro uma Cidade de prata.

O *ache* [ápio][281] desprovido do H heroico opõe-se à verdadeira nobreza dos Heredia, cujo nome é adornado por um H:

---

[279] Cf. o soneto "La Trebbia" ("Roma e os Bárbaros"): "Sempronius Consul, fier de sa gloire neuve /A fait lever la *hache*..." [O Cônsul Sinfrônio, orgulhoso de sua recente glória/Levantou o machado...], que associa glória, verticalidade e machado, preparando o surgimento, no verso 13, do herói cujo nome traz um H, Hannibal.

[280] No próprio ano em que apareceu "O esquecimento" (1876), Heredia publicou em *Le Parnase contemporain*, sob o título "Sonetos heroicos", uma trintena de poemas dos futuros *Os troféus*.

[281] Planta utilizada como símbolo heráldico.

E só em tua cimeira brilha, ó Conquistador,
HERáldica testemunha do esplendor de teu sonho,
Uma Cidade de prata à sombra de uma palmeira de ouro
("A um Fundador de Cidade")

Outro soneto de *Os troféus* ("O Antepassado") evoca um esmalte de Claudius Popelin em que o fundador de Cartagena é representado com a cabeça do autor d'*Os troféus*. Esse retrato-esmalte-poema realiza a fusão entre o ancestral e o poeta que torna possível a própria enunciação deste. A identificação entre o poeta e o autor do esmalte é explicitada no soneto precedente: "É que desejei, sob o esmalte de minhas rimas..." ("A Claudius Popelin"). O poeta só o é na medida em que permite que nele fale o antepassado, mostrando que não é "indiferente ao sonho dos ancestrais". É isso que está inscrito no próprio nome "Heredia": em espanhol, *heredar* significa "herdar". O devaneio genealógico é igualmente a genealogia da fonte da enunciação.

Grafema "inútil", luxo ortográfico, o H define com bastante exatidão o paradoxal pertencimento do escritor à sociedade, sua paratopia: o poeta parnasiano se propõe como "testemunha heráldica" de um mundo desaparecido, que não tem outra necessidade nesse mundo além do H de *haut*, de *Héros* ou de *Heredia*. Não lhe resta mais do que ser o homônimo *arauto* [*héraut*],* ao fazer de si um artesão divino, como seu santo padroeiro, José, "O Carpinteiro de Nazaré",[282] que, "para terminar um aparador/ Curvado se extenua já rompida a aurora": o H de *huchier* [carpinteiro] está em ação no hiato ostentatório de *ahane* [se extenua], que forma par com aquele que inicia a coletânea. Mas, jogando com a ambiguidade, "O Carpinteiro de Nazaré" também remete ao Mediador supremo, Cristo, filho de José e Maria.

O enunciador marcou seu lugar da segunda estrofe de "O esquecimento". Enquanto o primeiro quarteto diz do triunfo da Morte, conjurando-o mediante a enunciação, o segundo apresenta um vestígio do cântico antigo: "um refrão antigo" de um vaqueiro. Este último tem diversos pontos em comum com a figura do escritor imposta pelo romantismo:

---

* N.T.: Há em *héraut* sons que lembram os de *héros* e *haut*.

[282] Trata-se do 3° soneto do ciclo "A Idade Média e a Renascença".

Discurso literário

- a solidão, evidenciada pela posição inicial e pelas cesuras, que permitem jogar com a ambiguidade de "Só": solitário/sozinho/somente;
- o *topos* do poeta romântico solitário no meio das ruínas, ainda mais porque o sítio de Cuma já fora visitado por Chateaubriand, Goethe, Lamartine, Nerval...;
- a identificação do artista com os marginais da sociedade industrial, em especial os que permaneceram próximos à natureza;
- a atribuição ao vaqueiro de um "refrão antigo" que permite ao poeta parnasiano refletir sobre seu código de linguagem.

Heredia nutre, com efeito, seu texto de latinismos e helenismos lexicais, sintáticos, retóricos, inseridos numa forma métrica impecavelmente clássica, mostrando com isso que só é legítimo esse código de linguagem, correlativo daquilo que sua enunciação traz, a restauração do "sonho" antigo, em contraposição a "O esquecimento". A estabilização monumental da poesia parnasiana não se processa "em francês", mas num código de linguagem que, tal como o discurso indireto livre, combina duas vozes na de poeta simultaneamente contemporâneo e antigo, uma duplicidade inscrita já no título de uma revista como *O Parnaso contemporâneo*: tal como o vaqueiro, o parnasiano enuncia no mundo contemporâneo um "refrão antigo".

A embreagem paratópica do poeta nem por isso pode ser reduzida à figura do vaqueiro, que na verdade vive no imediato: participa da Natureza sem saber que está em contato com um mundo perdido, ao passo que o poeta deve recuperar, diante a laboriosa mediação da arte, os poderes do cântico antigo. Instaura-se assim uma separação entre o "refrão antigo" do vaqueiro e o do poeta; opõe-se à repetição passiva de uma melodia antiga a poesia antiga reconquistada pelo código de linguagem parnasiano.

Homero

O vaqueiro é duplicado por duas vozes femininas colocadas em posições equivalentes nos versos 9 e 14 e que se distinguem por um só fonema: "A Terra maternal e doce dos Deuses de nunca mais" e "O Mar dorido queixar-se com o pranto das Sereias". O plano do poema se esboça assim: o perfil da Morte no primeiro quarteto é sucedido em cada uma das estrofes seguintes pela evocação de três vozes diferentes, todas elas vindas da Natureza: primeiro uma voz masculina, a do vaqueiro, sobrevivência do passado e duplo incompleto do poeta, depois, na terceira estrofe, a Terra, seguida, na quarta, pelo Mar. A essas vozes se opõe "o Homem", apartado da natureza e dos ancestrais, que "escuta sem frêmito".

A combinação de "*Homme*" e "*Mer*" no segundo terceto permite gerar o nome próprio "Homero", [*Homère*]. Ponto de reflexão do enunciador de "O esquecimento", o autor da *Odisseia* é invocado obliquamente por "as Sereias", que fecha o poema, bem como pela lenda segundo a qual o lugar evocado por "O esquecimento" teria sido aquele em que Homero situou o episódio das Sereias. A cenografia do texto desenvolve-se, assim, em confronto com variadas cenas de fala: do vaqueiro, do Mar, da Terra, de Homero, incluindo este último a das Sereias. A poesia de Homero permite fundar a poesia de Heredia. A perda das Sereias é dita justo por aquele que, contra um Homem surdo à voz do Mar, propõe-se como um novo Homero.

As Sereias são uma figura ambígua, por serem a voz feminina mortal que provoca *o esquecimento* da pátria, dos ancestrais, mas também a voz que encarna os poderes da poesia. A identificação entre as Sereias e Homero é, por outro lado, explicitada na *Odisseia*, em que elas, tal como o autor da *Ilíada*, cantam a guerra de Troia:

> Nunca um negro vaso dobrou nosso cabo sem escutar os doces cantos que nos saem dos lábios. E quem ouve, vai-se mais feliz e mais sábio, pois conhecemos todos os males, os males que os deuses, nos campos de Trôade, infligiram aos de Argos e de Troia.
> (XII, 186-189).

Essa ambiguidade não surpreende: para fazer obra, o poeta deve firmar um pacto com as vozes femininas e mortais. Compor poemas é fundar uma cidade, erigir um templo, sujeitar a palavra a um metro inflexível, mas é também captar o feitiço do canto das Sereias sem ser apanhado por ele. O texto supõe o labor daquele que organizou um curso inflexível, demarcou seu território, quebrou seus blocos de pedra, mas também que soube tecer as perigosas melodias do Mar. Voltamos a encontrar aqui o elemento que, na mesma época, foi levado ao paroxismo na mitologia da mulher fatal (ver capítulo "A embreagem paratópica", seção "A obra e mulher fatal").

Discurso literário

A reconciliação entre Presente e a Antiguidade, o Humano e a Natureza, realiza-se numa enunciação parnasiana que, por meio da buzina,* representa a si mesma como masculina e feminina. A buzina do vaqueiro, instrumento do Homem do Mar, o tritão, [283] é também o instrumento ideal de um poeta que rima "*refrain*" [refrão] e "*marin*" [marinho]. Tanto por seu significante como por sua forma [de concha] e sua matéria, a buzina associa a rigidez mineral do poema e a profundidade obscura da voz feminina, lamentação do Mar, canto das Sereias. O criador romântico se faz *homme-mère* [homem-mãe], andrógino, José e Maria, artesão e *Mer/Mère* [Mar/mãe]. Heredia optou por escrever sua poesia em francês, isto é, a língua de sua mãe.

A identificação entre a buzina/concha e o verbo poético é explicitada num dos últimos sonetos d'*Os troféus*, cujo titulo é justo "A Concha".[284] Como a concha rejeitada pela margem, o poeta está numa situação paratópica, no limite entre o mar perdido e o mundo estranho em que está condenado a viver. Tendo evocado a queixa nostálgica e feminina da concha ("Longa e desesperada, /Em ti geme sempre a grande voz dos mares"), o poeta introduz sua própria fala, distribuindo os elementos do hemistíquio do segundo quarteto de "O esquecimento" ("dentro da qual suspira um refrão antigo"). Ele se dirige à concha:

> Minha alma se transformou em prisão sonora:
> E como em tuas dobras chora e *suspira* até agora
> O queixume do *refrão* do *antigo* clamor [...][285]

Isso nos remete ao "enquadramento interpretativo" (ver p. 243) imposto pelo próprio título da coletânea, *Os troféus*. Comemorando os triunfos dos ancestrais heroicos, os poemas são troféus renovados a cada leitura. Como o Homem vive no "esquecimento", o templo está em ruínas, a Antiguidade

---

* N. T.: Trata-se de uma concha que serve de buzina, como o chifre do boi.

[283] As versões anteriores do poema, por outro lado, evocavam os Tritões em vez dos Heróis.

[284] O 11° poema de "A Natureza e o Sonho".

[285] Os grifos são nossos. Se ainda fosse necessário fundamentar, recordemos que *La Conque* [a Concha] é também uma revista de poesia em que Heredia publicou, no ano de 1891, o soneto "Le tombeau du CONQUérant" ["O túmulo do conquistador"]. O jogo de palavras com os significantes associa o herói guerreiro, o túmulo do antepassado e a concha com a edificação de um túmulo poético.

314

e os Conquistadores desapareceram, esse monumento da memória vai ser também comemoração da vitória do trabalho criador. Mas é necessário, para isso, que a comemoração seja uma obra-prima, pois, do contrário, não haverá vitória a celebrar. Monumento de mármore, a obra parnasiana se enuncia na temporalidade paradoxal de um troféu que é o signo presente de uma vitória que só existe através de sua comemoração. A vitória que o troféu celebra é a própria presença desse troféu, reatualizada a cada recitação. O inimigo cuja derrota se canta é "o Homem indiferente ao sonho dos ancestrais", inimigo que se faz presente no íntimo do próprio poeta, que é constantemente tentado a renunciar, a pactuar com o Homem sem memória, e que tem em cada poema bem sucedido a prova de que é digno de trazer nas mãos o machado heroico e se mantém à altura do "Sonho".

Através desse soneto, o autor se empenha em constituir a identidade que ao mesmo tempo o torna possível e que ele torna possível. Afastamo-nos do mundo industrial, denunciamos o esquecimento a fim de criar, mas é por meio da criação de "O esquecimento" que podemos legitimar e preservar esse afastamento. O devaneio genealógico do descendente de conquistadores vem fundar uma identidade de escritor que, em compensação, valida a si mesmo por meio da construção de poemas heroicos dedicados aos conquistadores.

"Ma bohème"

Vamos considerar bem mais rapidamente o tão célebre soneto de Rimbaud,[286] destacando alguns pontos em que é particularmente nítido o contraste com o poema de Heredia.

> Minha Boêmia
> (Fantasia)
>
> Lá ia eu, as mãos nos bolsos furados;
> Meu paletó também era o ideal;
> Sob o céu, Musa, eu era teu súdito leal;
> Maravilha! A sonhar amores desabridos!

---

[286] Esse soneto foi escrito alguns anos antes de "O esquecimento", pois data de 1870.

Minhas únicas calças quase feitas em pedaços
– Pequeno Polegar sonhador na fuga eu ia
Espalhando rimas. Sob a Ursa Maior eu dormia.
– E minhas estrelas faziam fru-fru a meus passos.

Sentado à beira do caminho, eu as ouvia,
Belas noites de setembro, em que gotas sentia
De um orvalho rosado, vinho todo comoção;

Onde, rimando em meio a sombras fantásticas,
Eu pegava, como lira, as botinas elásticas
Com sapatos gastos, mas um pé no coração![287]

Em setembro e outubro de 1870, tendo fugido de casa, Arthur Rimbaud, que contava então 16 anos, encontrou refúgio em Douai na casa de seu professor de letras, Georges Izambard. Lá, faz nova cópia, no segundo "Caderno de Douai", de seus poemas recentes, entre o quais "Minha Boêmia", com a esperança de tê-los publicados. "Minha Boêmia" ocupa um lugar à parte entre seus primeiros poemas. Posto na conclusão do caderno, permite ao autor construir seu próprio mito fundador.

Rimbaud procura, com efeito, inscrever-se no campo literário, como o mostra a carta que dirigira meses antes a um dos mestres do Parnaso, Théodore de Banville, carta que, além de dois poemas compatíveis com a estética parnasiana ("Sol e carne" – ou "Credo in unam" – e "Ofélia"), contém um primeiro esboço do que seria "Minha Boêmia".

Charleville (Ardennes), 24 de maio de 1870
Ao Senhor Théodore de Banville,

Caro Mestre,
Estamos nos meses de amor; tenho dezessete anos. A idade das esperanças e as quimeras, como se diz, – e eis que me pus, criança

---

[287] Ma Bohème (Fantaisie) : "Je m'en allais, les poings dans mes poches crevées;/Mon paletot soudain devenait idéal;/J'allais sous le ciel, Muse, et j'étais ton féal;/Oh! là là! que d'amours splendides j'ai rêvées!//Mon unique culotte avait un large trou./Petit-Poucet rêveur, j'égrenais dans ma course/Des rimes. Mon auberge était à la Grande-Ourse./Mes étoiles au ciel avaient un doux frou-frou//Et je les écoutais, assis au bord des routes,/Ces bons soirs de septembre où je sentais des gouttes/De rosée à mon front, comme un vin de vigueur;//Où, rimant au milieu des ombres fantastiques,/Comme des lyres, je tirais les élastiques/De mes souliers blessés, un pied près de mon coeur!" *Oeuvres complètes*, Gallimard, "La Pléiade", 1954, p. 69. Trata-se do 22° e último poema da coletânea Demeny, a única sem data. Foi publicado pela primeira vez na *Revue indépendante*, janeiro-fevereiro de 1889.

tocada pelo dedo da Musa – perdão se é banal – a dizer as minhas boas crenças, as minhas esperanças, as minhas sensações, todas as coisas dos poetas – chamo isso de primavera.

Se vos envio alguns desses versos – e isso passando por Alph. Lemerre, o bom editor, – é que gosto de todos os poetas, de todos os bons Parnasianos, dado que o poeta é um Parnasiano. Corregio, diante da Santa Cecília de Rafael, teria exclamado: "Anch'io son' pittore" (eu também sou pintor), apaixonado pela beleza ideal; é o que gosto em vocês, bem ingenuamente, um descendente de Ronsard, um irmão de nossos mestres de 1830, um verdadeiro romântico, um verdadeiro poeta. Eis porque, – É bobagem, não é? Mas enfim... Em dois anos, num ano talvez, estarei em Paris. – Anch'io, senhores do jornal, serei Parnasiano! – Não sei o que tenho... que quer aflorar... Juro, caro mestre, adorar sempre as duas deusas, a Musa e a Liberdade.

Não façais demasiados muxoxos ao ler estes versos... Vós me faríeis louco de alegria e esperança se quiserdes, caro Mestre, *reservar* à peça *Credo in unam* um pequeno lugar entre os Parnasianos... Eu chegaria à última série do Parnaso: esse seria o Credo dos poetas!... – Que Ambição! Tolo que sou!

Nas belas tardes de verão, percorrerei trilhas,
Em contato com o trigo, pisando a erva miúda:
Sonhando, terei o frescor como palmilhas
E deixarei o vento banhar minha cabeça nua.

Nada falarei, e nem terei pensamentos:
Mas o amor infinito me tomará o ser,
E longe, bem longe irei, como um boêmio,
Pela Natureza – feliz como se com uma mulher.[288]

O que sobressai claramente do soneto é a imbricação entre uma embreagem paratópica com figuras diversificadas e um trabalho de posicionamento. Evoca o processo iniciático mediante o qual o jovem homem alcança a condição de poeta: Rimbaud, o fujão, transforma sua fuga (na verdade já habitada pela atividade poética) em relato de iniciação ao

---

[288] "Par les beaux soirs d'été, j'irai dans les sentiers,/Picoté par les blés, fouler l'herbe menue:/Rêveur, j'en sentirai la fraîcheur à mes pieds./Je laisserai le vent baigner ma tête nue.//Je ne parlerai pas, je ne penserai rien:/Mais l'amour infini me montera dans l'âme,/Et j'irai loin, bien loin, comme un bohémien,/Par la Nature – heureux comme avec une femme." *Oeuvres complètes*, "La Pléiade", p. 256. Trata-se da primeira carta da correspondência.

estatuto de poeta, conversão que se realiza por meio do êxito do poema. A fuga é aqui ao mesmo tempo aquilo que é representado na obra e a condição de possibilidade dessa obra.

É a paratopia canônica da estética romântica, a do boêmio/boêmia, que estrutura o texto: trata-se de uma variação pessoal ("minha") de um *topos* (a boemia). Reavivando a locução "dormir sob as estrelas", o poema acumula suas marcas de paratopia: o vagabundo fora da cidade, o miserável, o homem que dorme como os animais e os boêmios, próximo à natureza. O boêmio, recordemos, mantém uma relação privilegiada com a natureza e o mito, essas forças que o mundo industrial recalca (ver p. 98).

Mas o autor mobiliza também outra figura, o Pequeno Polegar. A fusão entre a astúcia vitoriosa do Pequeno Polegar e a astúcia criadora do poeta se manifesta no verso "na fuga eu ia/ Espalhando rimas" (v. 6-7). O soneto explora várias dimensões da paratopia associada à personagem do Pequeno Polegar:

> – É um errante num mundo selvagem.
>
> – Criança, minúsculo, pobre, é o elemento mínimo da comunidade.
>
> – Abandonado pelos pais, assegura a salvação de todos mediante sua engenhosidade pessoal, transformando a exclusão em escolha. Como é obrigatório no imaginário que funda a criação, o artista, o excluído da árvore genealógica, imagina-se filho de suas próprias obras (ver p. 111).

Personagem emblemática da mitologia popular, mostra que o poeta extrai sua inspiração de um mundo antigo em contato com essa natureza de que a sociedade moderna se esquece.

O verso 3 mobiliza duas novas figuras mediante a agregação de duas isotopias: uma é a do cavaleiro errante que enfrenta aventuras a serviço de sua dama e a outra é a do poeta sujeito a sua Musa. Com o cavaleiro errante, Rimbaud resgata uma das grandes figuras da embreagem paratópica (ver p. 130).

Em termos de posicionamento, o poema está em nítido contraste com o conteúdo da carta a Banville, em que Rimbaud declara sua lealdade ao Parnaso. Sua cenografia e seu *ethos* são bem diferentes do que se espera de um poeta parnasiano. Na realidade, já se percebe uma cisão entre o conteúdo da carta a Banville e o *ethos* desenvolto do poeta, o que se evidencia pelos

_____Dois sonetos

dois quartetos colocados no fim, que nada têm de parnasianos. O rótulo "fantasia" serve de enquadramento interpretativo a um texto que revela um posicionamento ambíguo, como já o mostra o título, "*minha* boêmia", que permite pensar que Rimbaud distingue sua própria paratopia da boêmia dos artistas parisienses.

A "fantasia" é marcada igualmente pelo código de linguagem. Conhece-se o respeito quase religioso dos parnasianos às regras de versificação, mostrando com isso o ascetismo e o dandismo daquele que resiste heroicamente às facilidades burguesas. Rimbaud, por sua vez, investe o soneto, forma emblemática e particularmente coerciva da poesia francesa, mas não respeita todas as suas regras. No plano semântico, observa-se que a última frase do segundo quarteto se encadeia com o primeiro terceto, quando as duas últimas estrofes deveriam se opor em bloco às duas primeiras. As rimas dos quartetos, por sua vez, são cruzadas, mas trazem dois jogos de rima [*vê/éal*]; [*ou/ours*] em vez de uma. O autor também joga com a métrica clássica; vários versos não têm cesura principal no hemistíquio (cf. os versos 1, 3, 4, 7, 12, 13). As suspensões (versos 6-7, 10-11) e o encadeamento dos versos 13-14 contribuem para criar esse *ethos* de "fantasia". Trata-se de uma maneira de mostrar que ao mesmo se pertence e não se pertence ao mundo da convenção poética que o soneto implica.

Essa paratopia no interior da paratopia instituída do boêmio parisiense é marcada ainda pela mistura de registros lexicais, da poética institucionalizada ("Musa", "lira", "fiel", "amores desabridos"..) ao prosaico ("calças", "fru-fru", "paletó", "botinas elásticas" etc.). Opõe-se à impassibilidade parnasiana o *ethos* desenvolto daquele que mistura o trivial com o sublime, o fundo mitológico prestigioso da Antiguidade grega com ("Musa", "lira" etc.) o folclore,[289] particularmente por intermédio do Pequeno Polegar. A Ursa

---

[289] Não desenvolvemos aqui as marcas da inscrição desse poema num certo folclore. Isso foi feito por Jean-Marie Privat, numa pesquisa etnocrítica: "A conjunção poético-mítica do 'Pequeno Polegar' com a 'Ursa Maior', por exemplo, sintetiza e sincretiza características culturais heterogêneas (conto oral camponês reapropriado por uma escrita de cunho clássico e mito grego antigo revitalizado no conjunto de lendas folclórico); a dicotomia natureza/cultura que organiza com tanta frequência a leitura desse poema seria assim invalidada (cf. os trabalhos de Descola sobre a antropologia da natureza. Seriam assim reunidas as condições para 'entender' esse poema como o equivalente simbólico de um ato deliberado de entrada numa condição selvagem (solidão, nomadismo, indigência, experiência de saída do tempo, submissão do corpo a prova). Poderíamos, assim, estabelecer que esse relato de passagem se estrutura como um ritual de passagem pelo qual passam ao mesmo tempo o rapaz e o poeta" (Resumo de uma comunicação apresentada no colóquio "Analyse textuelle er comparée des discours" – Universidade de Lausanne, maio de 2004).

Maior participa tanto do folclore francês[290] como da mitologia grega, através da história da ninfa Calisto, narrada por Virgílio e Ovídio: ela foi transformada na Ursa Maior por Zeus, e seu guardião é seu filho, Arcturus, nome ligado etimologicamente ao nome do poeta, "Arthur".

Em Heredia, a paratopia é sobretudo temporal e espacial: a do conquistador exilado num mundo burguês prosaico. Ela caminha lado a lado com uma omissão do enunciador, que, na qualidade de poeta parnasiano, se ausenta de seu enunciado, tal como o faz num mundo industrial "sem memória", para se consagrar ao trabalho estético. Se o autor d'*Os troféus,* por seu posicionamento, é forçado a investir no gênero soneto radicalizando seu formalismo, Rimbaud investe nesse gênero jogando com o formalismo, estando ao mesmo tempo dentro e fora da instituição literária. Os dois posicionamentos advêm plenamente da configuração instaurada pelo romantismo, do regime de paratopia que opõe o poeta à topia do burguês. Mas o autor de "Minha boêmia" mostra-se paratópico com relação à paratopia dominante, a de Banville e da boêmia parisiense. Isso nada tem de surpreendente, uma vez que a paratopia criadora implica uma dupla relação: com a sociedade e com a instituição literária.

Dois mal-entendidos

Para além de suas divergências, os dois sonetos manifestam as mesmas invariantes. Em ambos os casos, o poeta tem de legitimar, mediante seu enlaçamento, seu próprio estatuto e seu próprio posicionamento, recorrendo para isso a uma paratopia criadora que é validada pelo próprio êxito do texto. Leem-se os dois poemas ao mesmo tempo como enunciados, no caso de um leitor amador de poesia, e, no caso da análise do discurso, como enunciados que instituem as próprias condições de sua enunciação, em que o inscritor se constrói através de seu gesto de construção de seu mundo.

Essa comparação dá ensejo à dissipação de dois mal-entendidos frequentes que se manifestam quando se fala de análise do discurso literário.

---

[290] Jean-Marie Privat cita um longo estudo de Gaston Paris, o grande romanista, intitulado "Le Petit Poucet e la Grande Ourse", publicado em 1868 no primeiro volume das *Memóires de la Société de linguistique de Paris.*

O primeiro consiste em pensar que a análise do discurso instaura o "quadro" comunicacional (o campo, o gênero, a cena de enunciação, a organização textual...) e deixa de lado os "detalhes", o núcleo do texto, cujo estudo deveria ser confiado aos "verdadeiros" estudiosos da literatura. Quando se introduz uma distinção entre o central e o periférico, a parte nobre da obra e sua inscrição sócio-histórica, busca-se preservar o monopólio da autoridade do intérprete puro sobre aquilo que é considerado essencial, que exige uma abordagem hermenêutica inspirada. Na verdade, tanto no caso do poema de Heredia como no de Rimbaud, uma análise em termos de cena de enunciação e de paratopia nada tem que ver com a instauração de um "quadro" no âmbito do qual se desenvolveriam "conteúdos" detalhados que seriam deixados aos bons cuidados dos intérpretes. O próprio princípio da embreagem paratópica exclui semelhante representação. Vimos, por exemplo, que os "detalhes" – sejam eles formais (como a diérese em Heredia, a disposição das rimas em Rimbaud etc.) ou vinculados com a embreagem paratópica – remetem à cena de enunciação, ao posicionamento, à inserção do poeta no espaço literário... Em outras palavras, é preciso renunciar aos esquemas geométricos elementares (interior/exterior, centro/periferia do texto). Não que uma abordagem propriamente literária, uma verdadeira interpretação, não seja legítima; pelo contrario (os textos literários, assim como os textos religiosos ou filosóficos, psicanalíticos... voltam-se para isso)! Mas não é mediante uma oposição entre o cerne do texto e seu entorno que se pode formular a diferença entre os dois empreendimentos.

O segundo mal-entendido – que é sem dúvida o mais disseminado – consiste em ver na análise do discurso um conjunto de abordagens destinadas a apreender aquilo que há de repetitivo no discurso literário, aquilo que se acha precisamente aquém da arte, que é uma questão de singularidades. É o que sobressai, por exemplo, da mesa-redonda organizada no colóquio de Cerisy de 2002.[291] Desse modo, para Herschberg-Pierrot, diferentemente da análise do discurso, a estilística teria por "centro não o tipo, mas a singularidade: o que faz desta obra um texto inédito?"[292] De sua parte, na condição de

---

[291] "Table ronde: l'analyse du discours et la question du style", in R. Amossy e D. Maingueneau (orgs.), *L'analyse du discours dans les études littéraires*, Toulouse, Presses universitaires du Mirail, 2004, pp. 322-350.

[292] Op. cit., p. 338.

estudioso da poética, Delas opõe a análise do discurso, que teria por objeto o "ritmo cultural", feito de repetições, um ritmo "voluntariamente assumido por autores desejosos de agradar e vender",[293] ao "ritmo poético", o de uma singularidade acessível apenas à poética. Observe-se que, no tocante a isso, a sociologia da literatura é hoje objeto das mesmas críticas que a análise do discurso: o sociólogo "estaria ligado aos grandes nomes, à média, ao médio e, por conseguinte, ao medíocre, ao menor, aos *minores, a massa de pequenos autores obscuros, e por isso mesmo desconhecidos*".[294]

Tal como o *topos* do interior e do exterior, o do singular em oposição ao repetitivo tem um grande poder de persuasão. Podemos, portanto, nos perguntar sobre a categoria da "singularidade", que nada tem de evidente. Tem ela o mesmo sentido numa literatura de gêneros (soneto petrarquiano, poesia galante, tragédia clássica, comédia espanhola, para nos limitarmos a exemplos europeus...) e numa estética pós-romântica? Não há, por outro lado, nenhuma razão para ver na análise do discurso uma abordagem dedicada ao tipo e aos enunciados cristalizados, foi ao menos isso que tentamos mostrar aqui. A questão reside mais no fato de que a singularidade não é abordada da mesma maneira pela análise do discurso, que considera os processos singulares mediante os quais um texto realiza as coerções que incidem sobre o discurso literário. Heredia e Rimbaud têm duas maneiras singulares de articular posicionamento, *ethos*, cenografia, código de linguagem, bem como de realizar a embreagem paratópica etc. A partir do momento em que se inscrevem no espaço do discurso literário, eles se acham sujeitos a suas condições de funcionamento.

---

[293] Op. cit., p. 346.

[294] P. Bourdieu, *Les règles de l'art*, Seuil, col. "Points", 1998, p. 10.

Conclusão

Como anunciamos no início do livro, estamos longe de ter explorado todos os múltiplos campos de pesquisa que se abrem a uma análise do discurso literário. Concentramos a atenção nas condições de emergência das obras, o que nos obrigou a reconhecer em sua integralidade o evento enunciativo.

O principal desafio que esse empreendimento deve vencer é o de garantir seu reconhecimento. Dadas as divisões institucionais que moldam tacitamente a pesquisa, o próprio fato de a análise do discurso inscrever-se na órbita das ciências humanas cria dificuldades à sua aceitação. É boa sua aceitação quando ela pretende ocupar tão somente territórios incultos, os tipos de textos que não são reivindicados pelas faculdades de Letras: conversas corriqueiras, prospectos, textos administrativos, textos publicitários etc. Não é isso o que ocorre quando nos ocupamos de obras literárias. Na melhor das hipóteses, a análise do discurso vê reconhecido a si o direito de propor abordagens "auxiliares" e mesmo "leituras" das obras entre outras, ao lado de "leituras" psicanalíticas, temáticas etc. Que sentido poderia haver em falar de uma "leitura" em termos de discurso constituinte, de paratopia, de cenografia ou de gêneros do discurso, de estruturação textual, de quadros de recepção etc.? Não se trata de dizer o que as obras significam, mas em que condições o fato literário é possível, e os textos literários podem abrir-se à interpretação.

A intervenção de problemáticas da análise do discurso no domínio das "humanidades" tradicionais implica uma superação de fronteiras disciplinares que põe em questão, para além das atitudes, um modo de definir a identidade no mundo acadêmico. Vemos, assim, surgir uma população de pesquisadores advindos de regiões as mais diversas e que partilham de um dado aparato intelectual num grau que excede em muito o aparato que têm em comum com os colegas de suas disciplinas de origem: as maneiras de fazer e de pensar de um estudioso da literatura especialista nesse ou naquele autor e as de um analista do discurso literário estão mais afastadas do que as desse mesmo analista de discurso e um analista do discurso jurídico. Ainda é difícil avaliar as consequências dessa mudança, mas essa é uma situação que merece atenção.

A questão de fundo é, por conseguinte, saber se o estudo do discurso literário (que não se reduz ao estudo das obras) deve ser exclusivamente literário. A história mostra claramente que isso de modo algum é o caso. Ao lado dos comentários pessoais de textos, desenvolveram-se de modo constante densos campos do saber cuja característica consistia em apreender os textos num nível que ultrapassa em muito o da literatura, na diversidade das situações de fala: a retórica e a filologia são as testemunhas mais notórias disso. De igual forma, cumpre não esquecer que, nos anos 1960, o estruturalismo – com a semiótica que o reivindicava – não era uma teoria do texto literário, mas uma teoria da cultura.

É fácil ter uma atitude irônica diante do movimento de fundo que impõe em nossos dias "discurso literário", passados aqueles que foram impostos por "texto" e "estrutura". É verdade que o conteúdo de "discurso" parece pouco consistente. Não obstante, no campo das ciências humanas e sociais, é natural que existam, ao lado de verdadeiros "termos", noções instáveis que apresentam a dupla característica de participar de várias disciplinas e de estabelecer certas opções teóricas. A preocupação com o discurso não é um fenômeno passageiro. Se sua presença se mostra hoje tão invasiva, isso é o resultado de uma reconfiguração geral do saber, e não de uma mera retificação local de fronteiras no âmbito das faculdades de Letras.

Bibliografia geral

— Adam J.-M. (1991), *Langue et Littérature*, Paris, Hachette.

— Adam J.-M. (1999), *Linguistique textuelle, Des genres de discours aux textes*, Paris, Nathan.

— Adam J.-M., Grize J.-B., Ali Bouacha M. (éd.) (2004), « Catégories descriptives et catégories interprétatives en analyse du discours », dans *Texte et discours : catégories pour l'analyse*, Éditions universitaires de Dijon.

— Amossy R. (éd.) (1999), *Images de soi dans le discours. La construction de l'ethos*, Lausanne, Delachaux et Niestlé.

— Amossy R., Maingueneau D. (éd.) (2004), *L'Analyse du discours dans les études littéraires*, Toulouse, Presses universitaires du Mirail.

— Anzieu D. (1959), *L'Auto-analyse de Freud et la découverte de la psychanalyse*, Paris, PUF.

— Aristote (1967), *Rhétorique I-III*, Paris, Les Belles Lettres.

— Austin J.L. (1970), *Quand dire c'est faire*, trad. fr., Paris, Seuil.

— Bakhtine M. (1970), *L'Œuvre de François Rabelais et la Culture populaire au Moyen Âge et sous la Renaissance*, trad. fr., Paris, Gallimard.

— Bakhtine M. (1970) *La Poétique de Dostoïevski*, trad. fr., Paris, Seuil.

— Bakhtine M. (1984), *Esthétique de la création verbale*, trad. fr., Paris, Gallimard.

— Balibar R. (1974), *Les français fictifs*, Paris, Hachette.

— Balibar R. (1992), « Eulalie et Ludwig : le génie littéraire », dans *Le gré des langues*, n° 3.

— Barthes R. (1954), *Michelet par lui-même*, Paris, Seuil.

— Barthes R. (1964), *Essais critiques*, Paris, Seuil.

— Barthes R. (1966), « L'ancienne rhétorique », *Communications* n° 16.

— Barthes R. (1966), *Critique et vérité*, Paris, Seuil.

— Barthes R. (1968), article « Texte », *Encyclopedia universalis*.

— Benveniste É. (1966), *Problèmes de linguistique générale*, Paris, Gallimard.

— Berlan F. (1989) « Étude contextuelle du mot style et de ses substituts dans les *Réflexions sur la poétique du Père Rapin* », dans *Rhétorique et discours critiques*, Presses de l'École normale supérieure.

— Berlan F., Sancier A. (1989), « Rapport sur l'épreuve de grammaire », dans *Rapport d'agrégation de lettres classiques, concours interne*.

— Biber D. (1988), *Variation across Speech and Writing*, Cambridge, Cambridge University Press.

— Blanchot M. (1959), *Le Livre à venir*, Paris, Gallimard.

— Bourdieu P. (1977), « L'économie des échanges linguistiques », *Langue française*, n° 34.

— Bourdieu P. (1980), *Le Sens pratique*, Paris, Minuit.

— Bourdieu P. (1992), *Les Règles de l'art. Genèse et structure du champ littéraire*, Paris, Seuil.

— Bourdieu P. (1996), *Raisons pratiques : Sur la théorie de l'action*, Paris, Seuil.

Discurso literário

— Branca-Rosoff S. (éd.) (2001), *L'institution des langues. Autour de Renée Balibar*, Paris, Maison des Sciences de l'Homme.
— Bréal M. (1897), *Essai de sémantique*, Paris, Hachette.
— Butor M. (1969), *Essais sur le roman*, Paris, Gallimard.
— Cerquiglini B. (1991), *La naissance du français*, Paris, PUF.
— Certeau M. de (1974), *L'Écriture de l'histoire*, Paris, Gallimard.
— Certeau M. de (1990), *L'invention du quotidien*, nvlle éd., Paris, Gallimard.
— Chancé D. (2000), *L'auteur en souffrance*, Paris, PUF.
— Charaudeau P., Maingueneau D. (2002), *Dictionnaire d'analyse du discours*, Paris, Seuil.
— Chartier R. (1990), « Loisir et sociabilité : lire à haute voix dans l'Europe moderne », *Littératures classiques*, n° 12, p. 127-147.
— Chartier R. (1992), *L'Ordre des livres : lecteurs, auteurs, bibliothèques en Europe, entre XIVe et XVIIIe siècle*, Paris, Alinéa.
— Cossutta F. (1989), *Éléments pour la lecture des textes philosophiques*, Paris, Bordas.
— Cossutta F. (2004), «Discours littéraire, discours philosophique : deux formes d'auto-constitution ? », dans *L'analyse du discours dans les études littéraires*, R. Amossy et D. Maingueneau (éd.), Toulouse, Presses universitaires du Mirail.
— Cressot M. (1947), *Le Style et ses techniques*, Paris, PUF.
— Daudet L. (1920), *Souvenirs des milieux littéraires, politiques, artistiques et médicaux*, Paris, Nouvelle Librairie nationale.
— Daudet L. (1927), *Études et milieux littéraires*, Grasset.
— Debray R. (1991), *Cours de médiologie générale*, Paris, Gallimard.
— Debray R. (1992), *Vie et mort de l'image*, Paris, Gallimard.
— Declercq G. (1992), *L'art d'argumenter, Structures rhétoriques et littéraires*, Paris, Éditions universitaires.
— Deleuze G. (1964), *Proust et les signes*, Paris, PUF.
— Denis D. (2001), *Le Parnasse galant, Institution d'une catégorie littéraire au XVIIe siècle*, Paris, H. Champion.
— Derrida J. (1972), *La Dissémination*, Paris, Seuil.
— Descombes V. (1996), *Les institutions du sens*, Paris, Minuit.
— Eco U. (1985), *Lector in fabula*, Paris, Grasset.
— Détienne M., Vernant J.-P. (1974), *Les Ruses de l'intelligence, la Métis des Grecs*, Paris, Flammarion.
— Doubrovski S. (1966), *Pourquoi la nouvelle critique*, Paris, Mercure de France.
— Duchet C. (éd.) (1979), *Sociocritique*, Paris, Nathan.
— Ducrot O. (1972), *Dire et ne pas dire*, Paris, Hermann.
— Ducrot O. (1984), *Le Dire et le Dit*, Paris, Minuit.
— Dumézil G. (1953), *Mythes et Dieux des Germains*, Paris, PUF.
— Elias N. (1939), *Ueber den Prozess der Zivilisation*, tome II, Basel, Haus zum Falken.
— Ferguson C. (1959), « Diglossia », *Word*, n° 15, p. 325-340.
— Foucault M. (1969), *L'Archéologie du savoir*, Paris, Gallimard.
— Fraenkel B. (1992), *La Signature. Genèse d'un signe*, Paris, Gallimard.
— Genette G. (1979), *Introduction à l'architexte*, Paris, Seuil.
— Genette G. (1982), *Palimpsestes*, Paris, Seuil.
— Genette G. (1987), *Seuils*, Paris, Seuil.
— Freud S. (1900/1980), *L'Interprétation des rêves*, trad. fr., Paris, PUF.

Bibliografia geral

— Goldmann L. (1959), _Le Dieu caché_, Paris, Gallimard.
— Goldmann L. (1964), _Pour une sociologie du roman_, Paris, Gallimard.
— Goody J. (1979), _La Raison graphique_, trad. fr., Paris, Minuit.
— Goody J. (1986), _La logique de l'écriture_, Paris, A. Colin.
— Gracq J. (1960), « Pourquoi la littérature respire mal », repris dans _Préférences_, Paris, J. Corti, 1961.
— Grammont M. (1965), _Petit traité de versification française_, Paris, A. Colin.
— Guilhaumou J., Maldidier D., Robin R. (1994), _Discours et archive, Expérimentations en analyse du discours_, Liège, Mardaga.
— Guiraud P. (1954), _La Stylistique_, Paris, PUF.
— Guiraud P. (1960), _Problèmes et méthodes de la statistique linguistique_, Paris, PUF.
— Halliday M.A.K. (1978), « Anti-language », _Language as Social Semiotic_, London, E. Arnold, p. 164-182.
— Hymes D.H. (1962), "The ethnography of speaking", _in_ Gladwin T. et Sturtevant W.C. (éd.) : _Anthropology and Human Behavior_, Washington, The Anthropological Society of Washington.
— Jakobson R. (1963), _Essais de linguistique générale_, Paris, Minuit.
— Jarrega Jomeer J. (2000), _Le rôle du pluriel dans la construction du sens des syntagmes nominaux en français contemporain_, thèse de linguistique, Université Paris X.
— Jauss H.-R. (1978), _Pour une esthétique de la réception_, Paris, Gallimard.
— Jurt J. (1995), _Das literarische Feld. Das Konzept Pierre Bourdieus in Theorie und Praxis_, Darmstadt, Wissenschaftliche Gesellschaft.
— Kerbrat-Orecchioni C. (2001), _Les actes de langage dans le discours_, Paris, Nathan.
— Kristeva J. (1967), « Bakhtine, le mot, le dialogue et le roman », _Critique_, XXIII, 239, p. 438-465.
— Kristeva J. (1969), _Séméiotiké. Recherches pour une sémanalyse_, Paris, Seuil.
— Lord A. B. (1960), _The Singer of tales_, Cambridge, Harvard University Press.
— Lozerand E. (2000), « Regards sur le nom et la signature au Japon », _Mots_, n° 63.
— Macherey P (1966), _Pour une théorie de la production littéraire_, Paris, Maspéro.
— Macherey P. (1974), « Sur la littérature comme forme idéologique », _Littérature_, n° 13.
— Macherey P. (1990), _À quoi pense la littérature ?_, Paris, PUF.
— Marouzeau J. (1941), _Précis de stylistique française_, Paris, Masson.
— Maingueneau D. (1983), _Sémantique de la polémique_, Lausanne, L'Âge d'Homme.
— Maingueneau D. (1984), _Genèses du discours_, Liège, Mardaga.
— Maingueneau D. (1990), _Pragmatique pour le discours littéraire_, Paris, Dunod.
— Maingueneau D. (1993), _Le Contexte de l'œuvre littéraire_, Paris, Dunod.
— Maingueneau D (1997), _Analyse du discours_, Paris, Hachette.
— Maingueneau D. (1998), « Scénographie de la lettre publique », dans _La lettre entre réel et fiction_, J. Siess (éd.), Paris, SEDES, p. 55-71.
— Maingueneau D. (1999), _Féminin fatal_, Paris, Descartes.
— Maingueneau D. (2004), « Retour sur une catégorie : le genre de discours », _in_ Adam J.-M., Grize J.-B., Ali Bouacha M. (éd.) : « Catégories descriptives et catégories interprétatives en analyse du discours », dans _Texte et discours : catégories pour l'analyse_, Éditions universitaires de Dijon.
— Maingueneau D., Cossutta F. (1995), « L'analyse des discours constituants », _Langages_ n° 117, p. 112-125.

327

Discurso literário

— MAINGUENEAU D., PHILIPPE G. (2002), « Les conditions d'exercice du discours littéraire », dans *Les modèles du discours au défi d'un « dialogue romanesque »*, E. Roulet et M. Burger (éd.), Presses universitaires de Nancy.

— MAROT P. (éd.) (1991), *Julien Gracq, Une écriture en abyme*, Paris, Minard.

— MARTIN H.-J., CHARTIER R. (éd.) (1982), *Histoire de l'édition française*, Paris, Promodis, 3 volumes.

— MARTIN H.-J. (1988), *Histoire et pouvoirs de l'écrit*, Paris, Perrin.

— MARTINET A. (1969), *Le français sans fard*, Paris, PUF.

— MEIZOZ J. (2002), « Recherches sur la posture : Jean-Jacques Rousseau », *Littérature*, n° 126, p. 3-17.

— MEIZOZ J. (2003), *Le Gueux philosophe (Jean-Jacques Rousseau)*, Lausanne, Antipodes.

— MILNER J.-C. (1978), *De la syntaxe à l'interprétation*, Paris, Seuil.

— MOLINIÉ G., VIALA A. (1993), *Approches de la réception*, Paris, PUF.

— MULLER C. (1967), *Essai de statistique lexicale : le vocabulaire du théâtre de Corneille*, Paris, Larousse.

— ONG W. (1982), *Orality and Literacy*, Londres-New York, Methuen.

— PARVULESCO M.-M. (1997), « Imitation et création littéraire, la poésie de lettrés à l'époque Edo », *EBISU, Études japonaises*, n° 19, Tokyo.

— PÊCHEUX M. (1969), *Analyse automatique du discours*, Paris, Dunod.

— PETITJEAN A. (1989), « Les typologies textuelles », *Pratiques*, n° 62, p. 86-125.

— PHILIPPE G. (2004), « Le discours scolaire sur la littérature et le style au début du XXᵉ siècle », dans *L'analyse du discours dans les études littéraires*, R. Amossy et D. Maingueneau (éd.), Presses universitaires du Mirail.

— POULET G. (éd.) (1966), *Les Chemins actuels de la critique*, Paris, Plon.

— POULET G. (1971), *La conscience critique*, Paris, José Corti.

— PROUST M. (1954), *Contre Sainte-Beuve*, Paris, Gallimard.

— RASTIER F. (1989), *Sens et textualité*, Paris, Hachette.

— RICHARD J.-P. (1961), *L'Univers imaginaire de Mallarmé*, Paris, Seuil.

— ROBIN R. (1973), *Histoire et linguistique*, Paris, A. Colin.

— ROBIN R. (1985), « Le yiddish, langue fantasmatique ? », dans *La linguistique fantastique*, S. Auroux et *alii* (éd.), Paris, J. Clims et Denoël.

— ROBIN R. (1992), « La brume-langue », *Le gré des langues*, n° 4.

— SAUSSURE F. de (1973), *Cours de linguistique générale*, Paris, Payot.

— SCHAEFFER J.-M. *Qu'est-ce qu'un genre littéraire ?*, Paris, Seuil, 1989.

— SERRES M. (1968), *Hermès I, La communication*, Paris, Minuit.

— SERRES M. (1968), *Le système de Leibnitz et ses modèles mathématiques*, 2 volumes, Paris, PUF.

— SIEGEL J. (1991), *Paris-Bohème 1830-1930*, Paris, Gallimard.

— SIMONIN-GRUMBACH J. (1975), « Pour une typologie des discours », dans *Langue, discours, société*, J. Kristeva J. et *alii* (éd.), Paris, Seuil.

— SPITZER L. (1966), *Eine Methode Literatur zu interpretieren*, München, Carl Hanser Verlag.

— SPITZER L. (1955), « Stylistique et critique littéraire », *Critique*, n° 98, p. 602-609, repris dans Guiraud P. et Kuentz P. (1970), *La stylistique*, Paris, Klincksieck, 1970, p. 264-271.

— SPITZER L. (1970), *Études de style*, trad. fr., Paris, Gallimard.

— STAROBINSKI J. (1958), *Jean-Jacques Rousseau, la transparence et l'obstacle*, Paris, Gallimard.

Bibliografia geral

— THUMEREL F. (2002), _Le champ littéraire français au XXe siècle_, Paris, A. Colin
— TODOROV T. (1981), _Mikhail Bakhtine, Le principe dialogique_, Paris, Seuil.
— TODOROV T. (1984), _Critique de la critique_, Paris, Seuil.
— VAN DIJK T. (1977), _Text and context_, London-New York, Longman.
— VIALA A. (1985), _Naissance de l'écrivain. Sociologie de la littérature à l'âge classique_, Paris, Minuit.
— WALTER E. (1992), « Les "intellectuels du ruisseau" et Le _Neveu de Rameau_ », _Cahiers TEXTUEL_, n° 11, Université Paris VII.
— WERNER M. (1990), « À propos de la notion de philologie moderne, Problèmes de définition dans l'espace franco-allemand », dans _Philologies I_, M. Werner et M. Espagne (éd.), Paris, Maison des Sciences de l'Homme.
— ZUBER R., PICCIOLA P., LOPEZ D. , Bury E., (1992), _Littérature française du XVIIe siècle_, Paris, PUF.
— ZUMTHOR P. (1979), « Pour une poétique de la voix », _Poétique_ n° 40.
— ZUMTHOR P. (1983), _Introduction à la poésie orale_, Paris, Seuil.

O tradutor

Adail Sobral é Doutor em Linguística Aplicada e Estudos da Linguagem pelo LAEL/PUC-SP. Mestre em Letras pela FFLCH-USP e especializado em Linguística pelo IEL-Unicamp. Graduado em Letras-Inglês pela UFBA. Tradutor do inglês, do francês, do espanhol (e do português) nas áreas de filosofia, lógica, pós-modernismo, linguística, análise do discurso, teoria psicanalítica, bioética, temas da atualidade etc. É coautor de *Bakhtin: conceitos-chave* e *Semiótica: objetos e práticas*, ambos publicados pela Contexto.

LEIA TAMBÉM:

FÓRMULAS DISCURSIVAS

Ana Raquel Motta e Luciana Salgado (orgs.)

O estudo de fórmulas, tema tradicional nas ciências humanas, reúne pesquisas sobre provérbios, ditados, máximas, slogans, bordões e divisas, entre outros assuntos. Embora as fórmulas sejam consideradas um ponto de cristalização pelos estudos da linguagem, não devem ser vistas como algo imutável ou imóvel. O estudo revela a efervescência e o alvoroço por constantes modificações no nosso léxico. Com artigos de alguns dos principais linguistas brasileiros, este livro apresenta análises e conceitos esclarecedores dos jogos de poder na linguagem. É indicado para estudantes, professores e profissionais de Letras e Linguística.

ETHOS DISCURSIVO

Ana Raquel Motta e Luciana Salgado (orgs.)

Este livro é uma proposta instigante que trata da noção de ethos discursivo. Conceito importante para compreender e interpretar os fenômenos discursivos, permite abordar um aspecto sobre o qual pouco se escreveu em Análise do Discurso: os modos de dizer. Escritos por renomados pesquisadores da área, os capítulos abordam diferentes temas da perspectiva do ethos: arte, política, autoajuda, sexualidade, humor, imprensa e ciência, o que auxilia o leitor no momento da pesquisa. A obra é uma excelente ferramenta de estudo para estudantes, professores e profissionais de Letras e Linguística.

Cadastre-se no site da Contexto
fique por dentro dos nossos lançamentos e eventos.
www.editoracontexto.com.br

Formação de Professores | Educação
História | Ciências Humanas
Língua Portuguesa | Linguística
Geografia
Comunicação
Turismo
Economia
Geral

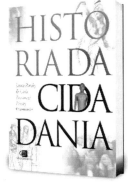

Faça parte de nossa rede.
www.editoracontexto.com.br/redes

Promovendo a Circulação do Saber